J.M.G. Le

Le rêve mexicain

ou la pensée
interrompue

Gallimard

J. M. G. Le Clézio est né à Nice le 13 avril 1940 ; il est originaire d'une famille de Bretagne émigrée à l'île Maurice au xviiie siècle.

Grand voyageur, J. M. G. Le Clézio n'a jamais cessé d'écrire depuis l'âge de sept ou huit ans : poèmes, contes, récits, nouvelles, dont aucun n'avait été publié avant *Le procès-verbal,* son premier roman paru en septembre 1963 et qui obtint le prix Renaudot. Son œuvre compte aujourd'hui une trentaine de volumes. En 1980, il a reçu le Grand Prix Paul-Morand décerné par l'Académie française pour son roman *Désert.*

Il a reçu le prix Nobel de littérature en 2008.

LE RÊVE DU CONQUÉRANT

Le rêve commence donc le 8 février 1517, quand Bernal Díaz aperçoit pour la première fois, du pont du navire, la grande cité blanche maya que les Espagnols nommeront le « Grand Caire ». Puis, le 4 mars 1517, quand il voit venir vers le navire « dix canots très grands, qu'on appelle des pirogues, pleins d'Indiens naturels de cette ville, qui voguaient à la voile et à la rame » (p. 29) [1].

C'est la première rencontre du soldat Bernal Díaz avec le monde mexicain. Le rêve peut commencer, encore libre de toute peur, de toute haine.

« Sans aucune crainte ils vinrent, et un peu plus d'une trentaine d'entre eux montèrent sur le navire, et nous leur donnâmes à chacun d'eux un assortiment de pierres vertes, et ils restèrent longtemps à examiner les navires » (p. 30).

L'étonnement est alors des deux côtés. Bernal Díaz et ses compagnons s'étonnent de la grandeur des villes, de la beauté des temples et de la laideur des idoles mayas, ces « monceaux de serpents de grande taille, et autres peintures d'idoles d'appa-

1. Les références de pages renvoient à *Historia Verdadera de la Conquista de la Nueva España*, de Bernal Díaz del Castillo édition Espasa-Calpe, Madrid, 1968.

rence maléfique et, tout autour d'une sorte d'autel, couvert de sang, et en d'autres parties des idoles, ils avaient comme des sortes de croix, toutes peintes, et nous nous émerveillâmes de cela comme de choses qu'on n'avait encore jamais vues ni entendues... » (p. 32).

Les Indiens, eux, s'étonnent de l'apparence des étrangers. Ils leur demandent s'ils viennent « de là où naît le soleil » et ils racontent alors pour la première fois cette légende dont, plus tard, le capitaine Cortés et ses hommes sauront tirer profit – légende « que leur avaient dite leurs ancêtres, et selon laquelle devaient venir des gens de là où naît le soleil, pour régner sur eux » (p. 46).

Le rêve, au commencement, c'est aussi comme dans toute genèse : les étrangers donnent les noms aux terres, aux baies, aux îles, aux embouchures des fleuves ; *boca de Términos, río Grijalva*, montagne *San Martín, isla de Sacrificios.*

On demande l'or. Déjà, c'est l'or qui est la « monnaie » du rêve. Et les Indiens, qui ont l'intuition des dangers attachés à la possession de ce métal, éloignent les étrangers en leur disant seulement : « Colua, Colua », et : « Mexico, Mexico. » Comme plus tard, les Caribes parleront du Pérou.

Il y a aussi la première entrevue des Espagnols avec les émissaires de Moctezuma, le roi de Mexico. Ici aussi, l'on sent commencer le rêve de la conquête et de la destruction de l'empire aztèque ; l'on sent le destin du peuple mexicain. Au bord du grand fleuve, les ambassadeurs de Moctezuma sont assis sur leurs nattes, à l'ombre des arbres. Ils attendent. Derrière eux, il y a les guerriers armés de leurs arcs et de leurs haches d'obsidienne, portant les grandes bannières blanches. Quand les Espagnols arrivent, les prêtres aztèques les saluent comme des dieux, en faisant brûler de l'encens. Puis les ambassadeurs leur donnent les présents que Moctezuma envoie aux étrangers. A cause des bannières blanches, le fleuve désormais portera le nom de *río de Banderas*, c'est-à-dire, rivière des Drapeaux.

Ainsi commence cette *Histoire*, par cette rencontre entre deux rêves : le rêve d'or des Espagnols, rêve dévorant, impitoyable, qui atteint parfois l'extrême de la cruauté; rêve absolu, comme s'il s'agissait peut-être de tout autre chose que de posséder la richesse et la puissance, mais plutôt de se régénérer dans la violence et le sang, pour atteindre le mythe de l'Eldorado, où tout doit être éternellement nouveau.

D'autre part, le rêve ancien des Mexicains, rêve tant attendu, quand viennent de l'est, de l'autre côté de la mer, ces hommes barbus guidés par le Serpent à plumes Quetzalcoatl, pour régner à nouveau sur eux. Alors, quand les deux rêves se rencontrent, et les deux peuples, tandis que l'un demande l'or, les richesses, l'autre demande seulement un casque, afin de le montrer aux grands prêtres et au roi de Mexico, car, disent les Indiens, il ressemble à ceux que portaient leurs ancêtres, autrefois, avant de disparaître. Cortés donne le casque, mais il demande qu'on le lui rapporte plein d'or. Quand Moctezuma vit le casque, « dès lors, dit Bernal Díaz, il tint pour certain que nous étions ceux qui, selon ce qu'avaient dit ses ancêtres, devaient régner sur cette terre » (p. 87).

La tragédie de cet affrontement est tout entière dans ce déséquilibre. C'est l'extermination d'un rêve ancien par la fureur d'un rêve moderne, la destruction des mythes par un désir de puissance. L'or, les armes modernes et la pensée rationnelle contre la magie et les dieux : l'issue ne pouvait pas être autre.

Bernal Díaz le sait, et malgré le recul du temps, il ne peut s'empêcher parfois de montrer son amertume, ou son horreur devant ce qui a été détruit. La « Conquête » a parfois l'accent d'une épopée, mais, le plus souvent, Bernal Díaz dit ce qu'elle fut réellement : la lente, difficile et irrésistible progression d'une destruction, la mise à sac de l'empire mexicain, la fin d'un monde. Il n'est pas étonnant que l'*Histoire véridique de la Conquête de la Nouvelle-Espagne* ait été pendant si longtemps un livre maudit, et jugé infamant pour la gloire du Conquérant Hernán Cortés.

Car le livre de Bernal Díaz del Castillo est fait de ce double élan : d'une part, dire la vérité des guerres de la Conquête, sans cacher le moindre détail, sans essayer la moindre flatterie. Cela, c'est le règlement de comptes de Bernal Díaz, le soldat inculte − « les idiots illettrés comme moi » dit-il (p. 614) − avec les historiens de cour comme Gomarra qui ont encensé Hernán Cortés.

D'autre part, il cherche à revivre, en l'écrivant, son rêve le plus ancien. De ces deux motifs, il n'y a pas de doute que c'est le deuxième qui l'emporte chez Bernal Díaz. Certes, il est irrité par les erreurs des historiens chroniqueurs de la Conquête, par leur complaisance et leur maniérisme; de même qu'il est irrité par le parti pris de Bartolomé de Las Casas, l'évêque des Chiapas, auteur du pamphlet qui fera connaître la « légende noire » de la Conquête par un petit livre lu dans toute l'Europe : la *Très brève relation de la destruction des Indes*. La simplicité, voire le goût de la simplification de Bernal Díaz lui font détester les excès. Son parti pris, à lui, est en effet des plus simples. Lorsque Cortés entreprend de faire la conquête des territoires mexicains, il n'agit pas pour lui-même, mais au nom de la couronne d'Espagne. Ce n'est donc pas à lui, simple soldat, de juger les actes de son capitaine, sauf parfois pour protester avec mauvaise humeur quand on veut faire de Cortés un héros désintéressé, ou quand Cortés lui-même semble oublier ses anciens compagnons d'armes. Quand Cortés, par exemple, orne son blason de l'orgueilleuse devise adressée au roi : « Moi, pour vous servir, sans égal », Bernal Díaz rectifie : lui-même, et ses compagnons ont aidé leur capitaine à « gagner cette gloire, cet honneur et cet état » (p. 616).

Mais ce goût de la vérité, et cette réaction de mauvaise humeur devant les historiens de Cour n'auraient pas suffi à faire du soldat un écrivain. Il y a autre chose. Quand il commence à écrire cette chronique, Bernal Díaz est à la fin de sa vie. La plupart des acteurs de cette épopée sont morts, certains durant les batailles contre les Indiens, d'autres de maladies, ou de vieillesse. Hernán Cortés lui-même, le marquis de la Vallée, après avoir connu des revers politiques, et la disgrâce, est mort d'une mort sans grandeur, frappé d'apoplexie à la suite d'un affront – la rupture des fiançailles de sa fille, abandonnée par un jeune noble castillan. Il est mort le 2 décembre 1547, en Espagne, loin des terres mexicaines. Seules ses cendres seront transportées jusqu'en Nouvelle-Espagne, pour être enterrées à Coyoacan.

Les autres Conquérants sont morts aussi : Pedro de Alvarado, celui que les Indiens, à cause de sa beauté, avaient surnommé *Tonatiu*, le Soleil, Cristobal de Olid, le Conquérant du Michoacan, que Bernal Díaz compare à Hector, Sandoval, Francisco de

Montejo, le Conquérant du Yucatan, Luis Marin, Cristobal de Olea, le « très valeureux soldat » qui sauva la vie de Cortés au prix de la sienne; mort aussi le monde qu'ils conquirent, disparu, entraîné dans le néant. Comme sont morts les derniers rois de l'Anahuac, Moctezuma, Cacamatzin, Cuitlahuatzin, Cuauhtemoc, emportant avec eux le secret de la grandeur, la beauté de la légende. Mort, le monde indien, avec ses villes plus belles que Salamanque ou Venise, ses hauts temples, ses palais de pierre couverts d'or et de peintures, ses livres sacrés, ses jardins fabuleux. Mort, comme est morte l'eau du grand lac, si belle, où se reflétaient les hautes tours des temples et les terrasses des palais, où glissaient les pirogues qui apportaient les fruits et les richesses au grand marché de la place de Tenochtitlan. Au moment où écrit Bernal Díaz, il ne reste plus rien de cette splendeur, et le lac n'est plus qu'un fond asséché où pousse un peu de maïs.

Alors, quand Bernal Díaz prend la plume, « comme un bon pilote qui lance la sonde pour découvrir les hauts-fonds de la mer, devant lui, quand il sent qu'il y en a » (p. 53) c'est pour essayer de retrouver le rêve ancien, celui qu'il a vécu durant ces deux années intenses et tragiques, aux côtés de Cortés et de ses Conquérants. Il n'écrit pas pour atteindre à la gloire de l'historien (il comprendra vite que son livre est trop vrai pour être lu par ses contemporains), mais dans l'unique espoir d'être reconnu par les générations à venir : « parce que, dit-il, je suis vieux de plus de quatre-vingt-quatre ans, et j'ai perdu la vue et l'ouïe, et au terme de mon aventure, je n'ai d'autre richesse à laisser à mes enfants et à mes descendants que cette mienne relation, véridique et honorable » (p. 25).

L'*Histoire véridique de la Conquête de la Nou-*

velle-Espagne n'est pas un livre destiné aux autres. C'est avant tout, pour le vieux soldat, le bonheur de revivre, en l'écrivant, l'exaltation de cette aventure fabuleuse. Avec lui, nous refaisons ce rêve étrange et cruel, rêve d'or et de terres nouvelles, rêve de puissance, cette sorte d'absolu de l'aventure, quand le monde *nouveau* découvert par Colomb apparaît encore un bref instant, fragile et éphémère comme un mirage, avant de disparaître à tout jamais. Car celui qui regarde, dans ce drame, est aussi celui qui détruit.

Ainsi commence le rêve, dans le regard de Bernal Díaz. Il n'y en a pas d'autre exemple dans l'histoire du monde, sauf peut-être quand eut lieu le premier affrontement en Europe entre les peuples du néolithique venus de l'est et les chasseurs primitifs. Mais ce drame n'eut pas de témoin.

Ce qui frappe d'abord, dans la chronique de Bernal Díaz, c'est la conjonction de ces deux puissances, dans la troupe d'aventuriers qui, réunie autour de Cortés, part à l'assaut du continent américain : les marins, et les cavaliers.

Marins, ils le sont par nécessité, tous ceux qui se retrouvent sur l'île de Cuba, plate-forme d'où se lancent les expéditions. Ils connaissent les ruses de la mer, ils savent ne compter que sur eux-mêmes.

Mais ils sont aussi des cavaliers. Comme jadis les Huns et les Mongols, ils ont ces avantages du chasseur : la rapidité, l'endurance. La comparaison des Conquérants avec les hordes venues d'Asie centrale n'est pas excessive. Cortés, avant le départ, choisit avec soin les hommes et les chevaux. La facile conquête des Antilles ne lui a pas enseigné cela, mais il a l'intuition du rôle déterminant que vont jouer les chevaux et les cavaliers dans la guerre contre les Indiens. Il est difficile d'imaginer l'effroi que ressentirent les Mexicains quand ils virent pour la première fois les cavaliers en armures galopant contre eux, leur longue lance en avant. Cette première apparition dut être aussi terrifiante que celle des éléphants de l'armée d'Alexandre. Longtemps, les Indiens crurent, comme le dit Bernal Díaz, que « le cheval et le cavalier formaient une seule et même personne » (p. 78). Cortés, en bon chef de guerre, ne manqua pas d'utiliser un subterfuge pour augmenter la crainte que les chevaux inspiraient aux Indiens. Ayant fait sentir à un étalon l'odeur d'une jument en chaleur, il le fit conduire non loin de l'endroit où étaient réunis les caciques du Tabasco. Le cheval, raconte Bernal Díaz, « se cabrait et poussait des hennissements, en regardant les Indiens et le bivouac où il avait senti l'odeur de la jument. Et les caciques crurent que c'était à cause d'eux que le cheval poussait des cris et ils en furent très effrayés. Et quand Cortés les vit ainsi, il se leva de sa chaise, il alla vers le cheval, et il donna l'ordre aux palefreniers de l'emmener au loin tout de suite ; et il dit aux Indiens qu'il avait demandé au cheval de ne plus être en colère, puisqu'ils apportaient la paix et qu'ils étaient de bons Indiens » (p. 80).

Le cheval a plus d'importance que l'homme : pour soigner les plaies infligées aux chevaux lors des batailles, les Espagnols n'hésitent pas à se servir de graisse humaine prélevée sur les cadavres de leurs ennemis.

Plus tard, lors des terribles combats contre les Mexicas, les chevaux capturés seront sacrifiés sur l'autel des dieux à l'égal des hommes, et leurs têtes exposées. Le cheval est à ce point lié à la Conquête qu'il restera longtemps le privilège des Espagnols, et que les Indiens n'auront pas le droit de monter à cheval, ni de porter des armes.

16

Ainsi, quand Cortés quitte l'île de Cuba avec son armée, le 10 février 1519, Bernal Díaz n'oublie pas de faire le compte exact de ses effectifs : 508 soldats, 100 marins, et 10 chevaux.

C'est cette troupe réduite qui part à la conquête d'un continent.

Pour Bernal Díaz, la folie d'une telle entreprise paraît évidente, rétrospectivement. Il s'agit bien d'un de ces actes téméraires et inconscients qui appartiennent au monde du rêve.

Au centre de ce rêve, il y a un homme, sur qui repose toute l'expédition : Hernán Cortés. Cet homme, que Bernal Díaz nous fait découvrir peu à peu, est véritablement le commencement et l'aboutissement de ce songe. Sans lui, il n'y aurait peut-être pas eu de Conquête, dans le sens primitif et violent qu'il a donné à ce mot. Comme la plupart des hommes qui sont avec lui, Bernal Díaz admire Cortés, il le craint, et il le déteste tout à la fois. Cet homme astucieux comme Ulysse, cruel et acharné comme Attila, et sûr de lui comme César, est celui qui crée le rêve d'or et de puissance nouvelle qui enivre tous ceux qui le suivent. Qui est-il vraiment ? Plus tard, à la fin de son récit, Bernal Díaz fait de lui un portrait froid, qui ne cache pas une certaine antipathie – l'on est loin de l'amitié émue qu'il témoigne pour le roi déchu Moctezuma, ou de l'admiration pour le jeune héros Cuauhtemoc :

Hernán Cortés, dit Bernal Díaz, « fut bien de stature et de corps, bien fait et la jambe nerveuse, et la couleur de son visage tirait un peu sur la cendre, et n'était pas très allègre, et s'il avait eu le visage plus large il eût été mieux ; et ses yeux avaient une expression quelque peu amoureuse, mais grave aussi. Il avait la barbe noire et peu fournie, et les cheveux, qu'on portait sans coiffe à l'époque, pareils à la barbe ; il avait la poitrine large et l'épaule bien faite, et il était maigre et de peu de ventre, et avait les jambes un peu arquées, mais les mollets et les cuisses bien pris ; et il était bon cavalier, expert dans toutes les armes, aussi bien à pied qu'à cheval, il savait bien s'en servir, par-dessus tout avec cœur, ce qui compte le plus dans cette affaire. J'ai entendu dire que, lorsqu'il était jeune homme, dans l'île d'Española (Haïti), il fut assez dissipé avec les femmes, et que plusieurs fois il se battit à l'épée contre des hommes courageux et adroits, toujours avec succès ; et il avait une marque d'épée près de la lèvre inférieure, qu'on remarquait quand on le regardait bien, mais qu'il dissimulait sous sa barbe, laquelle marque il reçut durant une de ces querelles » (p. 579). L'admiration de Bernal Díaz est sans doute due aussi à la réputation d'homme cultivé que Cortés avait à l'époque : « il était latin, et j'ai entendu dire qu'il était bachelier en droit et que, lorsqu'il parlait avec des lettrés ou des hommes latins, il répondait à ce qu'on lui disait en latin. Il était un peu poète, il faisait des couplets en vers et en prose... » (p. 579). Mais ce qui lui vaut surtout l'estime de Bernal Díaz, c'est son sang-froid et son audace dans toutes les choses de la guerre, jusqu'à la témérité. C'est à ce trait de caractère qu'il devra ses plus audacieuses victoires.

En bref, à travers les épisodes de l'*Histoire véridique*, c'est le portrait d'un redoutable prédateur que fait Bernal Díaz : un chef, un stratège, un cavalier, mais aussi un homme déterminé à gagner, avant les autres, un homme qui veut plier le monde à son désir. C'est un individualiste, acharné à la possession des richesses, et pour lesquelles il n'hésite pas à spolier les autres, qu'ils soient amis ou ennemis.

Issu du Moyen Age, ce chef de guerriers, cet aventurier bénéficie de l'appui moral du plus grand roi de la Renaissance européenne, l'empereur Charles Quint, au nom duquel il s'empare des terres et des hommes. Étrange concours de circonstances qui va associer, pour la ruine de l'empire mexicain, les rapines de l'aventurier d'Estrémadure au nom de l'empereur le plus puissant de l'Europe, héritier du domaine des César.

On devine comment Hernán Cortés préfigure le héros de l'ère romantique : habile, rapide, sans scrupule, maniant aussi bien l'intrigue que l'épée, il est apte à conquérir un monde. Il sait qu'il n'est pas seulement à la tête de cinq cents soldats, mais aussi à la pointe du monde occidental et chrétien, comme la langue la plus avancée de l'hydre qui va dévorer le monde. Et lorsque, sa conquête achevée, il est anobli sous le nom de Marquis de la Vallée, est-ce un hasard s'il choisit pour orner son blason l'oiseau phénix, qui annonce déjà l'aigle napoléonienne ? Hernán Cortés, avec son regard sombre et son air famélique, avec l'audace inouïe de ses coups de main, sa cruauté froide et les pleurs qu'il sait verser parfois sur les corps de ceux qu'il a sacrifiés, évoque déjà, avant l'heure, la figure légendaire d'un autre chef de guerre qui conquerra le monde.

Lorsqu'il débarque, enfin, d'abord à Cozumel, puis à la « Pointe des Femmes », et tandis que ses navires avancent le long de la côte yucatèque, et qu'il rencontre les derniers Calacheoni (ou Halach Uinic) du monde maya ; puis, plus tard, quand il rencontre les émissaires de Moctezuma au bord du río de Banderas, et les peuples totonaques à Cempoalla, quels sont ces hommes qui l'accueillent ? Ils ne sont peut-être pas les douces « brebis » dont parle Bartolomé de Las Casas dans son réquisitoire ;

19

mais ils sont totalement étrangers à l'univers espagnol, aussi différents que s'ils avaient vécu à mille ans d'intervalle.

Les Mayas, les Totonaques, les Mexicas sont des peuples profondément religieux, totalement soumis à l'ordre des dieux et au règne des prêtres-rois. Ce sont des peuples qui pratiquent une guerre rituelle, faite autant de magie que de stratégie, et pour lesquels l'issue d'un combat, décidée d'avance selon les accords mystérieux des puissances célestes, n'est pas pour la possession des terres ni des richesses, mais pour le triomphe des dieux, qui reçoivent en pâture le cœur et le sang des vaincus. Troublés par le mythe du retour de leurs ancêtres et du divin Serpent à plumes Quetzalcoatl-Kukulcan, les Indiens sont aveuglés, incapables de percevoir les véritables desseins de ceux qu'ils ont déjà nommés les *teules*, les dieux. Et quand ils comprendront que le retour de ces hommes barbus venus de « là où naît le soleil » est une tuerie sans précédent dont nul ne sortira indemne, il est trop tard. L'Espagnol a mis à profit cette hésitation pour pénétrer jusqu'au plus profond de l'empire, pour semer la discorde, gagner les terres et les esclaves.

C'est cette fatalité qui donne à l'aventure des Conquérants sa grandeur tragique : au fur et à mesure que Bernal Díaz narre les combats, les entrevues, les soumissions des villages, nous apercevons cette ombre qui grandit, qui recouvre la terre mexicaine. Paralysés, effrayés, incapables de réagir, de parler, les Indiens vivent un véritable cauchemar qui les enferme dans leur propre magie, les conduit vers la mort.

Comment eussent-ils pu se sauver, eux qui ne formaient qu'un tout, une seule et même âme dominée par leurs dieux, soumise à la volonté des rois et des prêtres, alors que devant eux se présentait l'homme individualiste et sceptique du monde moderne? Bien sûr, la foi accompagne les soldats de Cortés, elle vient en aide à Bernal Díaz aux moments les plus critiques de la Conquête. Mais n'est-elle pas surtout pour Cortés le symbole de la puissance espagnole qui doit désormais régner sur ces terres nouvelles? Cortés le sait bien, en bon chef de guerre, lorsqu'il frappe les peuples qu'il veut soumettre dans ce qu'ils ont de plus précieux, de vital : alors il fait jeter les idoles au bas des temples, et il les remplace par les signes de la foi chrétienne. Abandonnés de leurs dieux ancestraux, les Indiens ressentent la plus grande angoisse, ils savent qu'ils sont désormais vaincus d'avance.

Tels sont les deux mondes qui s'affrontent durant ces deux années terribles. D'un côté, le monde individualiste et possessif de Hernán Cortés; monde du chasseur, du pilleur d'or, qui tue les hommes et conquiert les femmes et les terres. De l'autre côté, le monde collectif et magique des Indiens, cultivateurs de maïs et de haricots, paysans soumis à un clergé et à une milice, adorant un roi-soleil qui est le représentant de leurs dieux sur la terre. C'est cet affrontement sans espoir que raconte Bernal Díaz, et c'est de lui que naît le rêve, car c'est aussi le récit de la fin d'une des dernières civilisations magiques.

Si Cortés, le pilleur, n'y a pas pris garde, du moins Bernal Díaz l'a-t-il ressenti, comme un trouble, comme un regret qui le prend parfois, tandis que, avant l'action, il contemple les beautés qui vont bientôt disparaître. L'*Histoire véridique*, à cause de ce doute, est un livre maudit par ses contemporains. C'est qu'elle dit bien où est la véritable gloire, la véritable grandeur. Sans ce monde magique, sans la lenteur rituelle des nations indiennes, sans la splendeur de cette civilisation condamnée, Hernán Cortés n'aurait été qu'un bandit à la tête d'une escouade d'aventuriers. Ce n'est pas de lui, ni de ses actions téméraires que naît la grandeur : c'est du monde mexicain qu'il s'acharne à détruire.

La destruction : malgré ses exagérations, le pamphlet de Bartolomé de Las Casas disait bien les choses qu'il fallait dire. L'*Histoire véridique de la Conquête de la Nouvelle-Espagne* est aussi celle de la *Destruction des Indes*.

La volonté de Cortés est brutale, sans équivoque. Il a tout préparé avec soin, et dès les premières rencontres sur le sol mexicain, son attitude ne laisse aucun doute. Après la bataille sanglante du río Grijalva, Cortés, victorieux, prend possession de la terre au nom du roi d'Espagne et, conte Bernal Díaz, « ce fut de cette manière : ayant dégainé son épée, il donna trois coups en signe de possession sur un grand arbre qu'on appelle ceiba, et qui se trouvait au centre de la grande place, et il dit que s'il y avait quelqu'un pour le contredire, il défendrait sa prise avec son épée... » (p. 74). Le geste de Cortés a valeur de symbole, car l'arbre de ceiba était l'arbre sacré des Mayas, et il figurait pour eux le pilier qui soutenait la voûte du ciel.

Plus tard, les Indiens tentent de se libérer de ce signe d'asservissement, et c'est la première grande bataille que livre Cortés contre le monde indien. C'est aussi le premier massacre, car, en quelques heures, les arquebuses, les arbalètes, les épées de fer et les longues lances des cavaliers – et aussi, sans doute, l'indicible angoisse qui paralyse les Indiens – font plus de huit cents morts dans les rangs des guerriers mayas.

22

Cette victoire que Cortés remporte sur les armées du Tabasco aura deux conséquences importantes pour la Conquête, conséquences qui sont toutes deux comme des symboles. La première, c'est que les Espagnols acquerront cette réputation de guerriers invincibles, de « dieux », qui va préparer la défaite de Moctezuma. La seconde, c'est que les Halach Uinic vaincus remettront, parmi les présents offerts en signe de paix au capitaine espagnol, celle qui sera l'instrument principal de la destruction : une jeune Indienne captive, d'une grande beauté, que les Espagnols baptiseront le jour même du nom de doña Marina, et qui deviendra la compagne et l'interprète de Hernán Cortés tout au long de sa Conquête.

Grâce à Malintzin, la « Malinche » – que Bernal Díaz nomme dans son récit « notre langue » – Cortés pourra utiliser, durant sa progression vers l'Anahuac, son arme la plus redoutable, la plus efficace : la parole.

Ont valeur de symbole, également, les présents que Cortés remet aux caciques du Yucatan et aux ambassadeurs de Moctezuma. Est-ce un hasard s'il choisit de leur donner ces *cuentas verdes*, c'est-à-dire ces verroteries de couleur verte ? On imagine Cortés, avant son départ, faisant charger à bord de ses navires des caisses de ces précieux quolifichets. C'est qu'il a entendu raconter par les voyageurs qui l'ont précédé aux Indes-Occidentales la valeur magique que les Indiens attribuent à la couleur du jade, la pierre précieuse par excellence, symbole de la couleur du centre du monde. Ces « pierres vertes », pour les Mayas, ce sont les pierres *Kan*, les signes de la prière et du destin, et pour les Aztèques, ce sont les *chalchihuitl*, ornements des dieux. Coïncidence, ou plutôt ruse du conquérant ? En donnant ces pierres, Cortés et ses hommes jouaient alors aux yeux des Indiens le rôle des dieux venus distribuer aux hommes le message mystérieux et angoissant de leur destinée.

En échange des verroteries, que reçoivent les étrangers ? Ils reçoivent ce qu'ils exigent depuis leur arrivée sur les terres d'Amérique : l'or. Et voici encore que l'exigence des Conquérants prend caractère de symbole : l'or, pour les Indiens, c'est le métal des dieux par excellence – les Mayas le nomment *takin*, l'excrément du soleil. S'il n'a pas chez eux usage de monnaie, c'est qu'il est réservé aux temples, aux « idoles », parfois à la fabrication d'amulettes ou de bijoux sacrés. Il orne les habits des princes, les insignes de commandement des capitaines, car il est le signe du pouvoir divin.

En exigeant l'or, toujours, partout où ils passent, les aventuriers espagnols achèvent de plonger leurs ennemis indiens dans l'angoisse. L'or n'est-il pas le tribut même des dieux ? Ces étrangers venus de « là où naît le soleil » apportent avec eux cette malédiction, cette folie insatiable. Au commencement, ils se contentent des présents que leur envoient les caciques et les émissaires mexicains. Mais bientôt, le désir d'or ne sera plus assouvi. A cause de l'or, ils tuent, ils détruisent, ils torturent tous ceux qui leur résistent.

On pense à l'histoire contée par Bartolomé de Las Casas dans sa *Très brève relation de la destruction des Indes* : lorsque les Espagnols entreprirent la conquête de l'île de Cuba, un cacique indien, nommé Hatey, réunit son peuple et parla des étrangers en ces termes : « Ils sont par nature cruels et méchants (...) parce qu'ils ont un Dieu qu'ils adorent et vénèrent beaucoup, et pour nous forcer à l'adorer, ils essayent de nous soumettre et de nous tuer. » Il avait dans sa maison un panier plein d'or et de bijoux et il dit : « Voyez, ceci est le Dieu des chrétiens » (Bartolomé de Las Casas, 1552, p. 23-24). Alors, pour échapper à la malédiction, les Indiens jetèrent à la rivière tout l'or qu'ils possédaient. Mais quand les Espagnols arrivèrent, ils n'épargnèrent pas Hatey. Las Casas ajoute qu'un religieux espagnol voulant assister le roi lors de son supplice, Hatey lui demanda : « Est-ce que les Espagnols vont au Ciel dont tu me parles ? » Et ayant reçu une réponse affirmative, l'Indien dit : « Alors, je préfère aller en Enfer. »

L'or a valeur de symbole pour les Indiens, puisqu'il est la chose même des dieux, leur trésor ; en l'exigeant les Espagnols prouvent donc qu'ils sont des *teules*. Mais il symbolise aussi l'histoire qui s'accomplit. Sans le savoir, en donnant aux Espagnols l'or – les cadeaux somptueux de Moctezuma, qui doivent amadouer ces messagers terribles de l'au-delà – les Mexicains donnent aux étrangers une puissance terrestre qu'ils ne soupçonnent pas. Car les roues d'or, les bijoux d'Axayacatzin, les trésors précieux des dieux, fondus, réduits en barres, puis envoyés en Espagne, vont servir à cautionner, à financer de nouvelles expéditions vers le Nouveau Monde. L'or est un pacte avec la destinée, puisque ce sont les Indiens eux-mêmes qui fournissent à leurs conquérants la monnaie qui achètera leur extermination. Comment eussent-ils pu le savoir ? Le monde terrien, religieux et féodal de l'empire aztèque pouvait-il imaginer le bouleversement moral qui secoue l'Europe à la Renaissance, et qui doit aboutir à l'entreprise coloniale, quand le guerrier, le chef de troupes devient l'allié et le pourvoyeur d'un pouvoir à la recherche de nouvelles frontières ? L'or est l'âme même de la Conquête, son

25

vrai Dieu, comme le dit Las Casas. Il est aussi sa monnaie de songe, et la rapine insatiable des Conquérants ne fait qu'annoncer le commencement du vertige moderne.

C'est justement dans cette rencontre des deux rêves, d'un côté la magie, de l'autre l'or, qu'on voit bien où est la vérité, où le mensonge. Les caciques mayas et totonaques, puis Cacamatzin, roi de Tezcoco, et Moctezuma, roi de Mexico, donnent aux étrangers ce qu'ils ont de plus précieux, de plus sacré : l'or, le jade, les turquoises. Ils donnent aussi les étoffes, les vivres, les esclaves. Ils donnent même les femmes les plus belles, les plus nobles, leurs propres filles. Que reçoivent-ils en échange ? Des « pierres vertes », de la verroterie, des pierres *margaritas* (du verre filé). Quand, devant Mexico, Cortés rencontre Moctezuma pour la première fois, il lui met autour du cou un collier de ces fameuses *margaritas*; Moctezuma, lui, met autour du cou de Cortés un collier de joyaux d'or sculptés en forme de crevettes, « tout à fait merveilleux », dit Bernal Díaz. L'on ne peut s'empêcher de penser que Cortés et ses hommes durent rire sous cape de la bonne affaire. De la verroterie contre de l'or, l'ère coloniale pouvait commencer.

C'est le rêve, au contraire, et la magie qui habitent le monde indien à l'arrivée des Espagnols. Avant même de les avoir rencontrés, avant d'avoir été meurtris par leurs armes, les Indiens savent que les étrangers sont venus régner sur eux. Les Mayas, les Tarasques, les Aztèques ont écouté leurs prophètes, leurs devins. Ils ont été troublés par des présages, par des songes : éclipses, comètes, chutes d'aérolithes, et cauchemars récurrents annoncent l'arrivée des terribles événements. Dans les terres

26

du Michoacan, une esclave du seigneur d'Ucareo, nommé Uiquixo, fait le récit étrange d'une apparition de la déesse Cuerauaperi, mère des dieux, dans sa maison ; puis l'esclave raconte qu'elle a été conduite en un lieu où sont réunis tous les dieux de l'univers, le visage couvert de peinture noire ; et les dieux dirent : « abandonnez les sacrifices humains, et n'apportez plus vos offrandes, car désormais il doit en être ainsi : les tambours ne doivent plus résonner : tout sera brisé, il n'y aura plus de temples, ni de bûchers sacrés, et la fumée de l'encens ne s'élèvera plus. Tout doit devenir désert, car voici que viennent d'autres hommes sur la terre [1]... ». A Mexico, raconte le frère Beaumont dans sa *Chronique*, on entendit « dans l'air, en divers endroits, des voix lugubres qui pronostiquaient la fin de cette monarchie indienne », et l'on amena devant le roi Moctezuma et ses devins un oiseau monstrueux qui portait un miroir sur la tête, et dans le miroir « se réverbérait le soleil, avec une sorte de lumière néfaste et mélancolique [2] ».

Les Espagnols, au contraire, sont totalement confiants en eux-mêmes, ils doutent rarement de l'issue heureuse de leur téméraire entreprise. Inconscience, aveuglement ? Je crois plutôt qu'ils figurent véritablement des soldats de l'ère moderne, matérialistes au fond, et comptant surtout sur leur technique et sur leurs armes.

Devant leur avancée, qui peut les vaincre, les retenir ? La beauté des cadeaux que leur envoie Moctezuma, loin de leur inspirer de la crainte les incite à marcher davantage. La magie ne leur importe pas : lorsque Moctezuma, au comble de l'angoisse, envoie à Cortés une délégation pour l'arrêter, il

1. *Relation de Michoacan*, 1977, p. 234.
2. Beaumont, *Chronique du Michoacan*, 1932, II, p. 64-65.

choisit pour ambassadeur un prince nommé Quin-talbor, parce que, dit Bernal Díaz, « de visage, d'allure et de corps il ressemblait au capitaine Cortés » (p. 88). L'idée d'adresser à Cortés son double est une idée magique, qui montre bien sur quel plan se déroulait l'histoire pour les Aztèques. C'est aussi le signe de l'attention extrême que le roi de Mexico porte aux événements. Chaque jour, on lui annonce une nouvelle défaite de ses vassaux : les Totonaques d'abord, puis les Tlaxcaltèques, les Cholultèques, les gens de Tezcoco. Irrésistiblement, malgré les cadeaux, malgré les sacrifices au dieu de la guerre Huitzilopochtli, malgré la magie et les embuscades, la troupe des Conquérants resserre son étau sur la capitale mexicaine, tandis que grossissent les rangs des ennemis mortels des Mexicas.

Hernán Cortés, en plus des armes et de la stratégie européennes, utilise son instrument de domination le plus redoutable : la parole.

En homme exercé à toutes les intrigues de cour, il sait que sa seule chance de vaincre est dans la ruse. Car, après tout, les Espagnols ne sont qu'une poignée d'hommes, démunis, isolés sur un continent qu'ils ne connaissent pas, marchant vers le danger. Et les Indiens, eux, sont des milliers, voire des millions, maîtres des terres et de l'eau, sûrs de leur force. Normalement, la disproportion des forces est telle que les Conquérants ne devraient pas survivre plus de quelques heures sur cette terre nouvelle.

On voit ici la valeur du capitaine Cortés. S'il est digne de passer à la postérité, ce n'est pas à cause de son courage ni de sa foi, encore moins à cause de la grandeur de sa geste. C'est à cause de sa ruse.

Ses premiers revers, il les doit à ce que les Mayas ne lui ont pas laissé le temps de parler. Ses ultimes défaites – et, particulièrement, celle connue sous le nom de Nuit Triste, quand Cortés et ses hommes sont chassés de Mexico et doivent abandonner la plus grande part de leur or et de nombreux soldats aux mains des Aztèques – il les devra à ce que les Indiens auront compris, un peu tard, qu'il ne fallait pas écouter ses paroles.

Mais l'essentiel de la Conquête, Cortés le doit moins à son épée qu'à sa parole – et à celle que Bernal Díaz nomme « notre langue », doña Marina, la *Malinche*.

Cortés sait qu'il doit diviser. En contemporain de Machiavel, Hernán Cortés aperçoit vite le défaut de son ennemi, le géant mexicain : pour vouloir trop régner, l'empire est devenu fragile. Chaque nation est ennemie de son voisin, mais, surtout, elle l'est de Mexico-Tenochtitlan. Cortés n'aura aucun mal à dresser les peuples les uns après les autres contre le tyran Moctezuma, en leur promettant son aide, et une part du butin final. Il ne fait pas autrement avec ses propres hommes.

Arrivé à Cempoalla, la grande ville totonaque, Cortés commence par emprisonner les émissaires de Moctezuma, venus chercher le tribut d'or et de captifs. Puis, il en libère deux en secret, afin de faire croire à Moctezuma qu'il est son allié. Alors, il reproche publiquement aux Totonaques d'avoir laissé fuir ces deux prisonniers, et garde les trois autres en otages sur son bateau. Il menace les Totonaques de s'en aller, et ceux-ci, qui craignent la vengeance de Moctezuma, supplient Cortés de rester, et se déclarent prêts à se soumettre à l'autorité du roi d'Espagne. Cortés, en homme qui connaît le droit, leur fait faire acte d'allégeance devant un écrivain public nommé Diego de Godoy. Enfin, quand Moctezuma envoie ses émissaires, Cortés leur rend les trois otages, en leur disant qu'il les a sauvés des

29

Totonaqucs. Il voit son amitié récompensée, comme à chaque fois, par de somptueux présents. On peut difficilement pousser plus loin l'art de l'intrigue politique.

A la merci des Espagnols, les Totonaques doivent non seulement se soumettre, mais assister, impuissants, à la destruction de leurs dieux. Sous les yeux effrayés des grands prêtres et des caciques, Cortés fait briser par ses hommes les images des dieux, dans le temple de Cingapacingo. Cinquante soldats espagnols, montés au sommet de la pyramide, font rouler au bas des escaliers les statues : « Elles étaient, raconte Bernal Díaz, à manière de dragons épouvantables, grands comme des veaux, et d'autres figures à manière de moitiés d'hommes et de chiens de grande taille, et d'autres formes maléfiques. Et quand ils les virent en morceaux, les caciques et les grands prêtres qui étaient là se mirent à pleurer et mirent leurs mains sur leur visage, et dans leur langue totonaque ils leur demandaient de les pardonner, car désormais ils n'étaient plus entre leurs mains... » (p. 109).

Le massacre des dieux annonce le massacre des hommes, et la chute des dieux du haut du grand temple de Huitzilopochtli, qui est la fin de ce monde.

Alors commence la lente montée vers la ville de Mexico-Tenochtitlan. Aidés des guerriers totonaques, les Espagnols livrent leur première grande bataille contre les Tlaxcaltèques, alliés de Moctezuma. Cinquante mille Indiens sont réunis autour du chef de guerre tlaxcaltèque, Xicotenga le Jeune. Ils portent, sur leurs bannières, un « grand oiseau blanc aux ailes ouvertes » que Bernal Díaz décrit comme une sorte d'autruche. La bataille est terrible et meurtrière. Les Espagnols doivent enterrer leurs morts en secret, afin de ne pas démentir leur légende d'immortels. Les pourparlers avec les caciques de Tlaxcala permettent à Cortés d'obtenir la soumission de la nation tlaxcaltèque, mais les soldats espagnols sont tellement démoralisés qu'ils parlent de revenir en arrière. Il faut tout l'art du langage de Cortés pour les convaincre : « Il valait mieux mourir, comme disent les chansons de geste, que de vivre sans honneur. »

Xicotenga le Jeune, au moment de se rendre, a un geste qui exprime bien l'état d'esprit des Indiens : il fait envoyer à Cortés des vivres, de l'encens et des plumes, et des femmes. Et voici son message à Cortés : « Si vous êtes des *teules* (des seigneurs) méchants, selon ce que disent les gens de Cempoal, et que vous voulez des sacrifices, prenez ces quatre femmes et sacrifiez-les, et vous pourrez manger leur chair et leur cœur, et comme nous ne savons pas de quelle manière vous les voulez, nous ne les avons pas sacrifiées maintenant devant vous. Et si vous êtes des hommes, mangez ces volailles, ce pain et ces fruits. Et si vous êtes des *teules* gentils, nous vous envoyons ici du copal, qui est de l'encens, et des plumes de perroquet, pour que vous fassiez vos sacrifices avec cela » (p. 142).

Cortés et ses hommes peuvent entrer en vainqueurs et en alliés dans la grande ville de Tlaxcala, reçus en amis et en frères par Xicotenga le Vieux, et Massecasi, les caciques, qui leur donneront leurs propres filles pour compagnes.

Dès lors, la progression vers Mexico ne connaît plus d'arrêt. Appuyés, nourris, guidés par la masse de la population indienne, qui vit à la fois dans la crainte des *teules* et la haine des Mexicas, les Conquérants cessent d'être la bande d'aventuriers

31

affamés et inquiets du début. Ils ont maintenant pour eux la force, le nombre.

Étrangement, l'image que Bernal Díaz donne, malgré lui, de l'armée de Cortés, est celle de quelque animal légendaire et horrifiant. Pour les Indiens, terrifiés par ces hommes à cheval, casqués de fer, portant cette longue lance qui survit aujourd'hui encore dans le surnom des Espagnols (les *gachupines*, ceux qui ont des lances), il n'y a pas de doute que cette armée en marche évoque dans leur mémoire les mythes d'êtres fabuleux, monstrueux.

L'on pense au mythe du Minotaure. Il règne d'abord sur les civilisations indiennes : Huitzilopochtli, le dieu de la guerre, Tezcatlipoca, le dieu du ciel, et Tlaloc, le dieu des eaux prélèvent de lourds tributs de sang sur les peuples qui entourent Mexico.

Mais quand arrivent Cortés et ses hommes, c'est un tribut encore plus lourd qui va être exigé. Nourriture, or, richesses, esclaves doivent sans cesse parvenir aux Espagnols et à leurs alliés. Bernal Díaz parle de ce tribut comme d'une source inépuisable d'abondance, mais sait-il que la richesse de ces terres n'est qu'apparente ? Au fur et à mesure que l'armée espagnole avance, et que ses rangs grossissent des mercenaires indiens, c'est la ruine sur son passage. Les maigres récoltes des paysans indiens sont pillées, leurs réserves, leurs trésors exténués. Comment les Conquérants s'en soucieraient-ils quand toutes ces richesses – maïs, volailles, fruits, étoffes, bijoux – leur parviennent si facilement ? C'est que les peuples indiens donnent à un nouveau Minotaure pour se débarrasser de l'ancien. Ils donnent tout, or, pierreries, esclaves, femmes, sans doute dans l'illusion que ces *teules*

32

étrangers, une fois leur mission accomplie, et Mexico détruite, retourneront là d'où ils sont venus, de l'autre côté de la mer.

Mais le tribut que les Indiens doivent payer au Minotaure ne fera que s'aggraver, à Cholula, à Tezcoco, à Tenochtitlan. Il faut sans cesse donner aux Conquérants de nouveaux trésors, des femmes, des captifs, qu'ils marquent au fer rouge du signe qui les aliène à jamais, le J. de la guerre.

Et plus tard, après la Conquête, alors que le Mexique est exsangue, affamé, dépeuplé par les épidémies de grippe et de variole, le Minotaure continue de prélever sa part de vivres, de femmes, d'esclaves, d'or.

L'*oidor* (conseiller) Ceynos visite la Nouvelle-Espagne en 1530, et ce qu'il voit l'horrifie : « Durant les sept années de son gouvernement (l'administration de Cortés), les naturels ont souffert beaucoup de morts, et on leur a fait beaucoup de mauvais traitements, de vols et de violations, profitant de leurs personnes et de leurs biens sans aucun ordre, ni poids, ni mesure [1]... »

Réduits à l'esclavage après la Conquête, les Indiens doivent payer un tribut sans cesse grandissant au nouveau Minotaure, et consacrer l'essentiel de leur temps à travailler à son service, dans les plantations, dans les villes, dans les mines d'or et d'argent. Parfois plus de onze heures par jour, sans aucun salaire. Ils payeront alors plus d'impôts qu'à leurs anciens maîtres : la *moneda forera* (la part du roi), l'*aljama* (le cinquième), la *fonsadera* (l'impôt de guerre), l'*alcabala* (droits de vente et d'achat), l'*almojarifazgo* (droits de transport), le *chapín* (la

1. Cité par José Miranda, *Le Tribut indigène dans la Nouvelle-Espagne*, 1952, p. 51.

part de la reine), la dîme, sans compter les prélèvements directs par les propriétaires des haciendas. Les *encomiendas*, domaines concédés par la couronne aux nobles espagnols, permettent l'exercice total de cette prédation. Dans une déclaration des tributs payés par les Indiens de la province de Cuernavaca à leur maître Hernán Cortés, l'évêque Zumarraga dénonce les abus : chaque conseiller de l'*encomienda* de Cortés reçoit, chaque jour, outre les différents impôts destinés à la couronne, sept poules d'Inde, plusieurs pièces de gibier, des perdrix, du maïs, du chocolat, des épices, et soixante-dix œufs. Plus tard, les conseillers d'État Diego Ramirez et Lorenzo Lebron de Quiñones dénonceront ces abus, et tenteront de tempérer l'appétit monstrueux du Minotaure. Mais durant la Conquête, et les années qui suivirent, les Conquérants auront dévoré la quasi-totalité des êtres et des richesses de la Nouvelle-Espagne.

Cela aussi, c'est dans le « rêve » de la Conquête. Tandis qu'avancent vers sa ville ces *teules* mystérieux et destructeurs, le roi Moctezuma cherche vainement à les dérouter, à détourner le destin. Il multiplie les embûches, les pièges magiques, les ambassades, les cadeaux. Après la prise de Cholula, il espère que Cortés choisira la route la plus facile vers Mexico, il tend une dernière embuscade. Cortés, en soldat aguerri, déjoue le piège; il descend sur Mexico par la route de la sierra, entre les hauts volcans qui gardent la ville. Le premier, l'Espagnol Diego de Ordaz fait l'ascension du volcan Popocatepetl, et du haut de son cratère, à 5 450 mètres d'altitude, il découvre le paysage extraordinaire de la vallée de Mexico, son lac immense, ses jardins flottants, ses villes blanches reliées par des digues.

Il y a si longtemps que les soldats de Cortés rêvent de Mexico! On peut deviner le récit qu'en fait Diego de Ordaz, quand il redescend au bivouac. Il y a quelque chose de fabuleux dans ce premier regard de l'homme occidental sur cette capitale interdite, car ce regard porte déjà le signe de sa destruction prochaine. Moctezuma a essayé de persuader Cortés de retourner en arrière, car il sait que, lorsque les *teules* seront là, il n'y aura plus rien à espérer : le destin devra s'accomplir.

L'histoire de la Conquête de la Nouvelle-Espagne, telle qu'elle apparaît à travers le récit de Bernal Díaz del Castillo, est celle de ces deux paroles opposées qui se croisent, se cherchent, tentent de se convaincre avant de s'affronter. La parole rusée et menaçante de l'Espagnol, la parole angoissée et magique du roi mexicain. Ces deux paroles ne peuvent pas se rencontrer sauf, parfois, grâce au génie de la diplomatie de doña Marina, la compagne de Cortés. Car ces deux paroles sont totalement étrangères l'une à l'autre : tandis que l'une habite un monde de rites et de mythes, l'autre exprime la pensée pragmatique et dominatrice de l'Europe de la Renaissance.

Bernal Díaz admire le don de parole et l'habileté de Hernán Cortés, qui sait en quelques mots retourner les situations les plus difficiles, quand, par exemple, ses hommes veulent abandonner la lutte pour retourner à Cuba. Il y a, dans le portrait qu'il fait de Cortés, une note qui explique bien la nature véridique de l'homme : « Il était très enclin au jeu, aux cartes et aux dés, et quand il jouait il se montrait bon joueur, et il savait dire de ces formules pleines de verve et de piquant que disent ceux qui ont l'habitude de jouer aux dés... » (p. 581).

C'est bien ce langage cynique et sans scrupule que parle Cortés tandis qu'il avance à l'intérieur du Mexique. Ainsi, quand il veut effrayer les émissaires de Moctezuma, à Cempoal, il leur adresse, à la tête d'un bataillon de guerriers totonaques, un soldat nommé Heredia le Vieux, un Basque qui avait, dit Bernal Díaz, « mauvaise mine sur sa figure »; cousu de cicatrices, borgne, avec une grande barbe et une jambe boiteuse, le soldat, pense Cortés, servira fort bien d'épouvantail, et le capitaine lui dit : « Comme vous êtes de mauvaise mine, ils croiront que vous êtes une idole » (p. 105).

C'est ce langage, tantôt railleur, tantôt menaçant, que Cortés emploie pour animer le courage de ses hommes; et c'est ce langage de joueur de dés qu'il emploie pour tromper, effrayer ou distraire les forces de ses adversaires indiens. On comprend que les Indiens aient été fascinés par ce « hâbleur » qui sait jouer de tous les registres, de l'amour à la colère. Il les aime, dit-il, il vient de la part d'un grand roi qui vit au-delà des mers, et qui veut les délivrer du joug des Mexicas. Mais sous ces paroles « amoureuses », comme dit Bernal Díaz, se cache la domination, la spoliation, l'esclavage.

Moctezuma tergiverse, envoie délégations après délégations, parlemente, montre à son adversaire sa faiblesse, son angoisse. Quelle n'eût pas été pour l'Indien la force du silence! Parler, dans ce jeu cruel et fatal, c'est reconnaître l'autre, c'est le laisser entrer dans son cœur. C'est montrer aux vassaux, aux alliés, que le règne orgueilleux de Tenochtitlan est sur le point de finir, comme l'annoncent toutes les légendes.

Arrive le grand Cacamatzin, roi de Tezcoco, pour accueillir Cortés. Il arrive, porté sur un palanquin par huit princes, tandis que l'on balaie la poussière du chemin devant lui. C'est la rencontre d'un roi qui est l'égal d'un dieu avec l'homme qui est craint comme un dieu. La rencontre ouvre le chemin de Mexico.

Voici peut-être l'un des moments les plus émouvants de l'*Histoire véridique* de Bernal Díaz del Castillo : la marche des soldats espagnols, cavaliers en tête, tout au long de la chaussée qui traverse le lac vers la grande ville de Mexico-Tenochtitlan. Dans la mémoire de Bernal Díaz, l'image est pure et éblouissante comme un songe – car tous, à cet instant, ont le sentiment de vivre un rêve, pareil aux « enchantements » du livre d'*Amadis* : « et même, certains de nos soldats disaient que, assurément, ce qu'ils voyaient paraissait appartenir aux songes, et il ne faut pas être étonné si je l'écris ici de cette manière, car il y a tant et tant à dire de cela que je ne sais comment le conter : voir toutes choses jamais ouïes, ni vues auparavant, ni jamais rêvées, comme celles que nous apercevions alors » (p. 178). Tout autour d'eux, sur le lac couleur de ciel, s'étendent à perte de vue les villes blanches, les palais de pierre, les jardins flottants, les cours remplies d'arbres, dominés par les hautes silhouettes des pyramides. Les Conquérants espagnols avancent lentement sur la longue chaussée qui traverse le lac, de la ville d'Ixtapalapa jusqu'à Tenochtitlan, dans le crépuscule qui doit estomper les formes des volcans et faire apparaître, comme au travers d'une brume, les ombres magiques et lointaines des hauts temples de Tlatelolco, et les palais de Moctezuma. Et tandis qu'ils avancent, silencieux et les yeux pleins de ces merveilles, ils sont accueillis par les grands princes de l'Anahuac, et par la foule des guerriers et du peuple mexicain. Alors sans doute ressentent-ils le frisson de la grandeur, à vivre ce moment d'histoire et de légende. Eux, les messagers de la destruction, porteurs de mort, dont la destinée dépend tout entière de cette rencontre avec la puissance de Mexico-Tenochtitlan.

Alors, en l'écrivant, Bernal Díaz ne peut s'empêcher de dire son admiration, son émerveillement mêlé de tristesse : « Je le dis encore, tandis que je voyais tout cela, je pensais qu'il ne pouvait pas y avoir dans le monde d'autres terres découvertes semblables à celle-ci, car en ce temps-là il n'y avait pas de Pérou, et on ne savait même pas qu'il existait. Maintenant, tout cela est ruiné, perdu, il ne reste rien debout » (p. 179).

Sur la chaussée immense qui traverse le lac, vient enfin à la rencontre de Cortés le grand roi Moctezuma en personne, tel un dieu de légende : porté sous un dais de plumes et d'or, vêtu de ses habits où sont serties les pierres précieuses, chaussé de ses cothurnes à semelle d'or. Nul ne peut le regarder en face, et quand il marche, l'on étend sur le sol, devant lui, des étoffes. C'est ce roi, ce dieu vivant, qui s'avance maintenant vers Hernán Cortés, qui l'accueille aux portes de Mexico-Tenochtitlan. Il y a maintenant plus d'un an qu'ils se cherchent par les paroles, et que l'angoisse de Moctezuma grandit chaque jour. Cet instant est fabuleux, tragique. C'est l'instant suprême de la rencontre entre les deux mondes, entre les deux civilisations, d'un côté la puissance divine, de l'autre la puissance de l'or et des armes. Il y a quelque chose de vertigineux dans cette rencontre, car c'est d'elle, sans doute, que dépend l'avenir du monde occidental. En admettant les étrangers dans son univers, en cherchant à pactiser avec eux, Moctezuma, sans le savoir, scelle la défaite de son monde, car l'homme blanc ne par-

38

tage jamais. Cortés va exclure le monde indien, et, l'ayant réduit à l'esclavage, il permettra la conquête de tout le continent américain, du Canada à la Terre de Feu. Sans l'or, sans la matière première, sans le travail des esclaves surtout, quel eût été le sort de l'Europe et de sa « révolution industrielle »?

Mais le monde de rêve et de mythe est condamné devant l'arrivée de cette poignée d'aventuriers. Ils sont logés par Moctezuma dans le palais de son père, le roi Axayacatzin, et dans les temples voisins : ne sont-ils pas des dieux ? Nourris, servis, gardés par ceux qu'ils viennent détruire, ils peuvent dresser en secret leurs plans d'attaque, éventrer la chambre funéraire où se trouvent les trésors sacrés, et rêver devant les monceaux d'or qui brillent sur les murs des temples.

Qui est Moctezuma, ce roi de légende, qui semble s'abandonner à la fatalité ? Il semble parfois, sous la plume de Bernal Díaz del Castillo, quelque prince de la Renaissance, raffiné et épris de luxe. Mais il est aussi un roi de légende, un demi-dieu. Il y a quelque chose d'incongru presque dans le portrait qu'en fait Bernal Díaz ; car ces Espagnols, ces aventuriers qui sont devenus des héros malgré eux, ne peuvent pas être les égaux de ces rois et de ces princes d'essence divine. S'il y a un abîme qui sépare le mode de pensée des Conquérants et celui des Indiens, il y en a un autre aussi dans leurs manières : c'est celui qui sépare le chef spirituel du peuple le plus civilisé de l'Amérique centrale des barbares que sont Cortés et ses soldats. Il y a, dans la cour de Moctezuma, le raffinement baroque d'un prince oriental – on pense au Mikado du Japon, par exemple – joint à la noblesse naturelle d'un homme élevé pour régner. Cela est sujet d'émerveillement pour un homme aussi modeste que l'est Bernal

Díaz, qui ignore tout de la noblesse européenne. Mais il y a surtout ce qu'il ne peut pas comprendre, ni Cortés, ni aucun des Conquérants : c'est que Moctezuma n'est pas seulement un homme, un chef d'armée; il est le représentant des dieux sur la terre, une « idole ». C'est pourquoi nul ne peut le regarder en face, ni l'approcher. Il vit entouré de rites comme un dieu, et lorsqu'il mange, il est caché derrière un paravent. C'est ce monarque surnaturel que les Espagnols par un coup d'audace que seuls des barbares pouvaient imaginer, vont saisir et garder en otage dans le palais de son propre père.

L'on peut se demander la raison de la docilité de Moctezuma. Comment ce roi puissant, qui fait trembler tout le Mexique, qui commande à l'armée la plus nombreuse et la mieux organisée du Nouveau Monde, à l'abri de son palais, entouré de ses gardes et de ses grands prêtres, au centre d'une ville qui devait compter, à l'époque, plus d'un million d'habitants, comment accepte-t-il aussi facilement cette humiliation, cette destruction de son pouvoir? Est-il un indécis, un lâche? Mais peut-être a-t-il compris, à l'instant où les Espagnols entrent dans sa ville, par une fulgurante et fatale intuition, que son peuple était seul haï, divisé, et que jamais il ne serait vainqueur par la force devant une telle coalition? Alors, il accepte, il cherche à gagner du temps, il consulte les oracles.

La raison de ce drame est, je crois, toute magique. Les rêves, les pronostics des mages, les légendes, les signes du ciel, tout annonce à Moctezuma la fin de son règne, la venue des *teules*. Se sachant condamné d'avance par les dieux, persuadé que rien ne pourra changer le cours de la destinée, il veut prendre sur lui la plus grande part du drame qui doit venir.

S'il est vrai que Moctezuma s'est montré faible, irrésolu, saisi par ce trouble intérieur qui détruira la plupart des grands règnes indiens, il est vrai aussi que, devant l'irrémédiable, il sait se montrer un véritable souverain, qui cherche d'abord à épargner son peuple, sa ville.

Moctezuma est avant tout le représentant du dieu Huitzilopochtli sur la terre. Il en porte les symboles, ce « sceau et cet insigne de Uichilobos » qu'il arrache de son poignet, quand Cortés et ses hommes s'emparent de lui, et qui signifiaient, comme le dit Bernal Díaz, « qu'il commandait quelque chose de grave et de difficile, pour que cela fût accompli, et alors cela était accompli sur l'heure » (p. 202). Profondément religieux, Moctezuma a dû être partagé jusqu'à sa fin entre le désir de venger les affronts que les étrangers commettaient envers les dieux, et sa totale soumission à un destin qu'il croit inéluctable.

Dans cet affrontement entre l'Amérique et l'Occident, entre les dieux et l'or, on aperçoit bien où est le civilisé, où le barbare. Malgré les sacrifices sanglants, malgré l'anthropophagie rituelle, malgré la structure tyrannique de cette théocratie, il n'y a pas de doute que ce sont les Aztèques – comme les Mayas, ou les Tarasques – qui détiennent la civilisation. Bernal Díaz del Castillo, comme tous ceux qui participent à la colonisation, voudrait croire que la destruction du monde indien était justifiable, parce que c'était un monde voué aux démons. Ainsi justifie-t-il, comme Motolinia, le massacre de Cholula, puisqu'il a permis la conversion des Indiens ; ainsi justifie-t-il le massacre de Tlatelolco, et la destruction sanglante de la ville de Mexico. Pourtant, c'est dans les actions et dans les paroles des vaincus qu'on trouve la splendeur perdue de la civilisation.

Quand Cortés monte avec ses hommes au sommet du temple majeur, et qu'il demande à Moctezuma de renoncer à ses dieux, le roi mexicain ne peut maîtriser sa colère :

« Seigneur Malinche : si j'avais su que tu devais prononcer des paroles tellement déshonorantes, jamais je ne t'aurais montré mes dieux. »

Quand les étrangers se sont installés dans le palais de son père, et qu'ils ont violé sa sépulture pour estimer ses trésors, Moctezuma cherche d'abord à expier le péché commis contre les dieux ; il jeûne, il prie, il fait des sacrifices.

Les dieux mexicains, comme ceux des Mayas, sont intransigeants et terribles. L'arrivée des Espagnols a dû être ressentie par les Indiens comme un châtiment exemplaire. Jusqu'au dernier instant, les guerriers mexicas ont cru que leurs dieux leur apporteraient, au terme de ces épreuves, la victoire finale. Tandis que les Espagnols progressent, trouvent des alliés, préparent l'assaut de la capitale, les Indiens, eux, s'occupent de leurs dieux. Ils multiplient les offrandes, les sacrifices, et ce que Bernal Díaz ne manque pas de prendre pour le signe d'une cruauté démoniaque, n'est en somme que la conséquence de la Conquête : partout où passent les Espagnols, les pyramides et les autels sacrés ruissellent du sang des victimes expiatoires et propitiatoires. Enfin, durant les trois mois que durera le siège de Mexico-Tenochtitlan, pas un jour, pas une nuit ne cesseront les roulements des tambours qui accompagnent les sacrifices sur l'autel de Huitzilopochtli.

Les dieux mexicains font partie de ce rêve tragique, ils en sont les principaux acteurs. Quand Bernal Díaz voit pour la première fois les dieux des

42

Aztèques, sur le temple de Huitzilopochtli à Tlate-lolco, il est frappé par leur aspect effroyable. Dans son imagination, ces statues figurant des êtres mi-hommes, mi-bêtes sont celles-là mêmes du Moyen Age infernal de l'Europe; car, bien entendu, les canons de l'art de la Renaissance ne peuvent admettre la symbolique de l'art indien : Huit-zilopochtli, écrit Bernal Díaz, « avait la face et le visage fort larges et les yeux difformes et épouvan-tables (...); et son corps était ceint de sortes de ser-pents gigantesques faits d'or et de pierreries, et dans une main il tenait un arc, et dans l'autre des flèches. Et il y avait à ses côtés une autre idole, qu'ils disaient être son page, qui tenait une lance courte et une magnifique rondache d'or et de pier-reries; et Vichilobos (Huitzilopochtli) portait autour de son cou des têtes d'Indiens, et des cœurs d'Indiens, les uns d'or, les autres d'argent, ainsi que de nombreuses pierres bleues. » Quant au dieu Tez-catlipoca, « il avait comme une face d'ours, avec des yeux qui brillaient, faits de ces miroirs qu'ils nom-ment *tezcat*, et le corps orné de riches pierreries à la manière de Vichilobos; car, selon ce qu'ils disaient, tous deux étaient frères, et ce Tezcatepuca était le dieu des enfers, et il avait la charge des âmes des Mexicains; et il portait autour du corps comme de petits diables dont les queues semblaient des ser-pents ». Au sommet du temple, dans une sorte de niche, Bernal Díaz décrit la figure d'un être « comme à moitié homme, à moitié crocodile, tout recouvert de riches pierreries, et la moitié de son corps était voilée. Ils disaient que son corps était plein de toutes les graines qu'il y a dans le monde, et qu'il était le dieu des semailles et des moissons » (p. 193).

Tels sont les dieux aztèques, que Cortés et ses

43

hommes découvrent avec un sentiment mêlé de curiosité, de cupidité et d'horreur, au sommet du grand temple de Mexico. Quelques mois plus tard, les Espagnols jetteront ces statues au bas des marches de la pyramide, après les avoir dépouillées de leurs richesses.

Le rêve de la Conquête semble perdre peu à peu son caractère merveilleux, tandis que Cortés et ses soldats demeurent dans la ville. Pour Moctezuma, ce rêve devient un cauchemar lorsqu'il est enlevé de son palais et emmené en otage dans le palais de son père que les étrangers ont transformé en forteresse. Moctezuma sent alors sur lui le poids d'une faute incompréhensible – peut-être le châtiment que lui infligent les dieux insultés par Cortés lors de sa première visite au temple. L'enlèvement de Moctezuma, qui est un de ces actes de témérité folle dont l'histoire de l'Occident est faite, est pour Bernal Díaz une action dictée par Dieu. Pour les Indiens, c'est un acte sacrilège, puisque le roi est intouchable comme les dieux eux-mêmes. Cela va achever de les troubler. La fatalité qu'ils ressentent alors, comme Moctezuma, est celle d'une volonté mystérieuse, étrangère à toute compréhension humaine. Si grande était leur angoisse au commencement de la Conquête, lorsqu'ils croyaient que ces étrangers étaient des dieux, elle devient plus grande encore quand ils comprennent que ce sont des hommes. Rien ne pourra donc apaiser leur volonté de destruction.

Enchaîné, impuissant, Moctezuma assiste, en poussant de « grands cris », dit Bernal Díaz, au supplice de ses chefs d'armée, brûlés vifs par les Espagnols pour avoir attaqué les Espagnols de Veracruz et avoir perçu le tribut à leur place. Comme l'or, la chaîne est l'un des symboles de cette Conquête, l'un de ces signes cauchemardesques que les Espagnols apportent au Nouveau Monde. Dès que Cortés s'est assuré de la personne de Moctezuma, il envoie chercher sur la côte, à Veracruz, une longue chaîne de fer forgé qu'il avait apportée dans ses vaisseaux à cette fin. La chaîne est destinée à faire prisonniers les grands chefs de l'armée mexicaine.

Il y a, me semble-t-il, quelque chose du cauchemar dans l'idée de cette longue chaîne venue d'au-delà de la mer, et qui remonte lentement les pentes des montagnes, de village en village, portée par les esclaves indiens, traversant les forêts et les champs de maïs, jusqu'au pied du volcan Popocatepetl, et qui arrive enfin à Mexico-Tenochtitlan, traversant le lac le long de la digue, jusqu'au palais où est retenu prisonnier le dernier roi mexicain. C'est en tout cas le symbole que Cortés, devenu marquis de la Vallée, choisira après la Conquête pour illustrer son blason : les têtes des sept derniers rois de l'Anahuac enchaînés.

La chaîne des Conquérants est bien le symbole de cette fatalité. Chaque fois qu'une nouvelle humiliation accable Moctezuma, il est comme paralysé par la douleur. Quand Cortés, au cours d'une de ces cérémonies judiciaires qui servent à rendre officielle sa volonté, exige de Moctezuma qu'il se soumette au roi d'Espagne, ce fut « avec beaucoup de tristesse que tous montrèrent, et Montezuma ne put retenir ses larmes. Et nous l'aimions tant et de si bon cœur que de le voir pleurer, nos yeux en étaient tout attendris », dit Bernal Díaz (p. 217).

L'autre symbole de la chute de Mexico-Tenochtitlan, c'est toujours l'or qui le procure. Dans le palais de son père où il est gardé en otage, c'est encore Moctezuma qui règne; il rend la justice, il organise, il commande à ses vassaux. Mais derrière lui, c'est Cortés qui perçoit le tribut.

Le vaincu doit payer une charge très lourde, et c'est le trésor d'Axayacatzin, le père de Moctezuma, qui va être pillé. De la chambre funéraire, les Espagnols retirent tout ce qui est en or, le font fondre, et transforment les bijoux sacrés de l'ancien roi de Tenochtitlan en barres de trois pouces d'épaisseur, pour une valeur, précise Bernal Díaz, de six cent mille pesos d'or. Cette fabuleuse fortune est l'objet d'un partage où Cortés se montre non moins rapace que le seront, quelques années plus tard, les frères Pizarro au Pérou. Pour lui, Cortés prélève la même part que pour le roi, un cinquième, tandis que la plupart des soldats ne recevront guère plus de cent pesos. La révolte gronde un instant parmi les hommes de Cortés, mais le joueur de dés sait manier les phrases qu'il faut pour promettre, pour apaiser.

Tels sont les véritables symboles de la Conquête : la chaîne, et les lingots. Lorsque, au moment de l'insurrection, les dieux Huitzilopochtli et Tezcatlipoca répondront par la bouche des oracles aux offres de paix de Cortés, ils diront en effet qu'ils ne peuvent rester dans un endroit où ils sont si mal traités par les *teules*, et où l'or sacré est transformé en « briques ». Et Moctezuma, lorsque Cortés lui demande de planter une croix au sommet du temple majeur, s'écrie atterré :

« Oh, Malinche! Vous voulez donc nous faire périr, nous et toute cette ville! »

L'acte maléfique de l'histoire de la Conquête, c'est le massacre du grand temple de Mexico. Cortés, éloigné de la capitale pour lutter contre son ennemi et rival Narváez, laisse la garnison et son otage royal entre les mains de son lieutenant, Pedro de Alvarado, celui que les Indiens ont surnommé « le Soleil ». Alvarado regarde avec ses soldats les grands prêtres et les chefs de guerre qui préparent la fête du dieu Huitzilopochtli dans l'enceinte du grand temple. Écoutons l'un des témoins du massacre, un Mexicain de Tlatelolco qui écrivit en 1528 une relation anonyme en langue nahuatl :

En ce temps-là, ils demandèrent à *Motecuhzoma* comment ils devaient célébrer la fête de leur dieu. Il leur dit :

Mettez-lui tous ses ornements. Faites cela.

En ce temps-là, ce fut quand le Soleil (Alvarado) donna ses ordres : ils sont déjà enchaînés, *Motecuhzoma*, et le *Tlacochcalcatl* de Tlatelolco *Itzcohuatzin*.

Ce fut quand ils pendirent un prince d'Acolhuacan, du nom de *Netzalhualquentzin*, près des remparts de pierre.

Ensuite, mourut le roi de Nauhtla, nommé *Cohualpopocatzin*. Ils le transpercèrent de flèches et ensuite, encore vivant, ils le brûlèrent.

Pour cette raison les *Tenochcas* de la Porte de l'Aigle montaient la garde. D'un côté étaient les appartements des *Tenochcas*; de l'autre côté, les appartements des *Tlatelolcas*.

Alors on vient leur dire que *Huitzilopochtli* a revêtu ses ornements. Ensuite ils mettent à *Huitzilopochtli* ses parures, ses vêtements de papier, tout son appareil. Ils mirent tout cela.

Ensuite, les Mexicains commencent à chanter. Ils firent cela le premier jour.

Mais ils ne purent pas le faire le deuxième jour : ils commencèrent à chanter, et alors ce fut quand moururent les *Tenochcas* et les *Tlatelolcas*.

Ceux qui étaient en train de chanter et de danser étaient totalement désarmés. Tout ce qu'ils avaient sur eux était le manteau orné, les pierres de turquoise, les bijoux sur leurs lèvres, les colliers, les panaches de plumes de héron, les amulettes faites avec des pattes de cerf. Et ceux qui jouaient du tambour, les vieux, portaient leur calebasse pleine de tabac en poudre pour priser, leurs grelots.

Ce furent ceux-là qu'ils commencèrent à frapper d'abord; ils les bousculèrent, ils frappèrent leurs mains, ils leur donnèrent des soufflets à la face, et ensuite ils les tuèrent tous, sans exception. Et ceux qui chantaient et qui regardaient autour d'eux moururent aussi.

Ils nous bousculèrent, ils nous maltraitèrent pendant trois heures. Là où ils tuèrent tous les gens, ce fut dans la Cour Sacrée.

Ensuite ils entrent dans les appartements du temple, pour tuer tout le monde : ceux qui portaient l'eau, ceux qui donnaient à manger aux chevaux, ceux qui broyaient le grain, ceux qui balayaient, ceux qui montaient la garde.

Mais le roi *Motecuhzoma*, accompagné du *Tlacochcalcatl* de Tlatelolco, Itzcohuatzin, qui pourvoyaient les Espagnols en nourriture, disaient :

O nos Seigneurs!... Assez! Que faites-vous là? Pauvres gens de ce peuple!... Est-ce qu'ils ont des boucliers? Est-ce qu'ils ont des massues? Mais ils sont entièrement désarmés!...

> Alors, quand vint ici le capitaine (Cortés), le
> Soleil (Alvarado) nous avait déjà tous tués [1].

Pour Bernal Díaz, le massacre du temple de Mexico-Tenochtitlan est une contre-attaque d'Alvarado menacé par un complot des Aztèques. Il parle même, dans le désordre sanglant qui suit le massacre, de l'intervention miraculeuse de la Vierge et du « seigneur Santiago » : au cours des batailles, apparaissait une grande *tecleciguata*, c'est-à-dire une grande dame, qui jetait de la terre aux yeux des Indiens et les aveuglait, tandis qu'un *teule* blond allait sur son cheval blanc et les mettait à mal (p. 265).

Le massacre de Tlatelolco est l'instant de rupture entre les deux mondes. Pendant quelques mois, la terreur, le désespoir, et aussi cette sorte de fascination que les Indiens ont éprouvée pour ces étrangers qui venaient leur apporter du nouveau, ont permis la cohabitation. Le massacre de Tlatelolco est le signal de la guerre sans merci que les Indiens livrent pour expulser les Espagnols, et tenter de retrouver leur équilibre, leur pouvoir, leurs dieux.

Comme toujours, Cortés, revenu en hâte de la côte de Cempoalla, décide de frapper au cœur. A coups d'épée, d'arquebuse, il se fraie avec quelques soldats un chemin jusqu'au temple. Il monte avec ses hommes jusqu'en haut de la pyramide et met le feu aux idoles.

Désormais, il ne peut plus y avoir de merci, de part ni d'autre. Assiégés dans leur palais, sans vivres, sans eau, les Espagnols sont condamnés. Alors a lieu un des instants culminants de la tragé-

1. Relation de la Conquête, par un auteur anonyme de Tlatelolco, rédigée en 1528. Traduit du nahuatl par Angel Maria Garibay, in Sahagun, *Historia General de las cosas de Nueva España*, Mexico, Porrua, 1975, p. 813-814.

die, la mort du roi Moctezuma, « en l'an deux de silex » comme dit le chroniqueur anonyme. L'homme qui fut trop soumis au destin, enchaîné par le Conquérant, est conduit jusqu'aux remparts. On le force à parler à ses sujets, aux chefs de la guerre. Mais il est trop tard. Les Mexicains répondent :

« Oh, Seigneur, notre Grand Seigneur, comme nous sommes tristes du malheur dont vous souffrez, vous et vos enfants, et vos parents! Nous vous faisons savoir que nous avons déjà nommé un de vos parents pour Seigneur. »

Moctezuma, renié par son peuple, n'est plus. Quand Cortés, une fois encore, veut se servir de lui (non sans l'avoir, au préalable, traité de « chien ») Moctezuma lui dit ces seules paroles, qui sont sans doute les plus tristes de cette *Histoire véridique*, il dit à Cortés :

« Que veux-tu encore de moi, Malinche, car je ne désire plus vivre... » (p. 270).

Ce sont en effet ses dernières paroles, car, traîné de force sur les remparts, il sera frappé par une pierre lancée par un guerrier de son peuple, et il se laissera mourir de sa blessure. Cortés fait rendre le corps du souverain immolé à ses ennemis, mais c'est moins par magnanimité que par ruse, car il sait que la vue du roi meurtri plongera les Indiens dans la plus grande douleur, et que cela lui donnera quelques jours de répit pour préparer sa fuite.

Dans la nuit du 10 juillet 1520, – moins d'un mois après leur entrée émerveillée dans la capitale aztèque – par une pluie froide, les Espagnols fuient sans gloire, perdant dans la bataille une grande partie de leurs hommes, de leurs chevaux, et de leur butin d'or. C'est cette défaite de Cortés, connue plus tard sous le nom de la Nuit Triste, que Bartolomé de Las Casas nomme, lui, une « très juste et sainte guerre ».

Les Mexicas désormais ne céderont plus. Mais il est trop tard. Malgré cette victoire, l'extermination finale du monde indien ne peut plus être empêchée.

La reconquête de Mexico-Tenochtitlan se fera grâce à l'arme majeure de Cortés : sa parole, qui permet aux Espagnols de réunir tous les ennemis des Aztèques pour l'assaut final. Mais elle se fera aussi grâce au plus redoutable allié des Européens : la variole. En quelques heures, elle décime la population de la capitale, emportant les hommes les plus vaillants, comme Cuitlahuac, le nouveau roi de Mexico. Plus tard, c'est elle, sous le nom de *cocoliztli* (maladie infernale) qui achèvera l'œuvre de destruction de la colonisation, surtout durant l'année 1545 où, selon les estimations des historiens, elle dut faire près de huit cent mille morts. C'est elle qui achèvera la Conquête du Yucatan et de l'Amérique centrale, souvent répandue volontairement par les soldats espagnols au moyen de chiffons contaminés.

Après l'éphémère victoire de la Nuit Triste, tandis que les Mexicas sacrifient à leurs dieux et font des prières pour leurs morts, Cortés et ses hommes commencent la longue marche d'encerclement qui va isoler la capitale, et recrutent l'une après l'autre toutes les nations vassales des Aztèques. Xicotenga (baptisé don Lorenzo de Vargas) et Netzahualpinzintli, roi de Tezcoco (baptisé don Hernán Cortés en honneur du Conquérant), fournissent les vivres et l'appui de leurs guerriers.

La grande armée, surtout composée d'Indiens hostiles aux Mexicas, suit les Conquérants, dit Bernal Díaz, comme « lorsqu'en Italie une armée allait de part ou d'autre, la suivaient les corbeaux, les milans, et d'autres oiseaux de proie qui se nourrissent des cadavres qui restent sur le champ après qu'il s'est donné une sanglante bataille » (p. 329).

Le monstre dévorant, le Minotaure, entoure Mexico, répandant le sang et la terreur. Partout où on leur résiste, les Espagnols se livrent au pillage. Le cheval est un de leurs meilleurs atouts dans ces guerres ouvertes qui ont lieu dans les plaines. Cortés, épris d'ordre et de droit, fait rédiger devant témoins un acte qui justifie les prises d'esclaves. Tous les prisonniers de guerre, hommes ou femmes, sont marqués au visage par le signe de la guerre : le ᒐ. Puis ils sont répartis entre les Conquérants. La répression est parfois d'une grande férocité, comme à Tepoztlan, où l'on brûle toutes les maisons, « pour que les autres villages en ressentent de la crainte », dit Bernal Díaz. Il ajoute que, partout, les Espagnols emportent « un grand butin, aussi bien d'étoffes très grandes que de bonnes indiennes » (p. 334).

La famine, conséquence de la guerre et des épidémies, est l'ombre encore plus sinistre de ce Minotaure qui dépeuple les alentours de Mexico. Vivant cela, voyant cela, il n'y a pas de doute que les Indiens durent croire qu'ils étaient abandonnés de leurs dieux, et que la fin de leur race était proche.

A l'extermination dévorante des Espagnols répond la cruauté magique des Indiens. Les soldats capturés lors de la Nuit Triste sont sacrifiés sur l'autel de Huitzilopochtli, et la peau de leur visage envoyée aux principaux vassaux de Mexico. Partout, sans cesse résonnent les cris de guerre et les sifflements des Indiens, et le bruit du tambour qui obsède.

Pour attaquer Mexico-Tenochtitlan, Xicotenga le Jeune arrive de Tlaxcala, avec ses guerriers, portant les bannières ornées du fabuleux « oiseau blanc », et ils défilent devant les Espagnols en criant : « Castilla ! Castilla ! » et, « Tlaxcala ! Tlaxcala ! »

L'attaque commence le 13 mai 1521. Cortés a pu réunir autour de sa troupe environ vingt-cinq mille Indiens alliés. Maintenant, ce n'est plus de la magie ni de l'audace. C'est le nombre qui va vaincre les Mexicains.

Isolée, sa conduite d'eau douce coupée, sans nourriture, Mexico-Tenochtitlan réussira tout de même à résister durant trois longs mois, repoussant chaque jour avec héroïsme l'assaut des Espagnols sur leurs digues et sur le lac. Parfois, dans ces combats, il semble que le destin vacille, comme à Xochimilco, lorsque Cortés tombe de son cheval « Romo » et qu'il est fait prisonnier par des guerriers mexicas. Mais Cristobal de Olea réussit à l'arracher à la mort.

Ce dernier acte du drame mexicain révèle, à travers l'*Histoire véridique* de Bernal Díaz, un héros de légende : le jeune Cuauhtemoc, le nouveau roi de Mexico-Tenochtitlan, qui deviendra plus tard l'un des symboles de l'Indépendance du Mexique. Cortés, qui sent en lui un ennemi de valeur, tente de le séduire par des promesses de paix et de pardon. Mais Cuauhtemoc ne répond pas. Il sait que le silence est toute sa force.

Bernal Díaz del Castillo est sans doute le premier à avoir soutenu la légende du jeune roi guerrier : « Il était, écrit-il, jeune homme âgé de vingt-cinq ans environ, et bien gentilhomme pour être Indien » (p. 288) ; et il ajoute, lors de sa capture : « Il était de belle allure, bien de corps comme de visage, la face large et avenante, et dans ses yeux paraissait une expression de gravité plutôt que de douceur, et ses yeux n'avaient pas de défaut (...); et sa couleur de peau tirait sur le blanc mat plutôt que sur le teint des Indiens, et l'on disait qu'il était neveu de Montezuma, fils d'une de ses sœurs, et il était marié avec une fille du même Montezuma, son oncle, jeune femme très belle... » (p. 388).

Cuauhtemoc est le pur héros de cette légende rêvée. Brave jusqu'à la témérité, il comprend avant tous les autres – comme l'avait sans doute deviné son oncle Moctezuma – que l'issue est fatale. Quand Cortés, découragé par la résistance acharnée des Mexicains, leur fait des offres de paix, le jeune roi répond enfin : « Il vaut mieux que nous mourions tous dans cette ville que de nous voir à la merci de ceux qui feront de nous leurs esclaves et qui nous tortureront pour de l'or... » (p. 379).

Il y a dans ces paroles, et dans le silence qu'il oppose par la suite aux paroles de séduction de Cortés, toute la grandeur de son monde en train de mourir.

La magie est donc la dernière ivresse de ces hommes condamnés. Ivresse ensanglantée par les sacrifices des soldats espagnols capturés lors de la bataille de Tlatelolco, comme si les dieux pouvaient renaître un instant du désastre, quand autour d'eux les hommes meurent de faim, de maladie, d'épuisement. Les derniers jours de la capitale mexicaine semblent liés à ce cauchemar, à cette ivresse mortelle.

Les Espagnols, atterrés, entendent résonner jusqu'au fond de leur cœur le tambour qui rythme la mort de leurs compagnons.

« Comme nous battions en retraite, conte Bernal Díaz, nous entendîmes résonner la musique sur le temple majeur, là où se trouvaient les idoles Huichilobos et Tezcatepuca, et qui dominait toute la grande cité, et aussi un tambour, au son très triste, pareil aux instruments des démons, et il retentissait si fort qu'on pouvait l'entendre à deux lieues de là, et avec lui beaucoup de timbales, de conques, de trompes et de sifflets... » La musique des sacrifices résonne terriblement pour les Espagnols qui savent que leurs compagnons sont en train de mourir, et Bernal Díaz, en l'écrivant, retrouve le frisson d'horreur de ces instants : « Alors recommença à retentir le tambour très douloureux de Huichilobos, avec beaucoup de conques et de cornets, et comme des sons de trompette, faisant un bruit épouvantable, et nous regardâmes vers le grand temple où l'on jouait de ces instruments, et nous vîmes que les Indiens entraînaient de force nos compagnons en haut des escaliers, et qu'ils les emmenaient pour le sacrifice. Et lorsqu'ils les eurent emmenés sur une petite place, devant l'autel où étaient leurs maudites idoles, nous vîmes qu'à beaucoup d'entre eux ils avaient mis des coiffures de plumes, et qu'avec une sorte d'éventoir ils les faisaient danser devant Hui-chilobos, et quand ils avaient fini de danser, alors ils les mettaient le dos contre une pierre assez étroite qui était préparée pour le sacrifice, et avec certains grands couteaux de silex, qu'ils ouvraient leur poitrine et arrachaient leur cœur encore palpitant pour l'offrir à leurs idoles présentes, et qu'ils repoussaient le corps à coups de pied jusqu'au bas des escaliers ; et en bas attendaient d'autres Indiens bouchers, qui leur coupaient les bras et les jambes, et qui écorchaient la peau de leur visage, qu'ils tannaient ensuite comme de la peau de gants, et ils les gardaient avec les barbes pour leurs fêtes et leurs beuveries, et ils mangeaient la chair avec de la sauce de piment, et de cette façon ils sacrifièrent tous les autres, et ils mangèrent leurs bras et leurs jambes, et leur cœur et leur sang, ils l'offrirent à leurs idoles, comme je l'ai déjà dit, et ce qui restait des corps, les pieds et les entrailles, ils les jetaient en pâture aux jaguars et aux pumas qu'ils gardaient dans la maison des animaux » (p. 371-372).

C'est donc la dernière fête cannibale que célèbre Mexico-Tenochtitlan avant de mourir. L'ivresse de cette fête se prolonge jusqu'au dernier instant. Chaque nuit, Bernal Díaz et ses compagnons entendent résonner « le maudit tambour » obsédant et tragique. Car c'était, dit-il, « le bruit le plus maudit et le plus triste qu'on pût entendre, et il résonnait loin au-dessus de la terre, et ils jouaient aussi d'autres instruments encore pires, ils faisaient des choses diaboliques et allumaient de grands feux, et faisaient entendre de grands cris et de grands sifflements... » (p. 376).

C'est la faim, la soif et la maladie qui viennent à bout des dernières résistances du peuple mexicain. Sous la poussée de Cortés et des hommes de Tlaxcala, Cuauhtemoc abandonne le centre de la ville, les palais, les temples. Les Espagnols brûlent les idoles. En tentant de s'enfuir à bord d'une pirogue, le jeune roi est capturé par un des brigantins espagnols qui ont coupé la voie du lac, piloté par un certain Garci Holguin. Emmené devant Cortés, Cuauhtemoc dit seulement ces paroles héroïques, rapportées par Bernal Díaz ; « Seigneur Malinche : j'ai fait ce que je devais faire pour défendre ma ville, et je ne puis plus rien. Et comme je viens devant toi de force et prisonnier, prends ce poignard que tu portes à ta ceinture et tue-moi » (p. 387).

Cortés ne le tue pas. Il le garde longtemps en otage, le fait torturer pour savoir où est caché le trésor de son oncle Moctezuma, et, n'ayant pu obtenir ce qu'il voulait, il le fait étrangler honteusement, ainsi que son cousin, le seigneur de Tacuba, au retour d'une expédition au Honduras.

Avant de mourir de cette mort injuste, Bernal Díaz rapporte que le héros de la résistance mexicaine s'adresse encore une fois à Cortés :

« Oh, Malinche ! Il y a longtemps que j'ai compris que tu devais me faire mourir de cette façon, et que j'ai deviné la fausseté de tes paroles, car tu me fais mourir sans justice » (p. 490). Le meurtre de Cuauhtemoc marque la fin de la dynastie aztèque. La capture de Cuauhtemoc, note Bernal Díaz, eut lieu « au treize du mois d'Août, à l'heure des vêpres, jour de la saint Hippolyte, en l'an mil cinq cent vingt et un. »

Alors commence le silence. C'est le silence qui étonne le plus Bernal Díaz dans les instants qui suivent la chute de Mexico-Tenochtitlan. Car « dès que fut pris Guatemuz (Cuauhtemoc) nous étions, tous les soldats, absolument assourdis comme si jusqu'à cet instant il y avait eu un homme en train d'appeler du haut d'une tour et de sonner beaucoup de cloches, et que d'un seul coup il avait cessé de les faire tinter ; et je dis cela parce que, durant ces quatre-vingt-treize jours que nous avions passés à assiéger cette ville, jour et nuit ils avaient beaucoup appelé et crié, les capitaines mexicains dirigeant les escadrons de guerriers qui devaient combattre sur les chaussées, et d'autres appelant ceux des pirogues qui guerroyaient contre les brigantins, et contre nous sur les ponts, et d'autres qui dressaient des palissades ou qui ouvraient les tranchées pour les inonder et pour détruire les ponts, et qui construisaient des remparts de pierres ; d'autres qui fabriquaient des lances et des flèches, et les femmes qui préparaient les pierres rondes pour les frondes ;

et aussi, en haut des tours et sur les autels des idoles, le son maudit des tambours et des trompes, et les timbales douloureuses qui ne cessaient pas de résonner. Ainsi, nuit et jour nous vivions dans le plus grand bruit, au point que nous ne nous entendions pas les uns les autres, et quand fut fait prisonnier Guatemuz, tous les cris et tous les bruits cessèrent aussitôt » (p. 388).

Ce silence, c'est celui de la mort d'un peuple. Après les ruses et les tractations – le langage railleur et rusé du joueur de dés –, après les clameurs, les imprécations, les « sifflements » des Indiens, et le rythme obsédant des tambours du temple de Huitzilopochtli, le silence se referme sur ce monde anéanti. Il règne désormais sur lui, gardant ses secrets, ses mythes, ses rêves, tout ce que les Conquérants, par un privilège qu'ils ont parfois ressenti sans bien le comprendre, ont entrevu brièvement avant de le détruire.

Plus tard, éloigné par le temps, Bernal Díaz écrit cette *Histoire véridique* pour retrouver cette beauté, cette vie. Mais ce qu'il découvre surtout alors, c'est l'impression fatale du désastre, qui est au cœur de cette légende : tout a été abrasé, jeté à terre, mis à mort : « je le dis, et je le jure, amen, toutes les maisons et les terres de cette lagune étaient jonchées de têtes coupées et de cadavres, et je ne sais comment l'écrire (...) J'ai lu la destruction de Jérusalem. Mais je ne peux dire en vérité si ce fut un plus grand carnage que celui-ci, car ont disparu de cette ville tant de gens, guerriers venus de toutes les provinces et de toutes les villes assujetties à Mexico, et tous sont morts ; et, comme je l'ai dit, tout le sol, et la lagune et les terrains étaient recouverts de cadavres, et cela sentait si mauvais qu'aucun homme n'aurait pu le supporter... » (p. 389).

Ce silence, qui se referme sur l'une des plus grandes civilisations du monde, emportant sa parole, sa vérité, ses dieux et ses légendes, c'est aussi un peu le commencement de l'histoire moderne. Au monde fantastique, magique et cruel des Aztèques, des Mayas, des Purepecha, va succéder ce qu'on appelle la civilisation : l'esclavage, l'or, l'exploitation des terres et des hommes, tout ce qui annonce l'ère industrielle.

Pourtant, en disparaissant dans ce silence, comme retourné vers l'origine même des temps, le monde indien a laissé une marque impérissable, quelque part, à la surface de la mémoire. Lentement, irrésistiblement, les légendes et les rêves sont revenus, restituant parfois, au milieu des ruines et des épaves du temps, ce que les Conquérants n'avaient pu effacer : les figures des dieux anciens, le visage des héros, les désirs immortels des danses, des rythmes, des mots. Bernal Díaz del Castillo nous fait entrer dans un rêve dont nous ne connaissons pas la fin.

LE RÊVE DES ORIGINES

Au lendemain de la catastrophe qui anéantit Mexico-Tenochtitlan, le silence recouvre la dernière civilisation magique, ses chants, ses rites, ses paroles. Ce silence, c'est celui de la mort, ou de la barbarie, comparable au sort de Rome au IVe siècle, mais plus étonnant encore, puisque cette civilisation est détruite en plein essor, au terme d'une Conquête qui ne dure que quelques mois. Ce silence, c'est celui qui suit un cataclysme destructeur, quand toutes les forces qui unissaient ce monde se déchaînent pour se détruire entre elles.

Les rivalités, la guerre, la maladie et la famine ont tout anéanti. Le monde ancien est exsangue. La noblesse, les guerriers, la partie active de la population ont disparu. Fernando de Alva Ixtlilxóchitl l'écrit : le nombre des morts à Mexico était de « plus de deux cent quarante mille hommes, et parmi eux, presque toute la noblesse mexicaine [1] ».

C'est au cœur du silence que naît l'œuvre de Bernardino de Sahagun, cette *Histoire générale des*

1. Fernando de Alva Ixtlilxóchitl, *Obras históricas*, éd. Porrua, Mexico, 1977, I, p. 479.

choses de la Nouvelle-Espagne [1] sur laquelle se fonde la mémoire du peuple de Mexico. Sur les ruines d'une des villes les plus belles et les plus inventives de l'histoire des hommes règne le silence de la mort, et pour cela il faut retrouver la mémoire de la beauté et de la grandeur disparues.

Pour le soldat Bernal Díaz del Castillo, qui a combattu aux côtés d'Hernán Cortés, écrire l'histoire, c'était retrouver le temps de l'émerveillement, alors que tous les témoins de l'épopée sont déjà morts. C'était aussi dire la vérité contre les mensonges de cour de l'historien Gomarra. Pour Bernardino de Sahagun, l'inspiration est différente. L'*Histoire générale* doit être une somme, qui sera (ainsi que le *Codex Florentinus* sur lequel elle se fonde) le grand livre du peuple mexicain, son ultime monument. Pareil aux anciennes pyramides, pareil aux mythes de l'errance des Chichimèques, l'*Histoire générale* offre au monde – à ceux qui l'ont détruit – un souvenir sacré. Le mystère, le rêve des origines dépassent le créateur de ce livre, car il n'est que l'interprète d'une parole dont il ne peut saisir tout le sens. Détenteur d'un secret qu'il ne peut mesurer, Sahagun n'est pas un historien au sens moderne de ce mot. Il est semblable à un homme qui, cherchant les traces d'un filon, aurait découvert sans même s'en rendre compte un trésor immense et inépuisable.

Trésor de la langue mexicaine, et, comme il le dit lui-même, « trésor pour savoir beaucoup de choses dignes d'être sues » (« Au sincère lecteur », livre I) cette somme de renseignements, l'une des plus détaillées jamais écrites, est aussi un livre de rêve.

1. Les références de pages renvoient à *Historia General de las cosas de Nueva España*, de Bernardino de Sahagun, éd. Porrua, Mexico, 1975.

Rêve double : d'une part, le rêve du franciscain, venu dans le Nouveau Monde après la tragédie de la Conquête. Pour cet homme de religion, l'effrayant mystère de la Conquête – de volonté divine – c'est l'anéantissement d'un monde, avec toutes ses cruautés et ses cultes démoniaques, mais aussi avec sa beauté, son harmonie, sa grandeur. Comprendre cela, pour Sahagun, c'est toucher au mystère de la destinée humaine. Il y a, dans ces pages lourdes de réel, quelque chose du vertige, comme si, au fur et à mesure qu'il le découvrait, Bernardino de Sahagun était attiré plus profondément par le passé fabuleux du peuple détruit.

Dans le rêve des origines, il y a tout à la fois l'horreur, l'admiration, la compassion. En cherchant des racines, ce sont les siennes propres que découvre Sahagun, ce qui le relie à ce monde de légende et de splendeur oubliées.

L'autre rêve, c'est celui que font les derniers survivants de ce peuple, quand réunis devant le franciscain, ils parlent pour la dernière fois. Avant de disparaître, ces hommes s'expriment au-dessus de leur propre ruine. Il n'y a ni illusion ni vanité dans leur ultime message. Au contraire, il y a la même force mystique qui a animé le peuple mexicain, et qui semble se prolonger dans un rêve d'éternité. Voici sans doute le sens le plus profond de la mémoire. Par la voix du Conquérant qui l'a détruite, cette civilisation exprime pour les hommes de tous les temps ce qu'étaient sa vie, sa parole, ses lois et ses dieux. Toutes ces prières, tous ces chants, ces espérances, ces souffrances pouvaient-ils disparaître avec les hommes qui les avaient vécus et portés?

C'est la rencontre de ces deux rêves qui nous émeut dans cette mémoire. Le rêve de recréation du monde du chroniqueur espagnol, le rêve de vie éternelle des derniers hommes de parole du *Codex Florentinus*. Ils se complètent, et donnent toute leur vérité à ceux que l'historien Angel Maria Garibay appelle les « métis de la culture ». L'un sans l'autre, chacun de ces rêves est impossible. Sans la passion et l'insatiable curiosité du franciscain, sans son labeur et son désir de sauver ce trésor, il ne fait aucun doute que les documents écrits en langue nahuatl ne nous seraient jamais parvenus. Mais sans la volonté de survie des informateurs, sans leur puissance créatrice, sans le génie de leur langue, sans leur poésie, il ne fait aucun doute que l'entreprise de Sahagun aurait échoué, et n'aurait abouti qu'à un inventaire falsifié et moralisateur. Ici, dans ce livre majeur, pour la première fois – et peut-être pour l'unique fois – dans l'histoire du monde, deux cultures ennemies, totalement étrangères l'une à l'autre, ont pu se rencontrer.

Leur rêve est le même. Il s'agit d'aller au-delà du destin, en sauvant de l'oubli ce qui peut être sauvé. Il y a dans ce livre plus que de la curiosité, un sentiment d'urgence et de hâte. Avec fièvre, les auteurs indiens – prêtres, poètes, savants, médecins – racontent, dictent leur mémoire, l'écrivent parfois sur les feuilles de papier d'agave, comme autrefois les scribes des temples. Ils se hâtent de dire tout ce qu'ils savent, allant même au-devant du désir du religieux espagnol, comme s'ils avaient compris dans la tragédie de leur défaite que seul le temps à venir pouvait leur être offert, et qu'ils s'adressaient désormais à d'autres hommes, pas encore sur cette terre, afin de leur léguer le trésor de leur vie.

C'est cette hâte, ce désir d'avenir, au-delà du désespoir et de l'humiliation des vaincus, au-delà des souffrances et de la mort, cette volonté de tout dire, de tout réinventer par la parole, qui font de ce livre un livre indien. Certes, sans l'organisation du franciscain, sans l'usage de l'écriture alphabétique, sans l'asile inespéré offert par les couvents contre la violence des conquérants armés, ce témoignage n'aurait pu voir le jour. L'œuvre de Bernardino de Sahagun est celle d'un compilateur et d'un moraliste, mais aussi celle d'un protecteur.

Pourtant, ce qui étonne et qui émeut dans l'*Histoire générale* vient tout entier du monde indien. C'est la survie du peuple indien de Mexico que nous percevons, sa beauté, sa grandeur, sa foi, sa philosophie. Le rêve des origines est avant tout celui du peuple mexicain, et c'est lui qui entraîne le chroniqueur espagnol dans son aventure.

Un rêve d'immortalité : pour Bernardino de Sahagun, écrire ce livre, c'est reconnaître la beauté et l'harmonie de cette civilisation anéantie par la violence de la Conquête. S'il perçoit la conquête des Indiens comme le « châtiment de la guerre qu'ils avaient faite aux chrétiens envoyés par Dieu pour ce voyage » (p. 721) il sait aussi qu'il doit écrire cette somme « pour connaître la qualité (il dit : le *carat*) de ce peuple mexicain, qu'on n'a pas encore reconnue » (Prologue, p. 18).

Le sentiment d'une catastrophe historique motive toute son entreprise, comme si, dans l'effort ultime des témoins indiens, Sahagun espérait sauver ce que la volonté divine avait condamné. Déjà apparaît l'ambiguïté de l'Occident à l'ère des conquêtes. Dans sa « Relation de l'auteur digne d'être notée », qu'il substitue au chapitre xxviii du livre X – entièrement écrit en nahuatl – Sahagun reconnaît la culpabilité des Espagnols dans la décadence morale qui a suivi la conquête du Mexique. La suppression des *calmecac* (les collèges où les jeunes gens recevaient un enseignement religieux, moral et artistique), l'ivrognerie, l'abandon des traditions et la dissolution des mœurs, la perte des valeurs d'austérité et de pudeur, sont la conséquence directe de la prise du pouvoir par les Espagnols. « C'est une honte pour nous, écrit courageusement Bernardino de Sahagun, que les Indiens naturels, sages et anciens savants, surent apporter le remède aux maux que cette terre envoie à ses habitants, palliant les vices naturels par des efforts contraires. Et nous, nous nous laissons aller au courant de nos mauvais penchants. Certes, l'on voit grandir une race, tant espagnole qu'indienne, impossible à diriger et difficile à sauver : ni les pères, ni les mères ne peuvent rien pour tenir leurs fils et leurs filles éloignés des vices et des jouissances que cette terre engendre » (p. 580).

C'est la décadence des mœurs que déplorent tous les grands écrivains témoins de la Conquête, de Motolinia à Bartolomé de Las Casas. La destruction ne s'est pas faite en une génération. C'est une catastrophe dont les conséquences sont encore sensibles aujourd'hui, après quatre cents ans. Si l'on considère que c'est le choc de la Conquête qui a pu engendrer quatre siècles de pauvreté et de déséquilibre social sur le territoire jadis florissant de l'empire aztèque, ainsi que cette sorte de « complexe de la défaite » (selon le mot de Norman Martin) créé par la puissance coloniale de l'Occident, et que l'on appelle aujourd'hui sous-développement, l'on mesure mieux l'importance historique et philosophique de cette somme indienne.

Livre charnière, au moment du basculement de l'ancien monde, annonçant l'ère moderne du Mexique, cette mémoire n'est pas seulement un document scientifique; elle est aussi la voix d'un peuple qui veut se survivre.

Sa volonté est urgente, brûlante. Déjà, quand les anciens prêtres de Huitzilopochtli, les anciens scribes des temples et les dignitaires survivants de la cour de Moctezuma dictent leur souvenir, à Tepepulco près de Tezcoco, puis à Tlatelolco, tandis que reculent dans le temps les images d'une réalité disparue, à la vérité vécue se substitue le mythe. Mythe d'un âge d'or préhispanique, fait d'harmonie et de bonheur, de richesse et de puissance. Sans le comprendre, c'est ce mythe auquel participe Bernardino de Sahagun. C'est ce mythe qui le séduit, qui l'envoûte. L'origine des peuples indiens, le règne magique et somptueux, avec ses rites, ses rêves, la beauté foisonnante de ses images, et la cruauté de ses sacrifices, tout cela, Bernardino de Sahagun se l'approprie, en imprègne sa propre culture, jusqu'à mêler aux mythes païens de l'Occident gréco-latin les figures démoniaques des Aztèques. L'on est très loin d'un simple témoignage. Nul autre voyageur de ce temps n'aura été à ce point entouré, transporté, transformé par le récit d'une autre culture.

Ce qui fascine avant tout Bernardino de Sahagun, c'est la magie. La magie : le mystère d'un peuple qui vivait uni à ses dieux, par une foi sans limite.

Au temps où il écrit, l'ancienne foi est encore vivante : « Les péchés d'idolâtrerie, et rites idolâtres, superstitions idolâtres, augures, abus et cérémonies idolâtres n'ont pas encore tout à fait disparu » (Prologue, livre II).

En bon évangélisateur, Sahagun évalue le danger que représente la survivance magique. Dans son exhortation, en conclusion du livre premier, il

66

reproche aux Indiens d'avoir pris « pour dieux gouvernant l'univers, le feu, ou l'esprit, ou le vent, ou le cycle des étoiles, ou l'inondation, ou le soleil et la lune ». L'Écriture Sainte ne reconnaissant qu'un seul Dieu, les dieux indigènes sont « tous des démons ». L'idolâtrie est le « principe de la fornication », et le « culte abominable des idoles est le commencement et la fin de tout mal » (p. 54). Bernardino de Sahagun utilise le langage des « extirpateurs », et des inquisiteurs, qui condamnent aux ténèbres ceux qui demeurent fidèles à la religion de leurs ancêtres. Pour lui, Huitzilopochtli, le dieu de la guerre, est un « nécromant, ami du diable, ennemi des hommes, horrible, épouvantable, cruel, malin, fauteur de guerres ». Tandis que Tezcatlipoca est Lucifer lui-même, « père de toute méchanceté et de tout mensonge » (p. 60). Mais ces qualificatifs ne sont en fait que la traduction littérale du surnom du dieu : Necoc Yaotl, le semeur de discorde, l'ennemi. Quetzalcoatl, pour Bernardino de Sahagun, n'est pas un dieu, mais un homme « mortel et charnel, qui, malgré une apparence de vertu, selon ce qu'on rapporte, ne fut qu'un grand nécromant, ami des diables ». Il s'efforce de détruire l'idée de son retour (cette idée dont usèrent les Conquérants pour inspirer de la crainte aux Indiens) : « Ce que disent vos ancêtres, que Quetzalcoatl s'en fut à Tlapallan et qu'il doit revenir, et que vous devez l'attendre, est un mensonge, car nous savons qu'il est mort et que son corps s'est mêlé à la terre. Quant à son âme, le Seigneur notre Dieu l'a jetée aux enfers, où elle subit les tourments éternels » (p. 61).

Pour Bernardino de Sahagun, c'est la magie noire qui a été la cause de la destruction des empires indiens : « Tous vos ancêtres ont souffert les guerres continuelles, les famines, les hécatombes, et pour finir Dieu a envoyé contre eux ses serviteurs les chrétiens, qui les détruisirent, eux et tous leurs dieux » (p. 59). Il ne peut s'empêcher de les plaindre : « Oh! la plus malheureuse, la plus infortunée des nations! »

Il y a chez lui, sans aucun doute, la contradiction qui fut celle de tous les hommes de cœur de cette époque déchirée : l'idolâtrie, les rites cruels des Indiens l'horrifient Pourtant, cette foi, cette magie l'émeuvent aussi, le captivent, par ce qu'elles ont de surhumain. Sahagun justifie son livre par la nécessité de prévenir le mal et d'évangéliser les païens. Mais on ne peut s'empêcher de ressentir en lui une attirance. Il doit reconnaître entièrement cette force magique. Il y a en lui le goût d'une aventure totale, qui le conduit au-delà des limites de la bienséance, dans une sorte de domaine interdit. En restituant complètement le passé de ce peuple païen, Sahagun proclame la survie de l'âme indienne.

Les rites, d'abord. Ce sont eux qui fondent l'histoire des Indiens de la Nouvelle-Espagne, ce sont eux qui déterminent la nature de ces peuples. Les rites quotidiens ou exceptionnels sont les liens qui unissent les hommes, et qui les attachent au pouvoir secret des dieux. Pour ces peuples magiques, les dieux sont tout, et le monde réel ne compte guère. Les rites y tiennent lieu de loi, d'art, de morale, d'histoire, de langage même. Pour Bernardino de Sahagun, homme de la Renaissance européenne avant d'être homme de religion, une telle dévotion, un tel pouvoir de la magie sont plus qu'étonnants, ils sont incompréhensibles.

Pourtant, l'incompréhension devant le fanatisme

indien, la répulsion devant la cruauté sanglante de cette religion, font place à la curiosité, comme si Bernardino de Sahagun ressentait parfois le vertige devant la beauté et la force de la magie. Peut-être qu'apparaît alors pour la première fois, au sein de la société occidentale déjà vieillie, la séduction des peuples « primitifs », dont la vie et les croyances semblent si neuves, si vraies. Le rituel cruel et sanglant du peuple aztèque n'est pas un décor; il est la vie, il est la mort, somptueux et chatoyant avec ses masques, ses costumes, sa *regalia* de plumes, d'or et de turquoises. Brusquement, à l'occasion du choc de la Conquête, l'homme sombre et puritain du christianisme de l'Inquisition rencontre, dans cette nature violente et troublante, des peuples que leurs rites identifient aux dieux. Le choc de la Conquête est aussi pour le Conquérant : comment n'en ressentirait-il pas de l'inquiétude, de l'ivresse?

Ce qui frappe dans ce rituel aztèque, tel que le décrit Bernardino de Sahagun, c'est l'extrême précision de chaque détail, de chaque vêtement, de chaque peinture corporelle, de chaque instrument que portent les danseurs. Sahagun ne fait que retranscrire en espagnol les formules transmises oralement par le catéchisme des *calmecac*, les collèges militaires et religieux des Indiens. Mais on sent bien qu'il se passionne pour ce catéchisme païen; il est comme ébloui par sa splendeur, par sa ferveur. Les danseurs, les guerriers, les prêtres, et jusqu'aux hommes que l'on conduit au sacrifice, cessent d'être de simples mortels; ils deviennent des dieux, car le rite les fait entrer dans un autre monde qui magnifie et transforme leur existence. Il s'agit véritablement d'une transfiguration : en appendice au livre II, à propos de la fête *ixnextiua*, qui veut

dire « chercher la destinée », Sahagun note :
« Durant cette fête, ils disaient que tous les dieux
dansaient, et ainsi tous ceux qui dansaient se dégui-
saient en divers personnages, les uns en oiseaux,
d'autres en animaux, et ainsi certains se méta-
morphosaient en *tzintzones* (colibris), d'autres en
papillons, d'autres en abeilles, d'autres en mouches,
d'autres en scarabées. D'autres encore portaient sur
leur dos un homme endormi, et ils disaient que
c'était le songe... » (p. 157).

Ces ballets sacrés qui sont préparés avec minutie
au moment des fêtes sont la figuration même de
l'autre monde, de ses dieux, ils affirment la préexis-
tence de la magie et du mythe sur toute vie réelle.
C'est cela qui trouble et fascine Sahagun, c'est cela
qui l'incite à réunir cette somme païenne. Alors que,
vingt ans après le terrible massacre de la Conquête,
tout a disparu, voici que par l'enchantement de la
parole des derniers témoins surgissent sur le désert
les figures fantastiques des danseurs, des prêtres,
des musiciens, de ces dieux qui semblent descendus
au milieu de leur peuple pour l'entraîner à nouveau
dans leurs rites mystérieux.

Fête du soleil, fête du feu, fête de la guerre, fête
de l'eau, des femmes, des marchands. Les rites fondamentaux entraînent les hommes dans un autre
règne, où la défaite n'a pas eu de conséquences. En
voyant resurgir ces figures, ces gestes, les visages
peints, les coiffes de plumes, les boucliers sertis
d'émeraudes, en entendant de nouveau le rythme
obsédant des tambours, les buccins, les incantations, en respirant encore le parfum de l'encens et
l'odeur âcre du sang des sacrifices, le chroniqueur
espagnol ne pouvait pas échapper à la fascination
de la magie. Alors le livre cesse d'être un inventaire ; il est un voyage à rebours, aux sources du

temps, aux sources du mystère. Ici, dans ce monde violent et beau, chaque moment du jour et de la nuit est consacré aux dieux, aux forces de l'au-delà. Chaque chose, chaque être a sa place dans la danse sacrée, et la mémoire des Indiens, grâce à Bernardino de Sahagun, nous fait entrer à notre tour dans le rituel, pleins d'inquiétude et de curiosité.

LE SOLEIL

Quand le jour se lève sur l'Anahuac, commence l'offrande. « Tous les jours du monde, écrit Sahagun, ils offraient du sang et de l'encens au soleil, dès l'aube, ils offraient le sang de leurs oreilles, et le sang des perdrix dont ils arrachaient la tête, pour faire jaillir leur sang. Alors ils les élevaient vers le soleil, comme pour lui offrir ce sang, et faisant cela ils disaient : le soleil est apparu, lui qu'on appelle Tonametl Xiuhpiltontli Quauhtleoanitl; nous ne savons pas comment il parcourra son chemin aujourd'hui, ni s'il adviendra au monde quelque malheur. Puis ils adressaient encore la parole au soleil, disant : Notre Seigneur! Fais ton office pour notre bonheur! » Durant le jour, rapporte Sahagun, ils offraient quatre fois du sang au soleil, et encore une fois durant la nuit. « Ils offraient de l'encens, saluaient la nuit, disant : le Seigneur de la Nuit est apparu, lui qu'on appelle Yaoltecutli. Nous ne savons pas comment il accomplira son office, ni comment il suivra son chemin! » (p. 171).

Le soleil était au centre même de la religion des Indiens, chez les Toltèques, les Aztèques, ou les Mayas. C'est lui qui règne dans la Maison du Soleil où vont les guerriers tués au combat. C'est au soleil qu'on consacrait l'enfant mâle dès sa naissance, et

71

au moment du baptême, le prêtre élevait l'enfant vers le ciel et adressait la parole au soleil : « Seigneur Soleil, et toi, Tlaltecutli, qui es notre mère et notre père, voyez ici cet enfant, qui est comme un oiseau au riche plumage, qu'on nomme *zacan* ou *quecholli* ; il est vôtre, et je veux te l'offrir à toi, Seigneur Soleil, qui te nommes aussi Tonametl, et Xipilli, et Quauhtli, et *Ocelotl*, toi qui es taché de brun et de noir comme le jaguar, et qui es vaillant à la guerre... » (p. 399).

C'est au soleil aussi qu'est consacré le jeune homme, lors de la cérémonie du *telpochcalli* (la maison des jeunes), car il s'engage à « donner à boire et à manger au soleil et à la terre, avec le sang et la chair de ses ennemis » (p. 334) ; ceux qui meurent à la guerre sont « présentés au soleil très propres et lisses et resplendissants comme des pierres précieuses » (p. 318). Le roi lui-même est promis au soleil, car, disent les nobles qui l'élisent, s'il meurt au combat, il ira « là où sont les hommes vaillants et courageux comme les aigles et les jaguars, ceux qui réjouissent et offrent un festin au Soleil, qu'on appelle *tiacauh in quauhtleuanitl* » (p. 328). C'est au soleil que s'adressent d'abord les sacrifices, la fumée des bûchers sacrés, le sang, ou le cœur qu'on arrache à la victime.

La fête du soleil était dans le calendrier lunaire de 260 jours, sans doute antérieur au comput solaire ; dans le mois *ce ocelotl* (Un Jaguar), dans la Maison *nahui olin* (Quatre Mouvement). Au dieu unique l'on offrait le sang des perdrix, l'encens, les cœurs humains. Lors des éclipses, l'on sacrifiait les albinos, en invoquant la miséricorde de l'astre : « Jamais plus il n'éclairera, les ténèbres éternelles vont régner sur nous, et descendront les démons qui viendront nous dévorer ! » (p. 431).

Pourtant ce dieu suprême, ordonnateur de toute vie sur la terre, n'est pas au centre de la mythologie des Indiens du Mexique central. Dans son chapitre sur l' « Astrologie naturelle », Bernardino de Sahagun transcrit les « fables ridicules » inventées par Satan : la création, à Teotihuacan, devant l'assemblée des dieux, de la première lumière : comment furent choisis Tecuciztecatl pour être le soleil, et le « bubonneux » Nanauatzin, pour être la lune. A tour de rôle, sous le regard des dieux ancestraux, ils doivent entrer dans le feu, et, conte la légende « quand le soleil sortit, il était très rouge, et il semblait se pavaner d'un endroit à l'autre ; nul ne pouvait le regarder, car il aveuglait les yeux, et resplendissait en jetant ses rayons autour de lui ; et ses rayons se répandirent de tous côtés. Alors sortit la lune, de la même région de l'Orient, semblable au soleil ; d'abord apparut le soleil, puis derrière lui la lune. Suivant l'ordre dans lequel ils étaient entrés dans le brasier, ainsi ils sortirent, devenus soleil et lune » (p. 455). La légende ajoute que pour éteindre la lune, l'un des dieux présents à Teotihuacan lui jeta au visage un lapin, dont on voit encore la marque sur la surface de l'astre.

LE FEU

Le seigneur du feu, c'est Xiuhtecutli (le seigneur précieux, couleur du jade et de l'herbe), le « dieu antique, père de tous les dieux (...) qui vit dans le réservoir de l'eau entouré de créneaux, encerclé de pierres pareilles à des roses » (p. 319). C'est sans doute l'un des plus anciens dieux du Mexique, dont le culte a survécu aux rites compliqués des civilisations sédentaires. Comme le dieu-soleil, il est associé à Tezcatlipoca, le maître du ciel, « dirigeant et gouvernant tout, invisible et impalpable, créateur et connaisseur de toutes choses et de toutes pensées ». C'est cette divinité archaïque qui apparaît dans nombre de cérémonies, vénérée sous des formes différentes, comme celle des « pierres à feu », ou celle des bûchers sacrés que le pénitent devait alimenter avant de confesser ses péchés au prêtre de Tezcatlipoca. C'est lui qu'il faut voir sans doute dans la figure du Kinich Kakmo, l'Ara de feu au visage de soleil, vénéré par les Mayas dans le temple d'Izamal, ou bien dans le dieu des Tarasques, Curicaueri, le Feu ancien, auquel les Indiens du Michoacan offraient des bûchers sacrés où ils brûlaient de l'encens et des étoffes. Il y a, dans ces rites du feu, tels que les rapporte Bernardino de Sahagun, une fascination ancienne, bien que le chroniqueur réfute par ailleurs ces croyances idolâtres. Ce dieu du feu, ce créateur – « Notre père le feu » – qu'il compare à Vulcain, et que les Aztèques nomment aussi Ixcozauhqui (visage jaune), Cuezaltzin (flamme ardente), ou Huehueteotl (le dieu vieux), ils l'adorent, dit Sahagun, parce qu'il brûle, enflamme et consume « et que ce sont des effets qui remplissent de crainte » (p. 39); le feu, pour le religieux espagnol, est à la fois le symbole de la puissance divine, et celui de l'enfer. Et bien qu'il place ce dieu parmi ceux qui sont « mineurs en dignité », son importance mythologique domine le rituel indien.

Ainsi, lors de la fête du feu, à la fin du mois d'*izcalli*, où le dieu du feu était représenté sous les traits du seigneur, portant ses habits et sa coiffe, et siégeant sur son trône. Et, tandis que résonnait la musique des tambours et des conques, les parents des enfants consacrés au dieu faisaient des

74

offrandes de petits animaux qu'ils avaient capturés : couleuvres, grenouilles, poissons, lézards *axolotl*, et ils les faisaient cuire dans le feu et les donnaient à manger à leurs enfants. L'image du dieu, rapporte Sahagun, était alors peinte sous la forme « d'un homme nu dont le menton était enduit avec la résine qu'on nomme *ulli* (le latex) qui est de couleur noire, et il portait une pierre rouge incrustée dans la lèvre inférieure. Il était coiffé d'une couronne de papier peint de diverses couleurs et découpé de diverses manières, et au sommet de la couronne il y avait un panache de plumes vertes, semblables aux flammes du feu. A la main, il tenait un bouclier orné de cinq turquoises en forme de croix incrustées sur une feuille d'or ». Dans sa main droite, il tenait une sorte de sceptre, fait d'une feuille d'or enroulée percée d'un trou en son milieu, terminée par deux boules, l'une grande, l'autre petite, avec une plume accrochée à la plus petite. Ils appelaient ce sceptre *tlachialoni*, ce qui veut dire « viseur », ou « observatoire », car avec cela il cachait son visage et il regardait à travers le trou percé dans la feuille d'or. Il portait en outre sur son dos « un plumage qui ressemblait à la tête d'un dragon » (p. 40).

Ce dieu masqué, couronné de flammes et semblable au corps du dragon, était celui auquel était destiné le sacrifice humain le plus cruel, lors de la fête du dixième mois, *xocotl huetzi* (le fruit tombe, c'est-à-dire le mois d'août). Alors était dressé l'arbre *xocotl*, orné de guirlandes de papier, par les soins de trois prêtres choisis parmi les plus grands. Ils décoraient aussi de papier la statue d'un homme faite avec des grains de maïs. Puis l'on faisait venir les maîtres des esclaves qui devaient être immolés. « Leur corps était peint de jaune et leur visage de vermeil. Ils portaient un plumage en forme de

75

papillon, fait avec les plumes rouges des perroquets. Ils tenaient dans leur main gauche un bouclier fait de plumes blanches, avec les serres qui pendaient. Sur le bouclier étaient dessinées avec des plumes des pattes de jaguar et d'aigle. Les prisonniers étaient peints en blanc, ornés de guirlandes de papier, coiffés de plumes blanches. Leur visage était peint de vermeil, et leurs pommettes tachées de noir » (p. 129). Maîtres et esclaves dansaient durant la moitié de la nuit. Puis les maîtres coupaient les cheveux au sommet de la tête des captifs, au moyen d'un couteau qu'ils nommaient « l'ongle de l'épervier »; les cheveux coupés étaient conservés par les maîtres dans certains coffres qu'ils rangeaient sous le toit de leur maison. Alors, au lever du jour, les captifs étaient conduits jusqu'au bûcher sacré de Tlatacouan, et après qu'on avait brûlé tous leurs ornements de papier et leurs habits, leur visage enduit de la poudre enivrante (*yiauhtli*), « afin qu'ils perdent le sentiment et ne souffrent pas totalement dans leur mort » (p. 86), on les jetait un à un dans les flammes du brasier. Mais le cruel supplice ne s'achevait pas là, car la victime, « dans cette agonie, était retirée au moyen de harpons, arrachée, et les satrapes qu'on nommait *quaquacuiltin* la mettaient sur la pierre du sacrifice nommée *techcatl*, et lui ouvraient la poitrine d'un sein à l'autre, ou un peu au-dessous, et lui arrachaient le cœur pour le jeter aux pieds de la statue de Xiuhtecutli, le dieu du feu » (p. 130).

C'est au dieu du feu également qu'étaient sacrifiés les esclaves lors de la fête des marchands, en présence du représentant de *paynal*, le « page » du dieu Huitzilopochtli, tandis que dansait le grand prêtre, « à l'intérieur d'un serpent de papier, qu'il mouvait comme s'il marchait tout seul, et qui tenait dans sa gueule des plumes rouges qui semblaient des flammes de feu sortant de sa bouche ». Le serpent de papier était nommé *xiuhcoatl*. Puis le seigneur assistait au sacrifice des captifs, assis sur un trône recouvert d'une peau de jaguar.

La fête la plus extraordinaire de toute l'Amérique indienne, c'est sans doute celle du *Toxiuh molpilia* (nos années se lient), qui avait lieu à chaque fin de siècle, au bout du cycle de cinquante-deux années solaires. C'est la fête du feu nouveau, qui semble avoir joué un rôle dans toute l'Amérique centrale, chez les Aztèques, chez les Toltèques, chez les Mayas aussi, où elle se nommait *Tup Kak*, l'extinction des feux. C'est la fête la plus belle, la plus tragique, la plus chargée de sens aussi, puisqu'elle a lieu au moment où, selon le comput du temps des Indiens, tous les astres ayant accompli leur cycle, le cosmos tout entier doit recommencer sa révolution qui le conduit de l'année Un du Lapin jusqu'à une autre année Un du Lapin.

Pour les Aztèques, vivant dans la soumission totale à l'ordre divin, ce moment est celui du doute, de l'angoisse. C'est le sort du monde tout entier qui se joue durant les cinq derniers jours sans nom, les *nemontemi*, les « jours vains » qui séparent de l'entrée dans le nouveau siècle. « Cette nuit-là », rapporte Bernardino de Sahagun, « ils tiraient le feu nouveau, et avant de le tirer ils éteignaient les feux dans toutes les provinces, villages, et maisons de la Nouvelle-Espagne, et tous les satrapes et tous les ministres des temples allaient en grande procession solennelle. Ils partaient d'ici, du temple de Mexico, aux premières heures de la nuit, et ils allaient jusqu'au sommet de cette montagne qui voisine d'Iztapalapan, et qu'ils nomment Uixachtecatli et ils arrivaient au sommet de cette montagne vers minuit environ, et là était édifié un temple solennel pour cette cérémonie; arrivés là, ils observaient la constellation des Pléiades, si elle était au milieu du ciel, et sinon ils attendaient qu'elle y arrivât; et quand ils voyaient qu'elle avait passé la moitié du ciel, ils comprenaient que le mouvement du ciel ne cessait pas, et que ce n'était pas la fin du monde, mais qu'ils vivraient de nouveau cinquante-deux années dans la certitude que le monde ne s'achèverait pas. A cette heure, sur les montagnes qui environnaient toute la province de Mexico, de Tezcoco, de Xochimilco et Quauhtitlan, il y avait grande quantité de gens assemblés qui attendaient de voir le feu nouveau, car c'était le signal que le monde continuait... » (p. 260).

Il y a dans cette attente terrifiée de la fin du monde quelque chose de tragique et de vertigineux que le religieux Sahagun ne peut admettre, car cela a pour lui le sens fatal d'une damnation : c'est, dit-il, « une invention du démon pour qu'ils renouvellent le pacte qu'ils avaient fait avec lui (...) en les plongeant dans la terreur de la fin du monde et en leur faisant croire qu'il prolongeait leur temps et leur faisait grâce, en permettant au monde de continuer » (p. 260). Mais l'émotion du mythe est si intense qu'elle domine les paroles du Conquérant espagnol, comme si cette fête de la fin du monde n'avait pas fini de se jouer; alors nous pouvons imaginer la vallée de Mexico tout entière plongée dans l'obscurité, tandis que grandit l'angoisse, et que les hommes et les femmes croient entendre le bruit des *tzitzime*, ces êtres maléfiques dévoreurs d'hommes, et que chacun craint « que ce ne soit la fin de la lignée des hommes, et que cette nuit et ces ténèbres soient perpétuelles, et que jamais plus le soleil ne naisse ni ne se lève » (p. 439).

Alors viennent les prêtres, chacun revêtu des

insignes de son dieu, et ils commencent à marcher lentement, en silence, « et on les appelait alors *teonenemi*, ce qui veut dire, ils marchent comme des dieux » (p. 430).

Puis, quand le moment est venu, a lieu le sacrifice d'un homme, qui permettra à tout l'univers de reprendre son cours. C'est un guerrier, capturé au combat, choisi parmi les plus vaillants, et qui doit porter, par la date de sa naissance, le nom de sa destinée. Né le premier jour de l'an, il se nomme *xiuhtlamin*, celui qui flèche l'année nouvelle. Le grand prêtre pose sur sa poitrine le bois, il fait tourner entre ses mains le bâton effilé qui produit l'étincelle. Quand le feu jaillit, « immédiatement l'on ouvre les entrailles du captif pour arracher son cœur et le jeter dans le feu, en l'attisant, et ensuite tout le corps était consumé dans le brasier » (p. 439). Et, alentour, les gens qui attendaient dans l'angoisse, voyant le feu surgir, « aussitôt coupaient leurs oreilles avec des couteaux, prenaient leur sang et le jetaient dans la direction où était apparue la lumière » (p. 440); alors le feu est apporté dans toutes les parties de la province par des coureurs portant des torches, et, dit Sahagun, « c'était chose admirable que cette multitude de feux dans tous les villages, au point que cela semblait être le jour... ». La dernière cérémonie du feu nouveau eut lieu en l'an 1507, selon ce que rapporte Sahagun; « ils la firent avec toute la solennité, car les Espagnols n'étaient pas encore venus sur cette terre... » (p. 440).

L'EAU

Pour les nations indiennes de l'Amérique moyenne, l'eau est le plus précieux des biens, l'élément divin qui permet la vie sur la terre. C'est lui qui engendre le liquide sacré que les hommes offrent aux dieux en échange de la fertilisation de la terre – le sang.

Les dieux les plus anciens du panthéon mexicain sont peut-être les Tlaloques – les dieux Chaac chez les Mayas du Yucatan. Ce sont les dieux de la fertilité et des pluies, les divinités tutélaires des montagnes et des volcans qui entourent la vallée de Mexico, pourvoyeurs de l'eau du ciel. « Toutes les montagnes importantes, écrit Sahagun, et spécialement celles où se forment les nuages de la pluie, ils imaginaient qu'elles étaient des divinités, et pour chacune d'elles ils fabriquaient une image selon l'idée qu'ils en avaient » (p. 49).

L'eau est au centre des mythes de la destruction du monde puisque, pour les Aztèques, c'est l'eau qui fut la cause de la fin du premier âge terrestre, « Atonatiuh, qui signifie soleil de l'eau », lorsque le monde « fut terminé par un déluge et par une inondation, où furent noyés tous les hommes et périrent toutes les choses créées [1] ». Chez les Tarasques, selon la relation du Père Ramirez, après avoir créé les hommes deux fois, la troisième fois les dieux « les détruisirent par un déluge durant cinq jours, au cours duquel s'ouvrirent toutes les sources et tous les fleuves, et il tomba tant d'eau qu'elle les noya tous avec toutes les choses de la terre qui avaient été créées, selon ce qu'on disait, par la déesse de l'enfer [2] ».

L'eau est aussi au centre même des mythes de la genèse : le paradis terrestre est *tlalocan*, le domaine des Tlaloques, dieux « des verdures et des fraî-

---

1. Fernando de Alva Ixtlilxóchitl, *op. cit.*, II, p. 7.
2. Ramirez, in *Monumenta Mexicana*, Rome, 1959, II, p. 492-495.

cheurs » (p. 316); il accueille ceux dont la mort est liée à la pluie ou à l'eau : foudroyés, noyés, hydropiques. L'origine même des dieux est l'eau, car les peuples mexicains, Chichimèques, Toltèques, Mayas sont venus de la mer, comme Quetzalcoatl, le dieu-héros; plus tard, de la mer viendront d'autres dieux, les *teules* portant barbe et armure, qui feront la conquête du Mexique.

La mer est *ilhuicaatl*, « l'eau qui s'unit au ciel, car les anciens habitants de cette terre pensaient que le ciel s'unissait à l'eau dans la mer, comme si c'était une maison dont l'eau était les murs et le ciel était posé sur eux... » (p. 699); la mer est aussi *teoatl*, l'eau des dieux.

Chez les Mayas, le principe de l'eau est figuré par la croix, dont le centre est le cœur du monde. Les dieux Chaac sont présents au moment de la création de la terre, et l'essence divine est représentée par l' « humidité du ciel » (les nuages). L'eau est encore le dernier symbole, celui de la mort, comme le sont les bouches des puits sacrés chez les Mayas, ou le fleuve Chiconahuapan qui trace la frontière des enfers dans la mythologie aztèque. L'origine même de l'eau est l'un des mythes fondamentaux, que rapporte Bernardino de Sahagun :

« Les anciens de cette terre disaient que tous les fleuves sortaient d'un lieu qu'ils appelaient *tlalocan*, qui est comme le paradis terrestre, lieu où règne un dieu nommé Chalchihuitlicue; et ils disaient aussi que les montagnes qui sont fondées sur lui sont pleines d'eau, et à l'extérieur sont faites de terre, comme si elles étaient de grands vases d'eau, ou comme des maisons pleines d'eau. Et que, lorsque le temps serait venu, les montagnes se briseront, et en sortira toute l'eau qui y est contenue, pour anéantir la terre. De là vient la coutume de nommer ces montagnes où vivent les gens *altepetl*, ce qui veut dire montagne d'eau, ou montagne pleine d'eau. Et ils disaient aussi que les fleuves sortaient des montagnes, et que c'était ce dieu Chalchihuitlicue qui les envoyait (...) La mer entre dans la terre le long de ses veines et de ses canaux, et va sous la terre et sous les montagnes ; et là où il y a un passage, elle jaillit, soit par les racines de la montagne, soit dans les plaines de la terre (...) Et, quoique l'eau de la mer soit salée, et l'eau des fleuves douce, elle perd son amertume, ou son sel, en étant filtrée par la terre, par les pierres, par le sable... » (p. 700).

Le mythe de la naissance des fleuves et du déluge est associé au paradis *tlalocan*, où demeure la déesse Chalchiuhtlicue, sœur des dieux Tlaloques. Cette déesse, écrit Sahagun, était peinte sous la forme d'une femme au visage jaune, coiffée d'une couronne de papier bleu, vêtue d'un *huipil* bleu ciel. Elle tenait d'une main un bouclier orné d'une feuille de nénuphar, et dans la main droite « un vase avec une croix à la manière du Soleil du Saint-Sacrement » (p. 35). Cette déesse était célébrée au mois *etzalqualiztli*, qui, aujourd'hui encore, correspond à la fête des premières pluies, lors de la Sainte Croix. Alors, en ce temps-là, avaient lieu les pèlerinages en l'honneur des Tlaloques, à Citlatepec, au bord d'un lac nommé Temilco. Les captifs étaient sacrifiés, et leurs corps jetés dans le tourbillon du lac de Tezcoco. Au premier mois *atlacahualo*, et au troisième mois *tozoztontli*, l'on sacrifiait un grand nombre de jeunes enfants, jusqu'à ce que tombe la première pluie.

La fête de l'eau culminait lors du sixième mois, *etzalqualiztli*, durant lequel avaient lieu les rites purificateurs. Après les sacrifices de sang, écrit Sahagun, « les satrapes, arrivés à l'eau où ils devaient se baigner, trouvaient là quatre maisons au bord de l'eau, qu'on nommait *ayauhcalli*, ce qui veut dire, maison de nuages. Ces quatre maisons étaient orientées vers les quatre parties du monde, une vers l'orient, l'autre vers le septentrion, l'autre vers le ponant, l'autre vers le midi (...); alors commençait à parler certain satrape, nommé Chalchiuhquacuilli, disant : *coatl izomocayan moyotl icauacayan, atapalcatl inechiccanauayan, aztapilcue cuetlacayan*, ce qui signifie : ceci est le lieu des serpents, des moustiques, des canards, et des souchets. Dès que le satrape avait achevé ces paroles, tous les autres se jetaient à l'eau ; alors ils commençaient à barboter dans l'eau avec les picds et les mains en faisant grand vacarme, et ils commençaient à crier et hurler, et à contrefaire les oiseaux d'eau ; les uns imitaient les canards, les autres des échassiers qu'on appelle *pipitzin*, d'autres les cormorans, d'autres les grues blanches, d'autres les hérons » (p. 115).

Ces rites étranges, parfois violents, accordaient aux prêtres une liberté sacrée, en vue de la purification ; la fête culminait dans les sacrifices sanglants.

C'est l'eau encore qui intervenait dans les cérémonies de curation chamanique, comme celle que rapporte Bernardino de Sahagun, à propos du dieu Ixtlilton, dont le nom signifie : le négrillon. « Pour ce dieu, l'on faisait un oratoire de bois peint, comme un tabernacle, où se trouvait son image. Dans cet oratoire ou temple, il y avait beaucoup de jarres et de récipients d'eau, fermés par des planches ou des *comales*. Ils appelaient cette eau *tlilatl*, ce qui veut dire, eau noire. Et lorsque quelque enfant était malade, ils l'emmenaient au temple ou tabernacle de ce dieu Ixtlilton, ils ouvraient un de ces récipients, et ils lui donnaient à boire de cette eau, et cela le guérissait » (p. 43).

Le rite de l'eau par excellence, c'est le bain. Pour les Aztèques, comme pour la plupart des nations d'Amérique moyenne, l'usage du bain chaud (ou *temazcal*) n'était pas seulement une hygiène, ou un plaisir. C'était aussi un acte magique, au cours duquel l'homme et la femme livraient leurs corps à *xochicaltzin*, la maison fleurie, c'est-à-dire à « notre Mère le four du bain, que l'on appelle Yoalticitl, le médecin de la nuit, qui est la déesse des bains, celle qui connaît les secrets » (p. 374).

C'est dans le *temazcal* que se préparait avec soin la venue au monde des enfants, avec l'aide d'une sage-femme expérimentée, qu'on appelait *ticitl*. Le travail de l'accouchement était facilité par les bains chauds, et par l'absorption d'une décoction de la racine *cihuapactli* (*Montanoa tomentosa*) qui facilitait l'expulsion. L'on peut supposer que dans certains cas l'accouchement se faisait dans l'eau, selon une technique que la médecine moderne a redécouverte il y a peu de temps. Alors, dès sa naissance, l'enfant est lavé, dédié à la déesse Chalchiuhtlicue, au cours d'un premier baptême qui doit le purifier de toute souillure acquise en naissant.

La sage-femme s'adresse à l'enfant, qu'elle appelle l' « ongle et les cheveux de nos défunts seigneurs, de nos seigneurs disparus » (p. 390). Après avoir coupé le cordon ombilical, elle s'adresse à l'eau du premier bain, disant : « Très sainte dame, toi dont le nom est Chalchiuhtlicue, ou Chalchiuhtlatonac, voici venu en ce monde ton serviteur, lequel fut envoyé ici par notre mère et notre père qui se nomment Ometecutli et Omecihuatl, qui vivent dans les neuf ciels, lieu d'habitation des dieux ; nous ne savons pas quels dons il a reçus

(...). » Puis elle plongeait l'enfant dans l'eau, disant : « Entre, mon fils – ou ma fille – dans cette eau, qu'on nomme *metlalac*, ou *tuxpalac* ; sois lavé par elle, que celui qui réside partout te nettoie, et sois purifié de tout le mal qui est avec toi depuis que le monde a été créé... » (p. 386).

Alors, le devin *tonalpouhque* consulte l'almanach sacré pour déterminer le jour du grand baptême, durant lequel l'enfant recevra son nom. Durant cette cérémonie, la sage-femme, le visage tourné vers l'occident, disait : « O aigle! ô jaguar ! ô homme vaillant, mon fils! (...) Tu as été engendré et élevé dans ta demeure, qui est le domaine des dieux suprêmes, du Grand Seigneur et de la Grande Dame qui règnent sur les neuf ciels. Notre fils Quetzalcoatl, qui est partout, t'a accordé sa faveur. Maintenant, unis-toi à ta mère la déesse de l'eau, celle qu'on nomme Chalchiuhtlicue. » Ayant prononcé ces paroles, elle lui donnait à goûter de l'eau, en mettant le bout de ses doigts dans sa bouche, et elle disait : « Bois, prends, voici ce qui doit te faire vivre sur la terre, afin que tu croisses et que tu verdisses » (p. 398). Ainsi l'enfant était né de nouveau, destiné à servir par toute sa vie les dieux immortels.

LE SANG

Il n'y a sans doute pas eu dans l'histoire du monde peuple plus occupé par le sang. Les Aztèques en sont possédés, obsédés, comme s'ils étaient soumis à quelque enchantement magique – et nul doute que, pour Bernardino de Sahagun, comme pour la plupart des chroniqueurs espagnols, cette obsession témoigne d'un maléfice diabolique, c'est-à-dire d'un pacte avec le démon.

Aucun peuple n'a montré un tel goût pour les sacrifices sanglants – animaux, hommes surtout, écorchés, cœur arraché, dépecés, brûlés. Ce peuple civilisé, raffiné, ayant atteint à bien des égards un degré de civilisation supérieur à celui des conquérants espagnols, ce peuple qui cultivait les arts, la philosophie et la poésie, sait se montrer, à l'occasion des fêtes rituelles, d'une cruauté inouïe. Cette réputation de cruauté restera attachée à leur civilisation longtemps après qu'elle aura disparu, comme une marque dégradante, signe d'une infériorité morale qui n'a pas fini, aujourd'hui encore, de peser sur les derniers survivants des nations indiennes.

Pourtant, à bien considérer les choses, les peuples mexicains n'ont jamais donné d'exemple de cruauté tels que ceux des Romains dans les jeux des cirques. La férocité des Indiens n'était pas gratuite. C'était une férocité sacrée, mystique, destinée à plaire aux seuls dieux. Dans l'hymne au dieu du ciel Tezcatlipoca, « notre Seigneur très humain, très pieux, protecteur et défenseur, invisible et impalpable », c'est cette soif du sang humain qui s'exprime : « le dieu de la terre ouvre sa bouche, car il a grande envie d'avaler le sang de tous ceux qui mourront dans cette guerre. Il semble qu'ils veuillent festoyer, le dieu soleil et le dieu de la terre, qu'on nomme Tlaltecutli. Ils veulent donner à manger et à boire aux dieux du ciel et de l'enfer, en les invitant à son festin de sang et de chair des hommes qui doivent mourir dans cette guerre » (p. 304).

Dès le jour de sa naissance, l'enfant mâle était prédestiné par ce baptême du sang, qui le liait pour toute sa vie au désir insatiable des dieux : « Va jusqu'au champ de bataille, dit la sage-femme au jour du baptême, mets-toi au milieu des combats (...) ton devoir est de réjouir le soleil et la terre, et de leur donner à manger et à boire » (p. 400).

Dans ce monde cruel et magique, l'homme n'était rien qu'un pourvoyeur des dieux, et le cannibalisme rituel était le symbole terrestre de cet appétit céleste, ou infernal. Souvent, le dernier acte du sacrifice humain est le partage des membres de la victime entre les dignitaires et les prêtres. Parfois, pourtant, l'acte rituel devient pur symbole, évoquant la liturgie chrétienne, comme dans la communion du corps du dieu Huitzilopochtli, sous forme d'un gâteau de maïs : « Ceux de Mexico, écrit Sahagun, qui étaient prêtres dudit Huitzilopochtli, et qu'on nommait *calpules*, prenaient quatre morceaux du corps dudit Huitzilopochtli ; et de même prenaient ceux de Tlatilulco (...) Chacun mangeait un morceau du corps de Huitzilopochtli, et ceux qui en mangeaient étaient les jeunes gens, et ils disaient que c'était le corps du dieu qui se nommait Teoqualo (dieu est mangé) » (p. 193).

Le sang, et les sacrifices sanglants sont les symboles propitiatoires, ou expiatoires, qui unissent les hommes à leurs maîtres divins. Il y a, dans les civilisations d'Amérique centrale, un curieux mélange de ferveur et de répugnance pour ces cultes ensanglantés. Chez les Mayas du Yucatan, chez les Tarasques du Michoacan, les prêtres sacrificateurs sont d'apparence maléfique, peints ou vêtus de noir, les cheveux emmêlés et poissés par le sang des victimes. Ils dégagent une odeur insupportable, comme en témoigne le surnom de l'un d'eux, dans les *Livres du Chilam Balam* : Ah Teppanciz (Grande Puanteur). Chez les Aztèques, les prêtres du culte des dieux Tlaloques sont redoutés de tous, tout particulièrement lors de la fête du mois *etzalqualiztli*, durant lequel ils s'abandonnaient à une fureur sanguinaire qui fait penser à la possession bachique. Le sang est le symbole de cette ivresse mystique, qui permet la rencontre entre les hommes et ses dieux.

Le sang ruisselle lors des fêtes religieuses, sang d'animaux ou d'hommes sacrifiés, sang que les hommes tirent d'eux-mêmes, en guise de pénitence. Aujourd'hui encore, les sacrifices sanglants accompagnent la prière, chez certains survivants des civilisations indiennes, comme les Tarahumaras, ou les Huicholes. Pour l'Indien, l'acte religieux est avant tout lié à cet épanchement du sang. « Pour honorer le démon, rapporte Sahagun, ils faisaient ruisseler le sang sur les temples jour et nuit, tuant hommes et femmes devant les statues des démons (...) Ils faisaient ruisseler le sang devant les démons par dévotion, aux jours signalés, et ils le faisaient de cette manière : s'ils voulaient faire ruisseler le sang de leur langue, ils la transperçaient avec la pointe d'un couteau et par le trou ainsi fait ils passaient plusieurs pailles de foin, selon la dévotion de chacun ; certains les attachaient ensemble et tiraient dessus comme sur un cordon, en le faisant passer par le trou de leur langue (...) Les satrapes faisaient aussi couler leur sang en dehors des temples (...) Ils prenaient des bâtons verts et des épines d'agave, et après les avoir ensanglantés avec le sang de leurs jambes, le long des tibias, ils allaient dans la nuit, dénudés, à travers les montagnes, jusqu'aux lieux de dévotion, et ils les laissaient là sur un lit de feuilles de roseaux (...) Les hommes faisaient aussi couler leur sang cinq jours avant les fêtes principales qui avaient lieu de vingt jours en vingt jours ; ils entaillaient leurs oreilles pour tirer du sang, dont ils oignaient leur visage, traçant des rayures. Les femmes traçaient une sorte de cercle, et les hommes une ligne droite qui allait des sourcils jusqu'au bas de la mâchoire » (p. 166). Le sang est plus qu'un pacte, il est véritablement la nourriture des dieux : « Quand ils tuaient quelque esclave ou captif, écrit

Sahagun, son propriétaire recueillait le sang dans une jarre, et il y trempait une feuille de papier blanc, puis il allait vers toutes statues des diables et il oignait leur bouche avec le papier ensanglanté. D'autres trempaient un bâton dans le sang, et ils touchaient la bouche de la statue avec un peu de ce sang » (p. 166).

Le sang est le signe de la ferveur religieuse, de l'humiliation de l'homme devant ses maîtres célestes ou infernaux. Ces mortifications, certainement très douloureuses – Sahagun note que les pénitents faisaient passer le cordon dans leur langue jusqu'à huit cents fois –, étaient la communion du peuple aztèque dans la souffrance. En réduisant la cruauté sanglante à un spectacle, la civilisation chrétienne en a dénaturé la vérité profonde ; le mysticisme sanglant prend alors quelque chose d'équivoque, de suspect, comme dans ces statues de Christ inondés de sang, dans l'église des Remedios, à Mexico par exemple.

Pour les Indiens, c'est le sang et la souffrance qui scellent la commune destinée des hommes, leur soumission totale aux dieux. Les guerres même sont sacrées, car leurs combats, avant de déterminer la puissance d'une nation sur une autre, sert au plaisir des dieux. Les guerriers tués au combat, et les captifs sacrifiés sont les aliments du soleil « qui se réjouit beaucoup et reçoit grand plaisir à goûter le sang de ceux qui l'ont répandu avec vaillance » (p. 328).

Les sacrifices humains furent objet d'horreur pour les Conquérants espagnols qui n'y voyaient qu'une perversion démoniaque. Comment l'eussent-ils compris autrement? Pour eux, le sang versé n'abreuvait ni la terre ni le ciel, mais était versé pour la possession des biens terrestres, pour l'or, pour les esclaves, pour la puissance du roi d'Espagne. L'humanisme naissant de l'Europe du xviᵉ siècle ne pouvait pas reconnaître la vertu magique de ce rituel, sa cruauté cosmique.

Chaque dieu recevait, à tour de rôle, sa part du festin. La fête du soleil, la fête du feu, la fête des Tlaloques, ou du serpent Mixcoatl (le serpent de nuages des Chichimèques), la fête des fleurs, la fête du dieu Huitzilopochtli, Tezcatlipoca, Teteo Imman, Xipe Totec, toutes ces fêtes étaient des fêtes du sang, pleines de cette horreur sacrée qui est le fonds même des religions de l'Amérique moyenne.

Chaque homme devait une part de son sang aux dieux, en signe d'allégeance et de soumission à son destin. Cette souffrance était nécessaire pour chaque acte de la vie quotidienne, comme en témoigne le rituel dédié au dieu des marchands Yiacatecutli, le seigneur qui guide. Devant les bâtons de voyage, emblèmes de leur dieu, les marchands faisaient couler leur sang « des oreilles et de la langue, des jambes, des bras, et ils offraient de l'encens » (p. 46); puis, la nuit venue, ils faisaient couler leur sang pour le dieu du feu : « ils sortaient dans la cour, et ils jetaient leur sang vers le ciel, en le prenant sur l'ongle de leur doigt; ils faisaient de même vers l'orient, mettant quatre fois de suite du sang sur l'ongle de leur doigt, comme je viens de le dire; et ils faisaient de même vers l'occident; puis, ils se tournaient vers le nord, qu'ils appellent la main gauche du monde; puis ils se tournaient vers le midi, qu'ils appellent la main droite du monde » (p. 494).

Ainsi, chaque jour, dans l'univers indien, le sang était versé; il coulait, non pour la possession des biens de la terre, ou pour assouvir les appétits de quelque roi pervers; mais pour le plaisir mystérieux des dieux qui avaient créé le monde et qui le maintenaient en vie. Le sang des hommes coulait pour que ne cesse pas l'équilibre du cosmos, pour que revienne chaque jour le soleil, pour que soient donnés le feu, l'eau, le maïs. Le sang coulait des blessures rituelles, sans cesse, de génération en génération, afin de préserver les vivants des maléfices, et que fût accompli l'incompréhensible destin : « Nous ne savons pas ce que Dieu a déterminé, disait l'orateur, lorsqu'un nouveau roi était élu. Mais nous attendons sa sentence » (p. 328).

LA MORT

L'obsession du sang qui ruisselle, c'est aussi celle de la mort violente. Cette hantise de la mort, chez les nations de l'Amérique moyenne, avait atteint un degré extrême, et c'est sans doute pourquoi elles furent tenues par les Conquérants venus d'Espagne pour des civilisations vouées au malheur et au désespoir – et sans doute pourquoi aussi elles furent aisément conduites à leur fin. Mayas, Toltèques, Tarasques, Aztèques vivaient dans l'attente pessimiste d'une catastrophe. Les *Prophéties du Chilam Balam*, les pronostics des prêtres, les légendes et les récits mythiques, tout proclamait la proximité de la mort. Les peuples indiens ont vécu les grands thèmes de la philosophie avec une acuité qu'aucune civilisation de l'ancien monde n'a jamais connue. Pour eux, la vie n'est qu'un bref passage, et le néant emporte le monde. C'est que ces thèmes, pour les Indiens, n'étaient pas seulement des idées philosophiques, mais aussi une religion qui donnait son sens à chaque moment de l'existence. Totalement à la merci des dieux, les hommes mortels vivaient avec une ferveur sombre en vue de l'instant suprême où ils seraient de nouveau unis avec leurs ancêtres, dans l'au-delà intemporel.

L'enfant qui naît quitte le séjour d'Ometecutli et d'Omecihuatl, « la femme céleste et l'homme céleste », pour venir en ce monde, « lieu de grands maux et de grandes douleurs », « lieu de faim et de soif, de fatigue, de froid et de larmes » (p. 386). Sa vraie demeure, c'est la maison du soleil, où il doit se rendre après sa mort, s'il meurt au combat. Toute la vie du jeune garçon est faite pour se préparer à la mort, cet instant qu'il craint et désire tout à la fois.

La mort est présente derrière toute chose. Elle est à l'origine des croyances, des superstitions, comme en témoigne la légende de la chouette annonciatrice de la mort de l'Indien, qui est connue dans toute l'Amérique latine. Sahagun note déjà : « ils disaient qu'elle était le messager du dieu Mictlantecutli, qui allait et venait de l'enfer, et pour cela ils l'appelaient Yautequiua, messager du dieu de l'enfer » (p. 273). L'obsession de la mort et de l'au-delà se traduit, encore aujourd'hui, par la croyance au « nahualisme », c'est-à-dire à la présence des esprits des morts sous des formes animales.

Dans l'art du Mexique, elle est présente continuellement, grimaçante comme sur le *tzompantli*, le mur des crânes des suppliciés, grotesque comme dans les effigies de la fête des morts ou dans les gravures de Posada, ou bien extatique comme l'entrée des guerriers tués au combat dans la Maison du Soleil.

L'univers est fait de mort. Le vent, l'âme même de Quetzalcoatl, vient des quatre bornes du monde, qui sont les limites des séjours de l'au-delà : l'orient, le domaine des dieux Tlaloques, d'où souffle le vent *tlalocayotl*; le nord, domaine de l'enfer Mictlan,

d'où vient parfois le vent furieux *mictlampa ehe-
catl*; l'occident, domaine des déesses maléfiques
Cihuapipiltin, d'où souffle le vent froid du malheur
et des maladies; le sud, demeure des déesses Huitz-
nahua, d'où souffle le vent *huitzlampa ehecatl*, le
vent dangereux. Entouré de vents et de mort, comment l'homme pourrait-il être libre? Le monde
entier est habité par les morts, qui côtoient les
vivants, les aident parfois, les persécutent souvent.
Les trois domaines de la mort, tels que les décrit
Sahagun, la Maison du Soleil (le « Ciel »), Tlalocan
(le « Paradis terrestre »), et Mictlan (l' « Enfer »),
correspondent aux trois étages de la cosmogonie
indienne, dont le mythe existe dans tout le continent
américain. Contrairement à la religion chrétienne,
ils ne comportent pas de châtiment, mais correspondent seulement à une division hiérarchique.
Consacré dès sa naissance aux dieux de la terre et
du soleil, le guerrier aztèque doit, après sa mort,
entrer au séjour céleste qui est le lieu d'élection des
hommes morts au combat, des captifs immolés par
l'ennemi, et des femmes mortes en couches. Après
quatre ans dans la Maison du Soleil, l'âme du
défunt revient sur la terre sous la forme d'oiseau au
riche plumage.

Le Tlalocan, lieu d'abondance, « où il y a beaucoup de plaisirs et de réjouissances, sans aucune
souffrance », où « jamais ne manquent les épis du
jeune maïs, ni les calebasses, ni les céréales, ni le
piment, ni les tomates, ni les haricots verts, ni les
fleurs », est le séjour de « ceux que tuent les éclairs,
ou qui se noient dans l'eau, et des lépreux, des
bubonneux, des galeux, des goutteux et hydropiques » (p. 207); on marquait de bleu le visage de
ceux qui mouraient de ces maladies, on mettait
quelques grains de maïs dans leur bouche, car ils

partaient pour le pays de l'abondance éternelle, où régnaient « pour toujours la verdure de l'été » (p. 208). Alors les morts pouvaient reposer dans « la grotte de l'eau » (p. 396), le visage tourné vers le nord.

L'enfer, Mictlan, était le lieu de la catabase. En lisant le récit qu'en fait Sahagun, on ne peut s'empêcher d'évoquer les grands livres mythiques, Gilgamesh, le chant VI de *L'Énéide*, ou même Dante. Ceux qui mouraient de maladie, rapporte Bernardino de Sahagun, qu'ils soient « seigneurs, princes, ou gens du commun », se rendaient à Mictlan, « où vivait un diable nommé Mictantecutli, ou Tzontemoc (Celui qui baisse la tête), et une déesse qu'on nommait Mictlancihuatl, qui était la femme de Mictlantecutli » (p. 205).

Alors, commençait pour le défunt le long voyage. Muni d'amulettes de papier et de vivres, il devait franchir de nombreuses montagnes, et un chemin gardé par un serpent et par un lézard fabuleux nommé *xochitonal* (signe de la fleur); puis il lui fallait franchir les huit déserts glacés, les huit collines, et affronter le « vent des couteaux » appelé *itzehecayan*, un vent « si fort qu'il pouvait arracher des pierres et des lames d'obsidienne » pour que le défunt puisse vaincre ce vent glacé et fatal, « l'on brûlait ses nattes, ses armes, et même les dépouilles des captifs qu'il avait gagnés au combat, et tous ses vêtements; car ils disaient que ces choses accompagnaient le défunt et dans cette épreuve l'abritaient afin qu'il ne souffre pas de grands tourments » (p. 206).

Alors, le défunt arrivait devant le grand fleuve Chiconahuapan, qui évoque le fleuve Achéron de la mythologie grecque. Pour traverser le fleuve de l'Enfer, « les naturels avaient coutume d'élever de petits chiens » au pelage rouge, qui étaient sacrifiés, et qui portaient un collier rouge autour du cou. Alors, quand il voyait venir son maître sur la rive, le chien le reconnaissait, traversait le fleuve, et le conduisait de l'autre côté en le portant sur son dos. Puis, « en arrivant devant le démon qui se nommait *Mictlantecutli*, les défunts lui remettaient leurs amulettes de papier, ainsi que de l'encens et des tubes de parfum, du fil de coton et du fil rouge, une étoffe et un pagne, ou bien des jupes et des chemises et autres habits de femme » (p. 206). Au bout de quatre-vingts jours, l'on brûlait les restes du défunt, puis on faisait de même chaque année jusqu'au terme de quatre années, où s'achevaient alors les funérailles. Après avoir traversé le fleuve Chiconahuapan, le défunt parvenait dans le règne de Chiconaumictlan (les Neuf Enfers) qui était la fin de son voyage.

Tels étaient les mythes de la mort chez les Aztèques, comme les a rapportés Bernardino de Sahagun. Les rites funéraires ne marquaient pas le terme de l'existence des hommes, mais leur aboutissement, point de départ d'une vie nouvelle. La violence de la vie, l'ardeur des combats, les désirs, les souffrances n'étaient qu'un bref passage entre le règne du dieu double, à la fois père et mère, Ometecutli, et le lieu mystérieux du dernier séjour, où, passé les portes de la Maison du Soleil, l'entrée de Tlalocan ou la rive du fleuve Chiconahuapan, l'âme du mort retrouvait ses ancêtres.

Alors le peuple indien de l'Anahuac pouvait s'unir à ceux qui l'avaient réellement engendré, les premiers rois toltèques enterrés dans la grande cité de Teotihuacan, et qui étaient devenus des dieux. Il pouvait connaître l'extase de la vie de l'au-delà, car, « selon ce que disaient les anciens, quand les hommes mouraient, ils ne disparaissaient pas, mais ils commençaient une vie nouvelle, comme s'ils s'éveillaient d'un songe, et ils se transformaient en esprits ou en dieux » (p. 611).

LES DIEUX

L'extraordinaire richesse des mythes mexicains est à l'origine du sentiment d'horreur et de fascination que ressent Bernardino de Sahagun. La religion des anciens Mexicains, au moment où les Espagnols la rencontrent, est avant tout une passion, et c'est cela qui trouble et émeut les évangélisateurs. Ce peuple, qui a su vaincre et maintenir sous son joug les nations qui l'entourent, et qui a su inventer l'une des civilisations les plus raffinées de l'Amérique moyenne, est aussi l'un des peuples les plus dévoués à ses dieux, entièrement tourné vers le surnaturel. Chaque geste de la vie, chaque pensée, semble dirigé vers les seuls dieux.

La foi des Aztèques est violente, ardente, malgré le sombre tableau qu'en font les premiers chroniqueurs. C'est une foi qui s'exprime à chaque instant, dans le quotidien comme dans les fêtes. Cette foi est plus importante que l'instinct de survie ou de possession. Ce n'est pas un hasard si Bernardino de Sahagun commence sa somme par la description des dieux et des rites. Ce sont les forces surnaturelles qui détiennent le pouvoir et la destinée dans le monde amérindien. Ce sont elles qui représentent le plus grave danger pour la colonie espagnole.

Les dieux, les mythes sont derrière chaque événement. Sur le Mexique règnent une ferveur, une splendeur mystique inconnues de l'Occident. Comme sur les civilisations mayas ou toltèques, plane l'ombre de la fatalité. Mais en contrepartie, il y a l'exaltation, l'ivresse, le partage. Les dieux indiens ne sont pas inaccessibles. Ils ne sont pas indifférents. Ils sont très proches, ils sont liés à la terre et aux êtres vivants par un pacte de sang. Ils se nourrissent d'offrandes, de fumée, du corps et du cœur des victimes. Tout ce qui est vivant leur plaît, tout leur est dû. La prière est avant tout un échange que l'homme fait avec l'au-delà, par lequel il cherche à apaiser les dieux et à détourner de lui le malheur. Comme Sahagun le rapporte, non sans raillerie, l'Indien, si son vœu n'est pas exaucé, n'hésite pas à adresser des reproches aux dieux, à les insulter.

Pareils aux hommes, les dieux ont leurs qualités et leurs défauts. Si Tezcatlipoca est le maître de l' « invisible », « le seul être qui savait diriger le monde », il est aussi un tyran, injuste et cruel, « semeur de discordes »; et, note Sahagun, « ils croyaient que lorsqu'il marchait sur la terre, il mettait en marche les guerres, les inimitiés et les discordes » (p. 31).

Pour le religieux espagnol, l'ambivalence des dieux païens est incompréhensible. Tezcatlipoca, Huitzilopochtli, ou les Tlaloques sont des « diables » qui exigent un culte d'une « horrible cruauté » (p. 60). La *cihuacoatl*, la femme-serpent, déesse du malheur, que Sahagun assimile curieusement à « notre mère Ève » est un démon effrayant qui « poussait des hurlements dans la nuit ».

Pour Bernardino de Sahagun, tous les dieux aztèques sont des démons qui causent l'horreur ou la moquerie. L'adoration des montagnes, des astres, ou du feu, est un « grand aveuglement », et le culte des *tzoalli* (ces effigies faites de pâte de maïs et de haricots) lui paraît « chose d'enfants et de gens sans cervelle plutôt que d'hommes de raison » (p. 64).

La ferveur des Indiens est souvent objet de dérision pour l'Espagnol de l'Europe rationaliste du XVIe siècle. Les rites et les prières sont des superstitions qui condamnent les Indiens au mépris des Conquérants. Déjà apparaît cette distinction entre Indiens et « gens de raison » qui dure encore aujourd'hui.

Pourtant, ces dieux que découvre Sahagun, à la fois terrifiants et proches, maîtres des Indiens et les soumettant à leurs désirs impitoyables, ces dieux tantôt monstrueux, tantôt inconnaissables – « esprit, air et ténèbre » comme les décrivent les anciens – sont vivants, d'une vie forte et réelle qui trouble le chroniqueur. Cette foule de dieux, certains géants et présidant à la genèse du monde, d'autres cachés dans les plis mêmes de la réalité, âmes des arbres, des montagnes, des fleuves, des nuages, donnant à chaque instant de l'univers un sens bénéfique ou maléfique, tout cela est vertigineux et admirable comme un double magique de l'univers perceptible. C'est la proximité du surnaturel qui donne sa puissance à la pensée amérindienne. Dépossédés de leurs dieux, les Aztèques ne pouvaient pas survivre. Sahagun est sans doute le premier à le dire : « Comme tout cela a cessé à cause de la venue des Espagnols, et parce que ceux-ci arrachèrent et abolirent toutes les coutumes et toutes les lois qu'avaient les naturels, pour les soumettre à la façon de vivre de l'Espagne, aussi bien pour les choses divines que pour les choses humaines, tenant pour certain qu'ils étaient barbares et idolâtres, alors se perdit tout le gouvernement qu'ils avaient » (Relation de l'auteur..., p. 578).

La proximité du sacré, chez les Aztèques, comme chez les Tarasques et les Mayas, est sans cesse affirmée. Chaque jour de l'année est rattaché à un signe,

98

c'est-à-dire à un dieu. Le règne des astres et des dieux est absolu, nul ne saurait s'y soustraire. L'un des rites les plus étranges rapporté par Sahagun est celui du *mamalhuiztli*, le bâton à feu. « Ces gens avaient une révérence particulière et offraient des sacrifices aux *mastelejos* du ciel, qui voyagent près des Pléiades, dans le signe du Taureau [1]. Ils faisaient des sacrifices et des cérémonies quand elles apparaissaient de nouveau à l'orient, après la fête du Soleil. » Sahagun décrit le rituel cosmique : « Ils appelaient ces trois étoiles *mamalhuiztli*, et c'est le même nom qu'ils donnent aux bâtons qu'ils utilisent pour allumer le feu, parce qu'il leur semble qu'il y a quelque ressemblance avec les étoiles, et que de là leur vint cette manière de produire le feu. Pour cela, ils ont coutume de faire une brûlure sur le poignet des garçons, en honneur de ces étoiles. Ils disaient que celui qui ne porterait pas ce signe, lorsqu'il mourrait, aux enfers on se servirait de ses poignets pour allumer le feu, en les tournant tel un foret, comme ils font avec des morceaux de bois » (p. 434).

Chez les Aztèques, l'un des moments les plus chargés de magie, c'est la fête de Teotleco, « l'arrivée des dieux », au douzième mois. « Au quinzième jour de ce mois, rapporte Sahagun, les jeunes gens décoraient de rameaux tous les autels et les oratoires des dieux. » Au dix-huitième jour arrivait « le dieu qui est toujours jeune » et qu'on appelait Tlamatzincatl, c'est-à-dire Tezcatlipoca. La fête avait lieu le dernier jour du mois, « car ils disent qu'alors arrivaient tous les dieux. La veille de ce jour, ils faisaient sur une natte un tas de farine de maïs en forme de fromage. C'est sur ce tas que les dieux imprimaient la forme d'un pied en signal de leur

1. Sans doute les trois étoiles formant la ceinture d'Orion.

arrivée. Toute la nuit, le prêtre allait et venait pour guetter l'empreinte du pied. Dès que le satrape apercevait l'empreinte, il criait, disant : notre Seigneur est arrivé! Alors les prêtres du temple commençaient à jouer de leurs cornets et de leurs conques, de leurs trompes et d'autres instruments » (p. 88). Les Indiens offraient leurs dons aux dieux nouvellement arrivés. De nombreux esclaves et captifs étaient brûlés vifs sur un autel nommé *teocalco*. « Au-dessus de l'autel, écrit Sahagun, dansait un jeune homme coiffé d'une perruque de cheveux longs et d'une couronne de plumes. Son visage était peint en noir rayé de blanc (...) Il portait sur son dos un plumage nommé *huacalli* (l'armature des portefaix) surmonté d'un lapin desséché. Chaque fois qu'on jetait un captif dans le feu, il sifflait en mettant un doigt dans la bouche, selon leur usage. » Le danseur était accompagné d'un « jeune garçon déguisé en chauve-souris, avec les ailes et tout ce qui le faisait ressembler à cet animal » (p. 137). Puis avaient lieu une procession et des prières, et un jeu étrange que les prêtres pratiquaient, revêtus d'étoles de papier, autour du brasier où avaient péri les captifs.

La beauté terrifiante du rite d'attente des dieux montre à quel point la culture aztèque était unie aux puissances surnaturelles. Consacré dès sa naissance aux dieux Tlaltecutli et Tonatiuh, seigneurs de la terre et du soleil, le jeune Indien appartenait aussi à Tezcatlipoca. Il était reçu au sein du *telpochcalli* (maison des jeunes) « afin de servir à balayer et à d'autres tâches domestiques dans la maison de Notre Seigneur » (p. 209). A quinze ans, sa tâche était de procurer du bois pour les bûchers sacrés. Les *calmecac*, collèges religieux, formaient « ceux qui serviraient les idoles ». Le rôle des prêtres est aussi de servir les dieux : ils vont chercher le bois, ils balaient, ils collectent les épines de maguey pour les sacrifices. Ils apprenaient aussi les chants, « écrits dans leurs livres en caractères. En outre on leur enseignait l'astrologie indienne, l'interprétation des songes et le comput du calendrier » (p. 212).

Quels sont ces dieux, à la fois si redoutés et si vénérés ? Ils sont multitude : Sahagun dénombre soixante-dix-huit temples dans la ville de Mexico. D'abord les dieux de la pluie, les Tlaloques, qui régissent la fertilité et les averses. Pour eux, les Aztèques sacrifiaient de jeunes enfants, durant les fêtes du premier mois *atlacahualo*, et du troisième mois *tozoztontli*. Puis, à nouveau, lors du seizième mois *atemoztli* (descente de l'eau). Durant les préparatifs de la fête, on découpait des figures de papier nommées *teteuitl*, qu'on tachetait de gouttes de latex, et on faisait des images des montagnes « où se forment les nuages » (p. 148). Ces images étaient faites en pâte de maïs (*tzoal*) avec des graines de calebasse pour les dents et des haricots pour les yeux. On mettait à mort ces statues, en leur arrachant le cœur et en les décapitant, et leur chair (*tepeme*) était partagée entre les fidèles.

Le dieu majeur de l'Anahuac était sans doute Huitzilopochtli, le Colibri de la gauche (du sud), que Sahagun assimile à « un autre Hercule ». Ce dieu, rapporte le chroniqueur, était figuré avec une « tête de dragon effroyable, qui crachait le feu par la bouche ». Ce dieu qui régnait en particulier sur Mexico-Tenochtitlan – l'empereur Moctezuma portait son sceau à son poignet – était le héros d'un poème épique dont l'écho nous est parvenu à travers les fragments que rapporte Sahagun : Coatlicue, déesse de l'eau, fut engrossée par une plume de colibri descendue du ciel, et ses autres enfants voulurent la tuer par jalousie. Huitzilopochtli, encore dans le ventre de sa mère, déjoua la trahison de ses frères, et le jour de sa naissance, il apparut, « portant un bouclier nommé *teueuelli*, une lance et un bâton bleu, le visage peint et la tête coiffée d'un gigantesque plumage, la jambe gauche fine et couverte de plumes, les deux cuisses ainsi que les bras peints en bleu » (p. 192). Alors, à l'aide d'un serpent de goudron enflammé, nommé *xiuhcoatl*, Huitzilopochtli tua sa sœur Coyolxauhqui et la mit en pièces.

C'est à ce dieu qu'était consacrée une des fêtes les plus importantes, celle du quinzième mois *panquet-zaliztli*. Alors on dressait sa statue en pâte de maïs, tandis que les prêtres du dieu et de son « vicaire » Painal dansaient « en serpentant dans la cour du temple ». Devant la statue du dieu, et l'image du serpent couvert de turquoises, dans la cour du jeu de pelote (le *teotlachco*) on sacrifiait des captifs à l'image de deux dieux nommés Amapantzitzin (« vêtus de papier ») et on répandait leur sang sur le terrain du jeu. Puis avait lieu un combat entre deux fractions, composées d'esclaves et de guerriers, symbolisant le combat de Huitzilopochtli contre ses frères. Le combat cessait à l'arrivée de Painal, et suivaient les processions qui s'achevaient par le sacrifice des captifs et des esclaves. A l'issue de la fête, les vieillards participaient à une beuverie de *matla-loctli*, le *pulque* bleu, et le jour de *nexpixolo*, quand l'âme des victimes était arrivée aux enfers, tout le monde se baignait et se lavait soigneusement les cheveux.

Ces rites prodigieux, dont Sahagun rapporte chaque détail, sont ceux-là mêmes auxquels avait assisté Pedro de Alvarado, lorsque eut lieu le terrible massacre dans l'enceinte du temple de

Tenochtitlan qui amorça la destruction finale du peuple mexicain.

Tezcatlipoca, le « Miroir qui fume », était pour les Aztèques le dieu suprême du ciel. Il était, écrit Sahagun, « le créateur du ciel et de la terre, tout-puissant, et il donnait aux êtres vivants ce dont ils avaient besoin pour manger, boire, et toutes les richesses. Et ledit Titlacauan était invisible et semblable à l'ombre ou au vent, et quand il apparaissait et parlait aux hommes, il était pareil à une ombre » (p. 194).

C'est ce dieu universel que les Indiens surnommaient Yaotl, l'Ennemi, sans doute à cause de son combat magique contre Quetzalcoatl, le Serpent à plumes. C'est lui qui est évoqué dans les hymnes : « Oh, notre valeureux Seigneur ! Sous tes ailes nous sommes abrités, nous sommes défendus. Tu es invisible et impalpable comme la nuit, comme le vent ! » (p. 299).

Le seigneur « très pieux, très humain » se confondit sans doute avec le Dieu des chrétiens. C'est lui qui, selon ce que rapporte Motolinia, était vénéré à Tezcoco, au temps du roi-poète Nezahualcoyotl, dans un temple vide dont les murs et le plafond figuraient un ciel étoilé. Le dieu invisible et impalpable était sans cesse présent parmi les hommes. « Tout le monde adorait et priait ledit Titlacauan (Tezcatlipoca), et dans tous les chemins et à toutes les intersections des rues ils préparaient un siège de pierre qui lui était réservé, nommé *momoztli*, et on garnissait de rameaux ledit siège, en son honneur et pour le servir, tous les cinq jours, en dehors des vingt jours de fête qu'on lui consacrait » (p. 195).

C'est bien ce qui étonne le plus Bernardino de Sahagun, dans ces rites et ces fêtes : la présence physique des dieux au milieu des hommes. Les chants et les danses ne sont pas seulement des prières ou des actions de grâce. Ils sont aussi des scènes magiques qui matérialisent les forces mystérieuses de l'au-delà. Grâce à ces incantations, les dieux descendent, ils se mêlent aux hommes, ils dansent et chantent avec eux. Motolinia rapporte que, pour la fête du feu au jour *izcalli*, sont élevés six arbres « grands comme des mâts de navire ». Puis l'on sacrifie et l'on écorche deux femmes captives, et les prêtres, revêtus de leurs peaux et portant des masques, descendent les marches de la pyramide, tandis que le peuple s'écrie : « Nos dieux arrivent ! Nos dieux arrivent ! »

Dans ces fêtes cruelles, les victimes immolées ne sont plus de simples mortels. Revêtues des insignes et des habits des dieux, elles sont leurs « images », respectées et vénérées avant le sacrifice. Au septième mois, *tecuilhuitontli*, c'est l' « image » de Uixtocihuatl, déesse du sel, qui est immolée. Au huitième mois, *uey tecuilhuitl*, c'est l' « image » de Xilonen, la vierge-mère, déesse du jeune maïs, qui meurt tandis que hommes et femmes dansent à tour de rôle. Au onzième mois, *ochpaniztli*, a lieu une cérémonie magique, bouleversante : c'est la fête de Teteo Innan, la Mère des dieux, celle qu'on appelle Toci, « notre aïeule ». Pour elle, durant huit jours, l'on danse en silence, sans chants ni musique, sans bouger les pieds, « mais seulement baissant et levant les bras ». Puis apparaît l' « image » de Toci, que l'on mène au temple « où elle devait mourir. Et personne ne parlait ni ne toussait tandis qu'on la menait. Tous marchaient en silence, bien que tout le peuple marchât avec elle ». Elle est décapitée et écorchée par les sacrificateurs. Un prêtre qui représentait le dieu Cinteotl, fils de Toci, revêtait son visage avec la peau de la cuisse, et un autre prêtre se vêtait du reste de la peau, et devenait à son tour l' « image » de la déesse. Alors commençait un simulacre de bataille, la déesse poursuivant les participants, selon un rituel encore vivant aujourd'hui dans les communautés nahuatl des environs de Mexico (à Milpa Alta, par exemple). Au terme de la fête, le prêtre, « image » de Toci, recevait les offrandes de plumes et d'encens que le peuple mexicain envoyait à la déesse.

L'extrême complexité des rituels est symbole de la magie : ces gestes, répétés d'année en année, avaient pour raison d'être la transfiguration, lorsque esclaves et captifs, par le pouvoir de ce théâtre sacré, ne faisaient qu'un avec les divinités.

Au treizième mois, *tepeilhuitl*, durant les fêtes consacrées aux plus hautes montagnes du Mexique, l'on tue un homme et quatre femmes aux noms de divinités. L'homme était Milnahuatl, « l'image des serpents ». Les femmes, Tepexoch « fleur de la montagne », Matlalcue « celle à la jupe bleue » (nom de la déesse de la pluie des Tlaxcaltèques), Xochitecatl « entre les fleurs » et Mayahuel, l' « image de l'agave », la déesse du « pulque ». Leurs corps étaient mangés par les prêtres dans les *calpulli*.

Au dix-septième mois, *tititl*, était célébrée la fête de la déesse Illamatecutli, appelée également *Tona*, « Notre mère » – sans doute une forme vieillie de la déesse Cihuacoatl (la femme-serpent), celle qui fut vénérée plus tard sous le nom de Tonantzin, la Vierge miraculeuse de la Guadalupe. Au cours de ce culte, une femme était sacrifiée, et un prêtre dansait en tenant la tête de la victime dans sa main droite.

Quetzalcoatl, c'est l'aventure d'un homme devenu dieu. « Bien qu'il fût homme, écrit Bernar-

105

dino de Sahagun, ils le tenaient pour dicu, et ils disaient qu'il balayait le chemin pour les dieux de la pluie. Ils croyaient cela parce que avant les pluies il y a de grands vents et des nuages de poussière » (p. 32). Quetzalcoatl fut le dieu principal des gens de Tula. Dans cette ville « il avait un temple très haut, avec beaucoup de marches ». Son effigie, précise le chroniqueur, était vêtue d'étoffes, et avait « un visage très laid, large, et barbu ». Selon la légende, au temps de sa splendeur, Quetzalcoatl vivait dans des palais de turquoises, d'argent, de nacre rose et de plumes. C'est lui qui demanda aux Indiens de faire pénitence en scarifiant leurs jambes au moyen d'épines d'agave, et leur montra l'art de tailler les pierres précieuses et de fondre les métaux. C'est lui qui enseigna l'écriture hiéroglyphique, et qui composa le premier *tonal amatl*, le livre des signes, l'almanach prophétique.

La légende de ce roi magicien, bienfaiteur du peuple de Tula, s'étend sur tout le territoire mexicain, et même au-delà. C'est lui qui apparaît dans le cycle maya de Kukulcan (le Serpent à plumes), également sous le nom de *Yaxum*, l'Oiseau vert. Sahagun le compare à Hercule, puis au roi Arthur. Mais d'autres historiens chrétiens, tels que Boturini ou Sigüenza y Gongora, verront en lui la réincarnation de saint Thomas, venu en Amérique pour répandre la parole du Christ.

La légende du Serpent à plumes est sans doute l'une des plus anciennes de l'Amérique moyenne, liée à la fois aux anciens cultes animistes et à la découverte du cycle vénusien de cinq cent dix jours.

L'on sait l'importance de la légende du retour de Quetzalcoatl pour la conquête du Mexique. Quatre cents ans plus tard, le mythe est toujours vivant : dans la région de Cuernavaca (État de Morelos), ne dit-on pas que l'âme du révolutionnaire Emiliano Zapata, assassiné par traîtrise, revient lorsque souffle le vent?

C'est qu'il y a l'éternité dans ce mythe : Quetzalcoatl, c'est le rêve de l'âge d'or indien, quand dans ses quatre palais aux couleurs des quatre parties de l'univers, régnait le roi magicien et artiste, entouré de ses plumassiers *amantecas*, et de ses quatre médecins, inventeurs des plantes curatives, Oxomoco, Cipactonal, Tlaltetecuin, Xochicaua. Alors l'on découvrit les premiers filons de métaux précieux et de turquoises, non loin de Tepozotlan, sur le mont appelé Xiuhtzon. Alors furent inventés l'ambre, le cristal, l'améthyste. C'est durant le règne de Quetzalcoatl que fut composé le calendrier solaire et lunaire, divisé en vingt signes. C'est durant son règne que commença l'interprétation des songes et la science des astres.

Grâce à leur roi, les Toltèques vivaient dans la piété et la justice. Les hommes de ce temps étaient « grands, plus hauts de stature que ceux qui vivent aujourd'hui, et parce qu'ils étaient grands ils pouvaient courir et avaient beaucoup d'endurance, et pour cela on les appelait *tlanquacemilhuique*, ce qui signifie qu'ils couraient un jour entier sans se reposer » (p. 598).

Pourtant la gloire de Quetzalcoatl s'acheva, et les Toltèques connurent l'infortune. « Vinrent contre eux trois nécromants, nommés Huitzilopochtli, Titlacauan et Tlacauepan, qui les firent tomber dans leurs pièges, à Tula » (p. 196).

Quetzalcoatl étant tombé malade, Titlacauan vint le voir, déguisé en vieillard, portant un breuvage qu'il prétendit être l'élixir de la jeunesse. « Vous serez pareil à un jeune homme, dit-il, et même à un jeune garçon. » Le breuvage était en réalité « le vin blanc de ce pays, tiré de l'agave, et qu'on appelle *teometl* » (p. 197).

Le nécromant ensorcela également la fille de Huemac, le Seigneur de Tula (car Quetzalcoatl était prêtre et n'avait pas d'enfant), en lui faisant voir le membre viril d'un misérable qui vendait du piment sur un marché. Le Seigneur dut, à sa grande honte, marier sa fille à l'esclave. Pour s'en débarrasser, le Seigneur Huemac envoya l'esclave faire la guerre contre les ennemis de Tula, mais le jeune homme, qui n'était autre que Titlacauan en personne, aidé de son armée de nains, revint en conquérant. Il ordonna une grande fête durant laquelle, guidés par une musique magique, beaucoup de guerriers toltèques tombèrent dans un ravin où ils furent transformés en pierres.

Titlacauan multiplia les ruses contre Tula : déguisé en vieille femme, il vendit des amulettes fatales qui rendaient fous les gens du peuple. Une dernière ruse vint à bout de la ville détestée : déguisé en marchand, Titlacauan « faisait danser un petit garçon sur la paume de sa main, et l'on disait que c'était Huitzilopochtli » (p. 200). La foule ensorcelée lapida le marchand et le tua, mais son corps en se décomposant répandit une puanteur mortelle, et devint si lourd qu'on ne pouvait le mouvoir.

C'est alors qu'eut lieu le départ de Quetzalcoatl vers Tlapallan : « Il fit brûler toutes ses maisons d'argent et de nacre, il fit enterrer toutes les choses précieuses dans les montagnes et les ravins... » Puis il partit pour Quauhtitlan et là, il demanda un miroir à ses pages. « Il mira son visage dans ledit miroir et il dit : je suis vieux maintenant » (p. 202).

Il continua sa route, précédé de tous les oiseaux aux riches plumages, et de ses joueurs de flûte. Sur une pierre où il se reposa, il laissa l'empreinte de ses mains. « Et, se tournant vers Tula, il commença à pleurer tristement, et les larmes qui tombaient creusaient profondément la pierre où se reposait ledit Quetzalcoatl. » Sur ce rocher, il laissa l'empreinte de ses fesses. « Et il donna pour nom à cet endroit Temacpalco » (p. 202).

Sur la route de Tlapallan, Quetzalcoatl rencontra les nécromants qui voulurent l'arrêter. Il leur dit : « D'aucune façon vous ne pouvez m'arrêter, car je m'en vais par nécessité. – Et pourquoi vas-tu par là ? » demandèrent les nécromants. Et Quetzalcoatl répondit : « Ils sont venus me chercher, car le Soleil m'appelle » (p. 203). Et Quetzalcoatl partit, abandonnant toutes ses richesses dans la source de Cohuapan. Puis il traversa la chaîne des volcans enneigés, où ses fidèles nains moururent de froid, et il pleura tristement à Tecamachalco. Plus loin, sur sa route, il fit construire un jeu de pelote « composé d'un carré de pierres, et au milieu du jeu il traça une raie qu'on appelle *tlecotl*, et là où il traça cette raie la terre s'ouvrit profondément » (p. 204). Plus loin encore, il marqua une croix sur l'arbre *pochotl* (l'arbre de Ceiba, symbole du pilier soutenant le ciel chez les Mayas) et il construisit à cet endroit un palais sous la terre, appelé *mictlancalco* (la Maison de l'Enfer).

Il arriva ensuite sur le rivage de la mer, à l'endroit qu'on appelle aujourd'hui encore Coatzacoalcos (dans l'État de Veracruz), « il fit construire un radeau de serpents nommé *coatlapechtli*, et il monta dessus et s'y assit comme dans une pirogue. Il s'en fut ainsi, voguant sur la mer, et nul ne sait comment ni de quelle façon il arriva au lieu dit Tlapallan » (p. 204).

Ainsi se termine la geste de Quetzalcoatl, disparu dans le pays rouge de Tlapallan, à l'est de l'univers, et dont les Indiens du Mexique attendaient le retour.

Pour Bernardino de Sahagun, le rêve des origines, c'est celui qui relie ces hommes et cette terre aux dieux évanouis. L'origine des Amérindiens était sans doute l'une des questions les plus controversées au temps de la Conquête du Nouveau Monde. Pour le père Beaumont (qui s'inspire du père Gumilla Orinoco) l'origine de la race indienne était indubitablement dans la malédiction lancée par Noé contre son fils Cham – ce qui, à ses yeux, expliquait le penchant des Indiens pour l'ivrognerie. L'idée d'une origine sémitique des Indiens d'Amérique fut soutenue par nombre d'historiens, tels que Sigüenza y Gongora, ou Boturini. Les Indiens eux-mêmes l'acceptèrent parfois, comme les Mayas Cruzoob du Yucatan, qui s'identifiaient au « peuple élu ».

Pourtant, à la question posée aux Indiens par Bernardino de Sahagun : « Qui sont-ils ? D'où viennent-ils ? », ils répondent par la même légende étrange. Avant les hommes, disent-ils, régnaient sur les hauts plateaux du Mexique une race de géants, qui créèrent les « tumuli de terre qu'on voit encore aujourd'hui et qui semblent faits de la main de l'homme » (p. 611).

Ces géants, selon l'historien Fernando de Alva Ixtlilxóchitl, étaient nommés *quinametin* par les anciens Toltèques, qui « connurent beaucoup de guerres à cause d'eux, sur le territoire de ce qui est aujourd'hui la Nouvelle-Espagne [1] ».

« Il y a des années sans nombre, relate Bernardino de Sahagun, arrivèrent les premiers peuples dans cette région de la Nouvelle-Espagne, qui est

1. Fernando de Alva Ixtlilxóchitl, *op. cit.*, I, p. 264.

quasiment un autre monde. Et, venus par la mer sur des navires, ils abordèrent aux rives du nord. Et parce qu'ils avaient débarqué là, cela s'appelle Panutla, ou quasiment Panoayan (...) Et de ce port, ils commencèrent à marcher le long des rivages, regardant toujours les montagnes enneigées et les volcans » (p. 610). Ainsi la légende de l'arrivée des premiers Mexicains préfigure-t-elle la venue des Conquérants espagnols.

Ces peuples indiens conquirent le royaume mythique de Tamoanchan, puis ils continuèrent leur marche vers l'orient, guidés par leur dieu « qu'ils emmenaient enveloppé dans une étoffe » (p. 611) et par les quatre médecins de Quetzalcoatl : Oxomoco, Cipactonal, Tlaltetecuin, et Xochicauaca. Ils marchaient, et « toujours les précédaient les Toltèques » (p. 613). Ils fondèrent Xomiltepec et continuèrent leur route. « Et combien de temps ils ont erré, nul n'en a gardé mémoire. Ils s'en furent dans une vallée entre les montagnes, où tous pleurèrent de fatigue et de douleur, car ils avaient grand faim et soif. Et dans cette vallée, il y avait sept grottes où ces gens firent leur lieu de prières » (p. 613).

C'est alors, selon ce que rapporte le père Beaumont, que le « démon » Huitzilopochtli donna aux hommes à choisir entre deux présents, l'un contenant une émeraude, l'autre deux bouts de bois. A ceux qui choisirent le bois, leur chef Huitzon leur dit qu'ils avaient choisi le bien le plus précieux, le feu.

La séparation des nations indiennes eut lieu dans ce séjour mythique : les Toltèques retournèrent vers Tula, les Michoaques guidés par leur seigneur Amimitl (Flèche d'eau) se dirigèrent vers l'ouest. Les Mexicas, accompagnés des tribus apparentées, Tepanecas, Acolhuas, Chalcas, Uexotzincas, Tlaxcaltecas, se dirigèrent vers le sud. Avant de se quitter, ils firent des offrandes dans les grottes, « et c'est pourquoi toutes les nations de cette terre disent avec orgueil qu'elles naquirent dans ces sept grottes, et que de là sortirent leurs ancêtres » (p. 613).

LES ROIS

Pour les anciens Mexicains, il n'y avait pas de séparation entre les hommes et les dieux. Le monde terrestre, avec toutes ses imperfections et toutes ses injustices, avec sa splendeur et ses passions, était l'image momentanée de l'éternité. L'organisation même de la société était imitée de l'ordre surnaturel. Ici-bas, comme dans l'au-delà, les seigneurs régnaient sur leurs serviteurs et leurs vassaux. Ometecutli, le dieu-principe, à la fois homme et femme, Mictlantecutli, le dieu des Enfers, ou Yiacatecutli, le dieu des marchands, étaient des Seigneurs qui siégeaient sur leurs trônes, dans leurs palais, et qui guerroyaient ou se divertissaient comme les mortels.

Les rois mexicains étaient leurs représentants sur la terre. Le pouvoir qu'ils avaient reçu était de nature divine. C'est contre ce pouvoir surnaturel que les Espagnols durent se mesurer lors de la Conquête. Ils surent tirer parti de cette croyance : l'enchaînement honteux, les tortures, la mise à mort des seigneurs mexicains avaient pour le peuple quelque chose d'épouvantable et de sacrilège qui conférait aux Conquérants étrangers une force surhumaine. Ils étaient d'autres dieux venus apporter un ordre nouveau.

Les rois mexicains, jusqu'alors, avaient été consi-

112

dérés au-dessus des autres hommes. Ils étaient
vénérés comme des idoles de leur vivant, et adorés
comme des dieux après leur mort. Chez les Mayas,
comme chez les Aztèques, les palais des seigneurs
étaient voisins des temples. Chez les anciens Purepecha, le cazonci [1] régnait sur les trois villes de
Patzcuaro, Tzintzuntzan et Ihuatzio, comme le dieu
Curicaueri régnait sur les domaines de ses frères les
Tiripemencha, aux quatre points cardinaux.

La proximité du pouvoir avec le surnaturel
s'exprime dans les harangues qui suivaient l'élection du seigneur à Mexico-Tenochtitlan. L'orateur,
accroupi devant son maître, et portant sur l'épaule
le nœud de son manteau en signe de soumission,
s'adressait en ces termes au nouveau seigneur : « Ô
Notre Seigneur très humain et très pieux, très
aimant et digne d'être estimé, plus que toutes les
pierres précieuses et les riches plumages ! A présent
nous avons une grande consolation et une grande
joie, ô Notre Seigneur très humain ! Car Notre Seigneur Dieu, grâce auquel nous vivons nous a donné
une lumière et une splendeur semblable au soleil, et
c'est vous. Il vous désigne et vous montre du doigt,
et il a écrit votre nom en signes rouges, et ainsi il est
établi en haut et ici-bas, au ciel et en enfer, que vous
devez être Seigneur... » (p. 322).

Répondant aux orateurs, le seigneur s'humilie.
Et, « se mettant accroupi, il tourne la tête vers celui
qui parle, et durant tout le temps du discours, il ne
tourne la tête vers aucune part, mais garde les yeux
dirigés vers l'orateur ». Puis il prend la parole :
« Notre Seigneur Dieu, dit-il, m'a traité avec libéra-
lité et magnificence. Peut-être n'est-ce qu'un songe ?

---

1. Du nahuatl *caltzontzin* (Le Seigneur aux nombreuses maisons). C'était l'un des titres des Irecha, rois des anciens
Tarasques (ou Purepecha) du Michoacan.

Que soit accomplie, donc, la volonté de Notre Seigneur Dieu. Qu'il en soit selon ce qu'ont ordonné et décidé les seigneurs qui m'ont élu. Qu'ont-ils vu en moi ? N'ont-ils pas fait comme quelqu'un qui cherche une femme habile à tisser et à filer ? Il est vrai, je ne me connais pas, ni ne m'apprécie moi-même, et je ne sais pas dire deux paroles justes. Mais je puis dire que mon Dieu m'a sorti de là où je vivais, dans la fiente et les immondices » (p. 329).

Bernardino de Sahagun ne cache pas l'admiration qu'il éprouve pour l'art oratoire des Mexicains, ce « langage merveilleux ». Pour lui, ce pouvoir légendaire, illustré par de si hautes qualités morales, est l'égal des règnes de l'Antiquité : « Ils furent, écrit-il dans son Prologue au livre VI, en certaines choses extrêmes, très dévots envers leurs dieux, très jaloux de leur république, entre eux très aimables ; pour leurs ennemis, très cruels ; pour eux-mêmes, humains et sévères. Je crois que c'est grâce à ces vertus qu'ils purent créer leur empire, bien qu'il ait été de courte durée. Et maintenant, ils ont tout perdu, comme le comprendra clairement celui qui comparera le contenu de ce livre avec la vie qu'ils mènent aujourd'hui » (p. 297).

Le premier sens du *tlatloca amatl*, le livre des rois, est la magie. Les Seigneurs absolus de Tenochtitlan, de Tlatelolco, de Tezcoco sont plus que des hommes ; ils sont quasiment dieux, et chacun de leurs gestes, chacune de leurs paroles les relie à l'au-delà.

Tout en eux est sacré. La justice, la guerre, le tribut, mais aussi les jeux – tel le célèbre *tlachtli*, le jeu de pelote, au cours duquel les princes de peuples rivaux s'affrontent parfois dans l'enceinte du temple (l'une des joutes les plus célèbres eut lieu entre Moctezuma le Vieux, seigneur de Tenochtitlan et Nezhualcoyotl, seigneur de Tezcoco).

La nourriture est sacrée également : tortillas de maïs blanc, gibier, poisson de la mer, *nequatolli*, breuvage de maïs et de miel, et surtout le cacao, la boisson même des seigneurs.

Les demeures sont sacrées, innombrables salles du palais où se fait le gouvernement de l'empire : salle de justice, conseil de guerre, salle des major-domes, salle des chantres, salle des visiteurs.

Le caractère sacré du pouvoir est dans les fastes qui marquent l'élection d'un nouveau seigneur. Celui-ci est conduit jusqu'au temple de Huit-zilopochtli où il est revêtu d'une tunique vert sombre ornée de dessins d'os, nommée *xicolli*; on lui remet une calebasse pleine de tabac à priser; puis, après un jeûne de quatre jours le nouveau seigneur reçoit l'investiture de quatre sénateurs qui représentent les dieux; le *tlacochcalcatl* (le seigneur des lances), le *ticocihuacoatl*, le *cihuacoatl* (représentants de la déesse-serpent), le *titlancalqui* (représentant de Tezcatlipoca).

C'est dans le costume qu'apparaît la splendeur magique du nouveau souverain. Sahagun, comme tous les Espagnols, ne peut s'empêcher de céder à la fascination qu'il ressent pour cette magnificence : il est devant l'expression d'un pouvoir étranger à son propre monde, et la mémoire de la beauté de ces demi-dieux trouble son récit, l'éclaire d'une lumière de légende. L'on ne peut s'empêcher de penser aux images des *codex*, peintes sur les feuilles de papier d'agave ou tissées de plumes, dans lesquelles les seigneurs et les dieux apparaissent dans toute leur splendeur mystique.

Manteaux de peaux d'ocelot ou de jaguar, ornés de conques marines sur fond d' « eau d'azur clair »; manteaux fauves ornés de roues, bordés de franges figurant des yeux; manteaux ornés de vases à trois pieds, rouge et noir, portant « deux ailes pareilles à celles des papillons »; manteaux fauves brodés de papillons en plumes blanches, portant un œil sur chaque aile; manteaux fauves semés de fleurs en plumes blanches; pour tous ces tissages, « il faut noter l'habileté des femmes qui les tissent, écrit Sahagun, car elles en tracent les motifs sur la toile au fur et à mesure qu'elles les tissent » (p. 457).

Les seigneurs apparaissent devant leur maître ornés de leurs plus beaux bijoux, de plumes, d'or, de turquoise : couronnes, labrets, boucles d'oreilles en demi-lunes d'or, incrustations de turquoises ou de saphirs dans leurs narines. Bracelets de mosaïque ou de plumes, guirlandes, éventails, colliers de nacre, miroirs d'or, grelots. Les seigneurs allaient parfois le visage masqué de « loups de mosaïque, coiffés de perruques et de panaches d'or » (p. 459).

C'est au moment des guerres que les seigneurs montrent leur splendeur barbare : vêtements, coiffes, emblèmes et panaches leur donnent l'apparence des dieux qu'ils représentent.

Les seigneurs sont alors coiffés d'un « casque de plumes très rouges, qu'on appelait *tlauhquechol* (d'une variété du quetzal), orné d'une bordure d'or et d'une couronne de plumes, et du milieu de la couronne montait un bouquet de plumes de quetzal en guise de panache ». Ils vont le corps vêtu d'une « armure de plumes vermeilles qui descendait jusqu'à mi-cuisses, toute semée de coquilles d'or », portant un bouclier cerclé d'or, couvert de plumages rouges, verts ou bleus, portant aussi un tambour orné de plumes et d'or, et un écu fait d'une peau de jaguar semée d'éclairs d'or.

« Sur leur dos, ils avaient des plumes vertes en forme d'ailes de papillon, et ils étaient vêtus d'une

116

sorte de gilet de plumes jaunes qu'on appelle *tociuitl* parce qu'elles proviennent des perroquets, et ce gilet arrivait jusqu'aux genoux, décoré de flammes d'or. » Ils étaient coiffés de casques d'or ou d'argent, ornés de deux panaches de plumes de quetzal en forme de cornes. Ils tenaient également « une sorte de bannière faite de plumes de quetzal » ou « une autre sorte de drapeau fait d'or et d'argent ». Certains seigneurs allaient au combat, portant sur leur dos « ces sortes d'emblèmes qu'on appelle *itzpapalotl* (le papillon d'obsidienne, symbole de la déesse-mère Cihuacoatl) : cet emblème est à la façon d'une image du diable, fait en riches plumages, avec des ailes et une queue comme celles du papillon, et ses yeux, ses pattes, ses ongles et ses sourcils et tout le reste était d'or, et sur sa tête ils mettaient deux touffes de plumes de quetzal pareilles à des antennes » (p. 460).

Les seigneurs portaient beaucoup d'autres emblèmes, que Bernardino de Sahagun rapporte avec une précision admirative : insigne du *xochiquetzalpapalotl* (le papillon de la fleur précieuse); insigne du *quetzalpatzactli*, avec un bouclier de plumes vertes; insigne du *toxquaxolotl*, fait d'une armure de plumes de dindon jaune semée de flammes d'or; insigne du *zacatzontli*, de plumes jaunes; insigne du *toztzitzimitl*, « un monstre d'or au milieu de l'emblème »; insigne du *xiloxochipatzactli*, en forme de casque de plumes orné de deux yeux d'or; insigne de la roue, insigne du soleil, insigne du jaguar *ocelotlachicomitl*.

Aucune autre civilisation sans doute n'avait développé à ce point le goût des costumes et des travaux de plumasserie. Il y a, dans cette expression du monde animal – peaux, parures, tatouages, plumages – un envoûtement que le chroniqueur espagnol ne pouvait découvrir sans un sentiment mêlé d'horreur et d'admiration. La ruine du règne indien au Mexique, c'est aussi la destruction de cet art du corps et du costume qui faisait des guerriers et des seigneurs les représentants d'un monde surnaturel. Aujourd'hui – à part de rares survivances dans le monde amérindien – il ne reste plus rien de cet art magique.

LE PEUPLE

Dans cette civilisation magique, les mortels étaient divisés en classes, ou plutôt en castes, qui jouaient chacune son rôle dans l'édifice social. Au-dessous des seigneurs et des prêtres, étaient les guerriers, choisis dans la noblesse et élevés dans les *calmecac* (collèges religieux) et dans les *telpochcalli* (maison des jeunes). Mis à l'épreuve du combat, les jeunes hommes devaient acquérir le droit à perdre leur natte et à recevoir les peintures du courage, jaune pour le corps, rouge pour le visage. Les plus braves d'entre eux recevaient les insignes de la noblesse, « des labrets de grande taille et des boucles d'oreilles en cuir ». Ils devenaient *quauhya-catl*, c'est-à-dire « l'Aigle qui guide » (p. 479). Ils pouvaient enfin faire partie de ces corps d'élite que Sahagun compare aux « chevaliers », et qui portaient le nom des Aigles, des Jaguars, des Ocelots.

Bernardino de Sahagun exprime son admiration pour l'éducation sévère que les Aztèques donnaient à leurs enfants, filles et garçons. Dédiés aux dieux, et particulièrement au Soleil et à la Terre, les enfants devaient endurcir leur corps et mener une existence pure. Au livre VI, Sahagun transcrit les exhortations des parents à leurs enfants, leur ensei-

118

gnement des vertus morales : comment marcher, parler, s'habiller, manger et boire, laver son corps et son visage. Comment se défier du poison et de la sorcellerie. Comment apprendre un métier honorable, « comme celui de la plumasserie » (p. 344). Car, précise le chroniqueur, « en aucun lieu je n'ai vu quelqu'un vivre de sa seule noblesse, ni de son seul rang ». Les mêmes conseils s'adressent aux filles, qui doivent cultiver la vertu et faire preuve de dévotion, d'humilité et d'obéissance. Elles doivent apprendre à affronter la pauvreté, et pour cela, quel que soit leur rang, savoir filer et tisser, faire la cuisine et moudre le cacao. Elles devaient apprendre aussi à se battre, et l'on sait le rôle que jouèrent les femmes dans la défense de Mexico-Tenochtitlan assiégée par les Conquérants.

Mais l'empire mexicain n'était pas seulement un empire guerrier. Il reposait aussi sur le commerce, et les *pochtecas*, les marchands étaient en quelque sorte les ambassadeurs et les représentants du pouvoir de Mexico au-delà des limites de l'empire.

Ce sont les marchands qui furent les véritables agents de l'influence mexicaine en Amérique moyenne. Ils étaient considérés à l'égal des guerriers et, rapporte Sahagun, ceux qui mouraient sur le chemin rejoignaient les héros dans la Maison du Soleil (p. 500). L'histoire mexicaine a conservé le nom de certains de ces marchands : l'on sait que le marché des plumes de perroquet fut commencé par Itzcoatzin et Tziutecatzin, au temps du seigneur Quaquapizauac ; que le marché des plumes de quetzal fut commencé par Cozmatzin et par Tzopantzin, ainsi que le marché des turquoises et du jade, et que le marché des bijoux d'or fut initié par Tullamimichtzin et Miczotzigoatzin, au temps du seigneur Quauhtlatoatzin. Ces « consuls », comme les appelle

Bernardino de Sahagun, favorisèrent le culte de Yiacatecutli, le dieu des marchands, au cours de rites somptueux et cruels. La corporation des marchands répondait à un code d'honneur et de bravoure digne de celui des guerriers, et à un idéal de tolérance qui aurait pu servir d'exemple aux Humanistes : « Garde-toi, ô fils, d'offenser personne par tes paroles ou par tes actions. Sois avec tous plein de politesse et de déférence. Considère, ô fils, que si Dieu t'a donné les biens de ce monde, tu ne dois pas pour cela te sentir supérieur, ni mépriser personne » (p. 495).

Les artisans formaient la plus grande partie de la classe moyenne, chacun appartenant à une corporation qui avait ses maîtres, ses héros tutélaires, ses dieux et ses rites. Au Michoacan, la nation tarasque avait même su mettre en place un système de représentation des corporations qui évoque déjà les syndicats. Réunis autour du roi (le cazonci), les *uriecha* exprimaient les vœux et les problèmes des principales corporations : pêcheurs, fabricants d'arcs ou de poteries, peintres, tailleurs de pierre, charpentiers, orfèvres, plumassiers ou chasseurs [1].

Chez les Aztèques, chaque corps de métier avait ses dieux propres, comme les orfèvres, qui vénéraient Xipe Totec, ou les diamantaires, qui avaient pour dieux leurs ancêtres Chiconahui Itzcuintli, Naualpilli, Macuilcalli et Cinteotl, et pour déesse Papaloxahual. Les plumassiers étaient d'origine noble, et disaient qu'ils descendaient des Amantecas, les fidèles de Quetzalcoatl, et avaient pour dieu Coyotl Inahual, l'esprit du coyote. Les fêtes des plumassiers étaient magnifiques, les femmes dansant enlacées, leur corps revêtu de plumes multicolores.

La place du marché de Mexico-Tenochtitlan était

1. *Relation de Michoacan*, Paris, 1984, pl. VI.

à l'image de cette société hiérarchisée et ordonnée; l'empereur lui-même, et ses gouverneurs organisaient le marché (le *tianquez*) : « Pour cela étaient mises en ordre toutes les choses qui se vendaient, chaque chose à sa place, et l'on nommait des officiels, appelés *tianquezpan tlayacaque*, qui avaient la charge du *tianquez* et de tout ce qui s'y vendait, de chaque produit ou marchandise. L'un d'eux avait la charge de fixer le prix des marchandises et de veiller à ce qu'il n'y ait pas de fraude entre ceux qui vendaient et ceux qui achetaient » (p. 475).

Sous les yeux du seigneur de Mexico-Tenochtitlan, s'étalaient toutes les richesses de son domaine : cacao, graines, piments, miel, gibier, poissons, fruits, étoffes, papier, résine de caoutchouc, encens, poteries, plumes, bijoux.

Cet ordre, symbole de l'harmonie et de la justice du règne mexicain, était à l'image de l'ordre céleste, et nul ne pouvait y contrevenir. Les fraudeurs étaient sévèrement punis, et les voleurs ou receleurs condamnés à mort.

Ainsi était construite l'harmonie de ce peuple, chacun assigné à sa tâche, selon une loi qu'il est difficile d'imaginer aujourd'hui : celui qui vendait le sel, celui qui polissait les miroirs de pierre, celui qui rapportait de la montagne les balais, les plantes médicinales ou le bois des bûchers; celui qui recueillait le goudron, celui qui fabriquait de la cire ou de la peinture bleue ignorait tout de l'art de son voisin. L'obéissance aux lois, pourtant, n'était pas un esclavage, et l'on peut imaginer le bonheur de cet âge d'or, malgré les cruautés des guerres et des sacrifices. C'était le bonheur d'un âge magique, où le temps n'était pas un passage fatal et inutile, mais plutôt l'enchaînement à la roue des siècles, qui accomplissait une destinée mystérieuse et parfaite.

Cet ordre était fragile. Seuls, les seigneurs et les prêtres avaient le pouvoir de percevoir la giration du temps. C'est pour mieux en conserver la mémoire que le dieu Quetzalcoatl, maître de Tula, avait légué aux Indiens l'écriture hiéroglyphique : « Ils savaient et gardaient la mémoire des choses que leurs ancêtres avaient faites, et ils l'avaient marquée dans leurs annales, pour une durée de plus de mille ans en arrière, avant que les Espagnols ne fussent venus sur cette terre » (p. 611).

Grâce à ces livres – livres des Rois, livres des Morts, chroniques, almanachs sacrés, recettes médicinales ou inventaires des richesses du monde – nous pouvons revivre aujourd'hui un peu de ce temps fabuleux.

Mais l'équilibre d'une civilisation est précaire, et peu de chose la ruine à jamais. Le monde indien était fragile comme un rêve, auquel le rêve des oracles annonçait la fin. Est-ce hasard si, comme pressentant les viols et les rapines qui allaient détruire bientôt l'harmonie des civilisations amérindiennes, au temps d'Itzcoatl, « les seigneurs et les princes qui gouvernaient alors décidèrent ensemble et ordonnèrent que fussent brûlées toutes les peintures, afin qu'elles ne tombent pas aux mains de gens vulgaires qui les traiteraient avec mépris » (p. 611).

La mémoire des choses passées, cette voix des anciens réunis autour de Bernardino de Sahagun, n'est-ce pas elle qui se fait entendre à nouveau, éveillant dans l'ombre du présent la splendeur d'un monde évanoui?

MYTHES MEXICAINS

Lorsque Christophe Colomb, au terme de son premier voyage, touche aux Antilles, il n'est pas seulement à la recherche d'une nouvelle route vers les Indes et vers la Chine. Il est, comme nombre de voyageurs de la Renaissance, en quête du pays des Amazones, cette contrée des femmes seules, guerrières aux cheveux longs, redoutables archères, qui gardent l'entrée du royaume fabuleux où abondent l'or et toutes sortes de richesses. C'est ce mythe des Amazones qui guide les Conquérants vers le Nouveau Monde, où les dangers semblent à la mesure des trésors qu'ils escomptent. C'est ce même mythe des Amazones qui, après la chute de Mexico-Tenochtitlan, conduit le terrible Nuño de Guzmán vers l'ouest mexicain, à la recherche de ce que les indigènes appellent eux-mêmes Cihuatlan, le Pays des Femmes.

Car, étrangement, au vieux mythe hérité de l'Orient et de la Grèce répond la croyance des Aztèques dans Cihuatlampa, la Maison du Soleil, à l'ouest du monde, là où vont séjourner les Mocihuaquetzque, les femmes mortes en couches.

Pour nous qui vivons dans le bain moderne de connaissances géographiques et historiques, la chimère des Conquérants peut sembler difficile à comprendre. C'est bien à cause de cette méprise que le voyageur Coronado tente sa folle expédition vers le nord-ouest du Mexique, à cause d'elle que Cortés lui-même ira jusqu'aux rivages où l'on devine la péninsule de Californie, et que les Portugais donneront son nom au plus grand fleuve du monde.

C'est ce temps mythique qui commence l'histoire de la Nouvelle-Espagne. Et, toujours par la mystérieuse loi de l'équilibre, au mythe de l'île des Amazones et de l'Eldorado répond l'attente mystique des peuples indiens, qui devinent dans ces étrangers barbus et cuirassés les envoyés de leur destinée – Quetzalcoatl, le prince magicien de Tula, autrefois disparu dans l'océan Atlantique sur un radeau de serpents, Kukulcan, le Serpent à plumes des Itzas, ou ces Tepacha, venus de là où le ciel rejoint la mer, apporter leur message de destruction aux hommes du Michoacan.

La surprise que nous ressentons aujourd'hui devant cet affrontement de légendes, duquel va dépendre l'issue du plus grand conflit armé de l'histoire de l'humanité, ne doit pas nous faire méconnaître la réalité. Lorsque les Espagnols prennent pied sur le continent américain, ils ne sont pas très différents des peuples qu'ils cherchent à soumettre. Malgré les progrès techniques de la Renaissance, les hommes continuent de vivre dans un univers où le fabuleux se mêle au réel, un univers dont les possibilités et les limites semblent reculer sans cesse devant le regard.

Le Nouveau Monde, au moment de sa découverte par l'Europe, est le lieu privilégié des mythes. En découvrant ces royaumes fabuleux, ces civilisations aux richesses éblouissantes, les Espagnols inventent aussi une autre dimension de l'homme, qui évoque l'âge d'or du mythe, en un temps qui précède et cependant justifie la connaissance rationnelle. La fascination qu'ont ressentie les grands chroniqueurs du xvie et du xviie siècle – Motolinia, Olmos, Diego de Landa, Diego Duran, Beaumont, Sahagun, Acosta – est une fascination pour les rêves et les mythes. La force des mythes est aussi dans leur logique, dans leur architecture. Ces peuples étranges vivent leurs croyances, non pas selon l'absurde désordre qu'on voudrait prêter aux sauvages, mais dans une cohérence et une harmonie qui semblent, aux témoins des derniers instants, dignes de l'histoire antique. Tous ceux qui écriront sur le passé mythique des Indiens, depuis Sahagun et Acosta jusqu'à Boturini ou Clavijero, feront la même comparaison, établiront parfois la même filiation : les Aztèques, les Mayas, les Purepecha sont les Romains ou les Grecs du Nouveau Monde, et leurs dieux, leurs légendes, sont l'expression du même paganisme.

L'extraordinaire de cette rencontre entre les deux mondes est là, dans les mythes. En découvrant la complexité des civilisations amérindiennes, les Espagnols découvrent en même temps un monde où toute la pensée moderne – sciences humaines, histoire, sciences du langage – est en gestation. Cet univers mythique n'est pas seulement la fable; il est un univers de formes nouvelles : les mythes qui se répondent à travers tout le continent américain sont aussi des monuments, des créations artistiques. Ils sont au cœur de la religion, à l'origine du savoir.

Les mythes indiens, d'abord. Ce sont ceux-là que les chroniqueurs espagnols nous révèlent avec le mélange d'émerveillement et d'horreur qu'ils ressentent devant cette force cruelle. Car il ne s'agit pas d'une vague superstition, mais d'une construction complexe qu'ils retrouvent chez la plupart des civilisations de l'Amérique moyenne. Il s'agit véritablement d'une pensée.

LES QUATRE DIRECTIONS DU MONDE

Pour les Aztèques, comme pour les Purepecha et les Mayas, le monde est carré, et chacun de ses quatre côtés est symbolisé par une couleur, un arbre, un animal, et un esprit gardien. Pour les Mayas, les esprits gardiens des orients sont des dieux importants : ce sont les Bacab, porteurs des pierres Ahcantun : au nord, le Bacab blanc (Zacal Bacab), au sud le Bacab jaune (Kanal Bacab), à l'est le Bacab rouge (Chacal Bacab), à l'ouest le Bacab noir (Ekal Bacab). Au centre de ce carré, se trouve la couleur Yax, le vert du jade. L'origine de cette division du monde en orients et en couleurs est sans doute cosmogonique. Elle fait songer à l'ancienne représentation du monde des Chinois, où à chaque orient correspondait une couleur, et un organe vital (*tsang*) : poumons, cœur, rate, foie, reins. Chez les Mayas, cette division se rapporte aux premières observations des astres, sans aucun doute le plus ancien héritage des cultures de l'Amérique moyenne : monuments des *Mound Builders* (sud-est des États-Unis), pyramides toltèques ou mayas. Cette division est certainement liée à la création des calendriers, dont l'aboutissement architectural apparaît dans les pyramides de Teotihuacan, d'Uxmal, de Chichen Itza. C'est la même division qu'on trouve dans les mythes de la genèse des *Livres du Chilam Balam* :

« Le premier homme fut Ah Canul. L'arbre blanc

126

uaxim, l'arbre *ixculun*, l'arbre *chacah* sont sa petite hutte. (...)

« Le silex rouge est la pierre du Mucencab rouge, le Maître des Abeilles. L'arbre de ceiba rouge bienfaiteur est son refuge à l'est. Le sapotillier rouge est son arbre. Rouges sont ses lianes. Rouges sont ses dindons sauvages. Le maïs rouge est son maïs grillé.

« Le silex blanc est sa pierre au nord. L'arbre de ceiba blanc bienfaiteur est le refuge du Mucencab blanc. Ses dindes ont la poitrine blanche. Les haricots blancs sont ses haricots. Le maïs blanc est son maïs.

« Le silex noir est sa pierre à l'ouest. L'arbre de ceiba noir bienfaiteur est son refuge. Le maïs taché de noir est son maïs. Les patates noires sont ses patates. Les pigeons sauvages noirs sont ses dindes. Le maïs noir *akab chan* est son maïs sur pied. Les haricots noirs sont ses haricots, les fèves noires sont ses fèves.

« Le silex jaune est sa pierre au sud. L'arbre de ceiba jaune bienfaiteur est son refuge. Le sapotillier jaune est son arbre. Pareil au sapotillier jaune sont ses pigeons sauvages, ses dindes. Le maïs jaune est son maïs sur pied. Ses haricots sont jaunes sur le dessus [1]. »

Peut-être faut-il chercher, avec Ignacio Bernal, l'origine de ce mythe des couleurs dans la lointaine civilisation olmèque, la première à construire des monuments cosmographiques, et à identifier le jade avec l'orient. Chez les Mayas, l'une des dernières manifestations de cette symbolique des couleurs apparaît dans la litanie des Papatun (les Briseurs de pierre, inventeurs du maïs) recueillie à Tusik par Villa Rojas en 1913. D'autre part, un mythe huichol

1. *Les Prophéties du Chilam Balam*, Gallimard, Paris, 1976, p. 35.

brièvement rapporté par Peter Furst [1] associe, lui aussi, la symbolique des couleurs à la découverte du maïs : guidé par les hommes-fourmis, un jeune homme rencontre Tatei Kukuru Uimari, la Mère du Maïs, sous la forme d'un oiseau qui, ayant repris sa forme humaine, lui présente ses cinq filles, figurant les cinq variétés de maïs : rouge, jaune, blanc, bleu, noir. Il prend pour femme la fille du maïs bleu, la plus précieuse (celle dont la couleur évoque le jade ou la turquoise) et la ramène chez sa mère. Celle-ci la maltraite et la contraint à fuir. A quatre cents ans d'intervalle, c'est le même mythe que celui rapporté dans l'*Histoire des règnes de Colhuacan et de Mexico*, où le héros Quetzalcoatl, déguisé en fourmi noire, vole aux fourmis rouges quelques grains de maïs qu'il emmène jusqu'à Tamoanchan [2].

Les grands mythes de genèse sont ceux qui se répondent d'une civilisation à l'autre, des Caribes aux Aztèques, jusqu'aux nations semi-nomades du Nord. La création du monde est liée à sa destruction : c'est le mythe du jaguar dévorant le monde chez les Olmèques, le mythe des cinq soleils chez les Aztèques. On retrouve le même thème de la destruction par le déluge dans la *Relation* du père Ramirez. Le mythe puré donne en outre une clef possible de la division symbolique du monde en « main gauche » et « main droite », désignant le sud et le nord; lorsque les dieux décident de reconstruire le monde pour la quatrième fois, ils « ordonnèrent au dieu de l'enfer qu'il mette bon ordre à cela. Et, sa femme ayant conçu, accoucha de toutes les plantes et tous les arbres, tels qu'ils sont. Tout cela, selon ce qu'ils racontaient, sortit des

1. Peter Furst, *Mitos y arte huicholes*, Mexico, SEP, 1972, p. 80.
2. In Del Paso y Troncoso, *Biblioteca Nahuatl*, vol. V, Mexico, 1903.

flancs d'une déesse que les dieux avaient mise sur la terre, dont la tête était au couchant, les pieds vers l'orient, un bras au nord et l'autre au sud. Et le dieu de la mer lui tenait la tête, et la mère des dieux les pieds, et deux autres dieux, un bras chacun, afin qu'elle ne tombe pas [1] ».

LA CRÉATION-DESTRUCTION

La création de l'homme, l'invention des plantes nutritives semblent liées dans l'ancien Mexique à l'idée d'une destruction préliminaire. Après plusieurs tentatives infructueuses ayant abouti à la création d'un homme imparfait – sans jambes, comme dans le mythe de Tezcoco [2], sans jointures et sans sexe comme dans le mythe des anciens Purepecha [3] – les dieux condamnent leur créature au déluge. Chez les Huicholes, la création de la femme est postérieure au déluge : c'est une chienne noire qui accompagne Watakamé dans son voyage de survie, puis, ayant quitté sa peau d'animal, devient sa compagne [4].

Chez les Indiens Carib (les Waunana du Choco colombien), le mythe du déluge est au centre même des rites religieux : afin de préserver le monde d'une ultime destruction, les hommes doivent prier Hewandama, le dieu créateur, devant une pirogue de bois de balsa symbolisant le salut.

Pour la plupart des peuples de l'ancien Mexique, la création des objets et des éléments utiles à

1. In *Monumenta Mexicana*, Rome, 1959, p. 495.
2. *Histoire du Méchique*, Éd. Lehmann, Journal de la Société des Américanistes, vol. II, Paris, 1905, p. 8.
3. Francisco Ramirez, in *Monumenta Mexicana*, *op. cit.*, II, p. 492.
4. Peter Furst, *op. cit.*, p. 59.

l'homme exprime l'idée d'un arrachement à l'ordre naturel. C'est la ruse d'un animal, le plus souvent, qui permet la découverte du secret qui permettra à l'homme de dominer la nature. Pour conquérir l'eau, le feu, les plantes nutritives ou médicinales, pour acquérir les techniques, l'homme doit faire un pacte avec les choses et les animaux, c'est-à-dire établir une alliance magique entre le réel et le surnaturel.

Le mythe des anciens habitants de Tezcoco rapporte la ruse du héros Quetzalcoatl pour arracher le maïs à ses gardiennes, les fourmis. Dans les *Livres du Chilam Balam*, c'est un oiseau, le pivert, qui aide l'homme à capturer les grains précieux enfermés dans la pierre [1].

La possession de l'eau est aussi la menace d'une destruction, comme le relate le mythe de Tlalocan chez les Aztèques :

« Les anciens de cette terre disaient que tous les fleuves sortent d'un lieu qui s'appelle Tlalocan, qui est comme le paradis terrestre, lequel appartient à un dieu nommé Chalchihuitlicue. Ils disaient également que les montagnes étaient fondées sur ce lieu, et qu'elles étaient pleines d'eau, et recouvertes de terre à l'extérieur, comme si elles étaient des grandes jarres d'eau, ou comme des maisons pleines d'eau ; et que, lorsque le temps serait venu, les montagnes se briseraient, et toute l'eau qui y est contenue sortirait et anéantirait la terre [2]. »

En vivant sur la terre, l'homme fait un pacte avec les maîtres de l'eau, les plus puissants des dieux. Pour les anciens Mayas, l'eau était au centre de la croix, symbolisée par la couleur du jade. C'est là

1. *Les Prophéties du Chilam Balam*, op. cit., p. 63.
2. Sahagun, *Historia General*, Mexico, 1975, p. 700.

que s'élevait l'arbre de ceiba, le pilier de la voûte du ciel.

Certains codex mayas (le *Codex Borgia*, par exemple) illustrent le thème de la création-destruction : l'animal terre (le jaguar des Olmèques) donne naissance à l'arbre quadruple du monde, figuré par la célèbre croix de Palenque. Dans la symbolique aztèque, Tamoanchan, le règne de Quetzalcoatl, est représenté par un arbre brisé [1]. Dans le *Codex Florentinus*, et dans le livre de Sahagun, apparaît l'arbre « incrusté de mamelles », au centre de Xochiatlalpan, la « Terre d'eau fleurie », qui nourrit les enfants morts en bas âge.

Les mythes de l'eau ont survécu dans la plupart des cultures indigènes du Mexique. Chez les Mazahuas, c'est le « Maître de l'eau » qui enlève une jeune fille et l'emmène dans sa grotte. Quand il la renvoie, elle accouche des animaux aquatiques [2]. Chez les Purepecha de la Meseta tarasque, l'origine de l'eau semble associée au sacrifice rituel des enfants, comme dans les cultes aux Tlaloques nahuatl [3].

La découverte du feu est le même secret arraché. Les rituels les plus anciens de l'Amérique précolombienne semblent avoir été faits autour du feu, ou des pierres du foyer. Les dieux vieux du feu (le Hue-hueteotl des Aztèques), le dieu Curicaueri des Purepecha évoquent la même filiation des hommes envers celui que les Huicholes contemporains appellent Tatewari, notre grand-père. Apu, le pre-

1. In Doris Heyden, *Mitología y simbolismo de la flora en el México prehispánico*, Mexico, 1983. Dans le mythe embera du Panama, l'homme, guidé par la fourmi, découvre l'eau enfermée dans un arbre. Aidé du pivert, il fait tomber cet arbre, qui se convertit en fleuve.
2. Mieldred Kiemele Muro, *Cuentos Mazahuas*, Mexico, 1979.
3. Cruz Refugio Acevedo Barba, *Mitos de la Meseta tarasca*, thèse de l'Université autonome d'Aguascalientes, 1981.

mier chaman, chef des êtres fabuleux qui précédèrent les hommes sur la terre, arrache le feu caché au cœur du bois. Un autre mythe huichol rapporté par Peter Furst [1] raconte comment le feu fut dérobé par la sarigue (animal encore considéré comme sacré par les Huicholes) qui fut mise en pièces par les animaux-démons qui en avaient la garde; magiquement revenue à la vie, elle rassembla ses morceaux et parvint à voler la flamme, ce petit morceau de bois où « fleurissait Tatewari ». Le mythe du feu dérobé se retrouve dans de nombreuses cultures indigènes. Chez les Mazahuas, c'est le *tlacuache* (le coati) qui le vole au moyen de sa queue, depuis lors dépourvue de poils. Chez les Tepehuas, le mythe du feu est associé au déluge. Après la grande inondation, l'homme ose transgresser l'interdit des dieux et fait cuire ses aliments; un premier messager envoyé partage avec lui la nourriture. Mais un deuxième obéit aux ordres. Le premier messager est transformé en vautour, qui mange les proies mortes; le second en aigle, qui se nourrit d'êtres vivants. Quant à l'homme, il est changé en singe, qui porte sa tête à la place de son derrière.

Les mythes de création sont parfois de simples transpositions du réel. Les mythes de fécondité, qui inspirent les rites de la fertilité, associent l'accouchement et les richesses naturelles. Sahagun parle ainsi de la déesse Chicomecoatl comme d'une autre Cérès. Il semble que certaines déesses de l'amour charnel ou de la médecine, Xochiquetzal, Quilaztli, Toci, Tlazoteotl, soient des avatars de la déesse-mère [2]. Temazcalteci, et Yoaltici, les sages-femmes règnent sur le mystérieux *temazcal*, le bain de vapeur des Aztèques qui est une représentation du

1. Peter Furst, *op. cit.*, p. 80.
2. *In* Doris Heyden, *op. cit.*, 1983.

ventre maternel. Selon un mythe relaté par l'auteur anonyme de l'*Histoire du Méchique*, Quetzalcoatl et Tezcatlipoca, métamorphosés en serpents, attrapèrent par les pieds et les mains la divinité de la terre (*tlaltecutli*), et l'ayant écartelée, partagèrent son corps en ciel et en terre. De la part terrestre jaillirent alors les fleurs et toutes les plantes nutritives. L'on pense au mythe de la genèse du monde selon les Purepecha, tel que le rapporte le père Francisco Ramirez : l'accouchement forcé de la déesse des enfers, maintenue par les pieds et par les mains, qui donna naissance à toutes les plantes de la terre. La déesse Cuerauaperi est encore vénérée aujourd'hui comme l'expression même de la puissance de la nature, sous le nom de *Kuerahpiri*, l'esprit créateur.

LES MYTHES DE LA CATABASE

C'est sans doute dans les cultures amérindiennes que le vieux mythe de la descente aux enfers est resté le plus vivant. Vladimir Propp, dans son essai sur les origines du conte populaire russe, révèle dans le folklore le récit transposé des rites d'initiation chamaniques : l'ogre est l'officiant, la petite hutte dans la forêt est le lieu de réclusion de l'initié, et l'impression de peur qui traverse le récit, l'angoisse de l'adolescent qui doit accéder à l'âge adulte. La plupart des mythes amérindiens suivent en effet ce modèle, et vont même au-delà, car ils décrivent explicitement le voyage que l'apprenti chaman doit poursuivre jusque dans l'au-delà, au pays des morts. Le récit de la catabase est donné de façon détaillée dans l'*Histoire générale* de Sahagun (fondée sur la tradition orale du *Codex Florentinus*) : le voyage de l'âme vers Mictlan, le monde

133

souterrain, rappelle les grands poèmes mythiques, le voyage de Gilgamesh, le mythe d'Orphée, ou le chant VI de *L'Énéide*. Au cours de cette aventure longue et difficile, l'âme du défunt rencontre une série d'épreuves : elle traverse le fleuve Apanoayan, les montagnes qui s'entrechoquent, les huit régions gelées, elle affronte le vent de pierres *itzehecayan*, et rencontre sur les rives du fleuve noir le lézard *Xochitonal* (peut-être un représentant de la déesse-mère). Enfin, sur le dos d'un chien, elle doit traverser le grand fleuve *Chiconahuapan* avant d'arriver à *Itzmictlanapochcalocan*, séjour de *Mictlantecutli*, le maître de l'enfer. Ce voyage fabuleux évoque celui que l'âme du mort doit effectuer jusqu'à *Xibalba*, l'enfer de la mythologie des Mayas Quiché, tel que le rapporte le *Pop Wuj* [1] : l'âme doit franchir les cinq fleuves de sang, de poussière et d'épines avant d'arriver à la croisée des chemins, symboles des quatre couleurs et des quatre directions du monde, et d'affronter les épreuves des « maisons » : la maison d'ombre, la maison des couteaux de pierre, la maison du froid, la maison du jaguar, la maison du vampire.

Bien que la mythologie des anciens Purepecha nous soit mal connue, du fait de la perte de la première partie de la *Relation de Michoacan*, les allusions répétées au chemin parcouru par les âmes témoignent de la croyance dans le voyage de l'âme après la mort. Un mythe de l'invention du tabac, rapporté par Cruz Refugio Acevedo Barba, montre l'actualité de cette croyance chez les Tarasques du Michoacan : un orphelin, las de voir sa récolte de maïs pillée par une jeune fille, la suit jusqu'à une grotte. Endormi par magie (ou au moyen d'une drogue), le jeune homme la suit en rêve jusqu'à

1. Voir *Pop Wuj*, traduction Adrian Chavez, Mexico, 1979.

l'autre monde. La jeune fille cache le jeune homme sous sa jupe, et lui donne des cheveux en guise de talisman. Mais les quatre frères de la jeune fille le découvrent, et, sous prétexte de l'emmener avec eux à la recherche de miel sauvage, le flèchent et le tuent. La jeune fille, désespérée, embrasse son corps, et de leur union sort la première plante de tabac, qui doit réjouir le monde [1]. Un conte tzotzil du Chiapas, rapporté par Jacob Pimentel [2] associe lui aussi le voyage vers l'au-delà et le rêve : un chasseur tue un tatou, animal souterrain. Le soir, il s'endort dans la maison d'un riche propriétaire, et assiste à un procès dans l'autre monde, au cours duquel il est jugé pour les crimes commis par son chien.

C'est sans doute dans le mythe huichol qu'on retrouve avec le plus de netteté le récit de l'initiation chamanique : nous suivons l'errance du chaman Mara'akamé à travers les pays de l'au-delà, jusqu'au domaine du soleil où règne Tatewari, Notre Aïeul, le premier chaman du monde. Le voyage initiatique de l'apprenti chaman est véritablement une catabase, une descente aux enfers : il franchit le parage des montagnes qui s'entrechoquent, et arrive devant le sentier qui bifurque : le sentier de gauche conduit aux châtiments, réservés aux Huicholes qui ont eu des rapports sexuels avec les Espagnols; l'autre sentier, sous la vigilance de la chienne noire, première compagne de Watakamé après le déluge, conduit à l'arbre de vie Xapa, chargé d'organes sexuels, qui donne à manger aux âmes des morts. Le but de ce voyage, pour l'initié, est d'obtenir l'aide de Kauyumarie, le cerf divin

1. Cruz Refugio Acevedo Barba, *op. cit.*, p. 71.
2. Cité par Americo Paredes, *Folktales of Mexico*, University of Chigaco Press, 1970.

ancêtre des hommes, afin de rapporter l'*uru kamé*, le cristal de roche symbole de l'âme des défunts, substance de leurs os et de leur vie [1].

La descente aux enfers est l'expression du système cosmogonique de l'Amérique précolombienne, où l'univers est divisé en trois étages, ciel, terre, enfer (ou monde du dessous). Ces trois règnes étant symbolisés par les trois formes de vie : l'oiseau, la tortue ou le serpent, la taupe ou le tatou. Dans ce système tripartite, le monde du dessous est sans doute celui qui a la plus grande importance, car il est le lieu d'émergence des hommes. Le voyage aux enfers est alors un retour vers les ancêtres, vers les origines. Le thème de l'émergence est répandu dans toute l'Amérique moyenne, chez les Hopis d'Arizona et les Pueblos du Nouveau-Mexique, pour qui la *kiva* est le symbole de la naissance souterraine de l'homme; chez les Mayas, un puits naturel, ou *cenote* (Uuc Yabnil, sept eaux, plus tard connu sous le nom de Chichen Itza) était le lieu d'origine mythique de la fraction conquérante des Itzas. L'origine des peuples chichimèques est un mythe d'émergence qui évoque, lui aussi, sept sources, ou sept grottes. Le *Traité* de Jacinto de la Serna apporte une illustration chamanique de ce thème de la naissance des hommes : parmi les termes utilisés par les anciens *nahualli* (sorciers) aztèques pour désigner l'utérus féminin figure l'expression « les sept grottes », qui rappelle la légende de Chicomostoc [2].

---

1. Peter Furst, *op. cit.*, p. 8.
2. Jacinto de la Serna, *Tratado de las idolatrías, supersticiones, dioses, ritos, hechicerias*, in *El alma encantada*, Mexico, 1987. Doris Heyden (*Un Chicomostoc en Teotihuacán ?* Bulletin de l'INAH, 2e série, n° 6) a écrit des pages intéressantes sur la grotte cachée sous la pyramide du soleil à Teotihuacan, peut-être le premier site témoin des rites d'émergence chez les anciens Toltèques.

Les mythes d'émergence sont peut-être à rapprocher du thème ancien de l'animal-terre dont la
gueule ouverte expulse les créatures vivantes,
thème qu'on trouve dans l'expression artistique de
nombreux peuples d'Amérique centrale, et jusqu'au
Pérou préincaïque.

Ainsi, le voyage initiatique qu'accomplit le chaman jusqu'au séjour des morts, est-il l'accomplissement d'un cycle. Pour les Indiens Huicholes, le
monde des morts est le lieu où l'acte sexuel prend
toute sa signification. La descente aux enfers est un
retour vers les entrailles de la terre, dans ce monde
du dessous où la vie a pris sa première forme. Cette
croyance dans la rencontre des ancêtres morts et
des âmes futures avait trouvé toute sa résonance
dans le mouvement régulier et tout-puissant des
astres, sur lequel l'homme avait fondé son rythme
de vie. Ce n'était pas par hasard que les anciens
Mayas, en inventant leur calendrier, l'avaient
accordé au rythme de la planète Vénus, dont le
cycle, la disparition et le lever héliaque symboli-
saient la vie, la mort et la renaissance du dieu
Kukulcan.

LES MÉTAMORPHOSES

Les mythes amérindiens de la transformation ne
semblent pas appartenir au même système cosmogonique. Certains, même, sont directement inspirés
par les mythes et les récits fabuleux venus
d'Europe : *Cendrillon*, *Le Petit Poucet* chez les
Mazahuas, ou le conte yaqui de la Marraine Mort,
imité des frères Grimm. Pourtant le thème de la
métamorphose est fortement présent dans la
mythologie des anciens Mexicains : c'est le *nahual*,

cet animal-sorcier dont on trouve la mention dans le livre de Sahagun [1]. D'après Molina, le *nahual* (du verbe nahuatl *nahualcaqui)* est celui qui entre caché. On pourrait naturellement faire le rapprochement avec le nom du *balam* maya, qui désignait à la fois le jaguar et le prêtre devin, et dont l'origine serait la même : du verbe *bal*, être caché. Le *nahual*, au commencement, est un sorcier, un chamane, cet « homme-hibou » dont parle le *Codex Florentinus*, capable de changer de forme. Les mythes des Huicholes relatent la lutte que Tatewari, Notre Aïeul, le premier chamane, dut mener contre le magicien Kieri, adepte de la magie noire et du datura, qui trompait son rival en se métamorphosant. Le duel magique est aussi le thème de la théomachie, en particulier dans la légende de Quetzalcoatl telle que la rapporte le père Sahagun : le héros toltèque affronta le dieu Titlacauan (Tezcatlipoca) et ses ruses de nécromant, dans un combat où ils changeaient d'apparence [2]. Le nahualisme est au cœur des croyances religieuses des anciens Mexicains, comme le montrent les légendes de la tradition nahuatl, et certains faits surnaturels rapportés par les chroniqueurs (Francisco de Saliedo, par exemple). La métamorphose est parfois un élément du système religieux, comme chez les Mayas du Yucatan, où l'Oiseau sorcier (*Uayom ch'ich'*) désigne un avatar du Serpent à plumes Kukulcan. Elle est souvent liée au châtiment des transgressions d'interdits, comme il apparaît dans ce passage de la *Relation de Michoacan* [3] où les

1. Sahagun, *Historia General*, Mexico, 1975, p. 555.
2. Sahagun, *op. cit.*, p. 157, 277 : « Et ils disaient que Tezcatlipoca souvent se transformait en un animal qu'ils appellent *coyotl* semblable au loup... » Pour les pratiques de sorcellerie dans le Mexique colonial, voir Luis Gonzalez, *El siglo mágico*, in *Historia Mexicana*, vol. V, Mexico, 1954.
3. *Relation de Michoacan, op. cit.*, p. 68.

hommes du village de Xaracuaro furent changés en serpents après avoir mangé cet animal. Une légende contemporaine du village tarasque de Cheranastico met en scène un vieillard puni pour avoir enfreint le même interdit [1]. La métamorphose a parfois un caractère de maléfice, expliquant l'origine du mal : dans un conte tepehua, une sorcière dévoreuse d'enfants est condamnée à être brûlée vive dans le four du village. Lorsque les habitants ouvrent la porte du four, la cendre qui s'en échappe se transforme aussitôt en moustiques, abeilles et guêpes qui piquent les hommes [2].

On retrouve dans le thème de la métamorphose l'ancien mythe du loup-garou, le *lobison* si répandu dans les légendes espagnoles et portugaises. C'est le récit européen qu'on aperçoit dans le conte chinantèque de la femme aux deux âmes [3] : un homme, attaqué par un jaguar, lui tranche une patte; il découvre ensuite que le jaguar était sa propre femme.

Le thème du vampire, si fréquent en Europe (le *broucolacos* grec) est pratiquement inconnu au Mexique, sauf sous une forme sans doute acculturée comme dans le conte mazahua de la femme qui s'envole chaque soir, en compagnie de sa mère, afin de boire en secret le sang des enfants [4]. La présence très forte des rituels sanglants dédiés aux dieux explique sans doute l'absence du vampire dans le folklore mexicain. Huitzilopochtli, Tezcatlipoca, et surtout le sanguinaire Xipe Totec révèlent l'instinct

1. Cruz Refugio Acevedo Barba, *op. cit.*, p. 12.
2. Roberto Williams Garcia, *Mitos tepehuas*, Mexico, 1972, p. 112.
3. Roberto Weitlaner, *Cuentos chinantecos*, Mexico, 1977, p. 179.
4. Miledred Kiemele Muro, *Mitos y cuentos mazahuas*, Mexico, 1979, p. 39.

de prédation qui arme les mythes. L'exemple le plus frappant est sans doute celui de la déesse-mère Cuerauaperi qui, selon la croyance des anciens Purepecha, s' « emparait » de l'esprit de ses victimes, « pénétrait » en elles et buvait leur sang [1].

Une variante atténuée du thème de la métamorphose et du *nahual* apparaît dans les nombreuses associations homme-animal des contes folkloriques amérindiens : c'est parfois l'union d'une femme et d'un serpent, comme dans le conte du serpent surnaturel « éclair » dans le folklore des Mixes au nord-ouest d'Oaxaca [2], ou dans les *Kwawxochipixkeh*, les amants-démons du folklore nahuatl contemporain [3]. Un exemple étrange de cette proximité de l'homme et de l'animal est montré dans un conte du folklore mazahua qui rappelle les croyances de l'Europe médiévale : un serpent se substitue à un bébé, suce le lait de la mère, et pour calmer l'enfant, lui donne sa queue à sucer. Le mari découvre la scène, et lorsqu'il tue le serpent, sa femme meurt également [4]. Un autre exemple de cette alliance entre l'homme et l'animal se trouve dans le thème – sans doute unique dans le folklore mexicain – de l'enfant sauvage. Dans un conte contemporain des Purepecha d'Uripicho (Michoacan), à propos de l'origine du miel, deux enfants abandonnés par leur mère sont recueillis par une lionne (cougouar) et élevés par elle dans son antre. Plus tard des chasseurs tuent leur mère adoptive, et les deux frères s'enfuient dans la forêt où ils découvrent le miel sauvage, et apprennent à chas-

1. *Relation de Michoacan, op. cit.*, p. 262.
2. Walter Miller, *Cuentos Mixes*, Mexico, 1956, p. 110.
3. *Kwawxochipixkeh y otros temas del cuento indigena*, par R.H. Barlow, Anuario de la Sociedad folklórica de México, V, 1950.
4. Miledred Kiemele Muro, *op. cit.*, p. 50.

ser. Puis l'un des frères s'oppose à l'arrivée du Christ sous forme d'un jaguar, qui le tue. Mais la religion nouvelle entre en lui grâce aux pouvoirs magiques d'un caméléon qui lui donne la formule de la prière [1].

L'ogre est une variante du loup-garou, fréquente dans le folklore mexicain. Caractéristique de l'interpénétration mythique entre l'Amérique et l'Occident, le thème de l'ogre rencontre celui du monde du dessous : ce sont les contes du folklore « métis » de Juan Oso (l'Ours), ou le conte de *L'Oiseau vert*, répandu jusqu'au Texas. Dans ce conte, une jeune fille nommée Luisa se rend dans la Maison du Soleil, où vit un ogre. A la recherche de l'oiseau fabuleux, elle va jusque chez la lune, qui est elle-même une ogresse. Le vent qui la poursuit est aussi un ogre. Il semble que les anciens dieux du panthéon aztèque n'aient survécu que sous leur forme prédatrice [2].

La vieille dévoreuse d'enfants semble davantage liée au fonds mythique indigène : chez les Tepehuas, c'est la vieille Tijasdakanidaku qui dérobe un nouveau-né et le fait cuire pour préparer des *tamales* (pain de maïs fourré de viande) [3]. R. H. Barlow a recueilli chez les Nahuatl du Guerrero un conte similaire [4]. Dans la *Relation de Michoacan*, le personnage de la vieille maléfique est une déesse : Aui Camine, la tante des dieux, descendue du ciel, vêtue d'une jupe d'herbes, transforme par sa magie un nouveau-né en taupe, le fait cuire par sa mère et le donne à manger à son propre père, le seigneur Hopotacu. Par cet augure, les

1. Cruz Refugio Acevedo Barba, *op. cit.*, p. 80.
2. Americo Paredes, *Folktales of Mexico*, University of Chicago Press, 1970.
3. R. W. Garcia, *op. cit.*, p. 112.
4. R. H. Barlow, *op. cit.*, VI.

dieux signifient la destruction prochaine d'Itzi Paramucu, qui permettra l'unification du Michoacan [1].

Le personnage de la vieille maléfique est très
répandu dans le folklore de l'Amérique moyenne :
c'est la célèbre Llorona, mélange de thèmes préhispaniques et de légendes européennes, qu'on retrouve dans les régions créoles du Mexique : Jalisco,
Queretaro, San Luis Potosí [2]. C'est la Tule Vieja, en
Amérique centrale et en Colombie, vêtue de blanc,
et marchant à l'envers pour tromper les hommes.
Au Yucatan, c'est la X-Tabay, l'ancienne déesse de
la mort par pendaison. C'est la Coatlicue des
Aztèques, l'aspect lunaire de la déesse-mère, la
« femme blanche » dont parle le père Sahagun [3].

CONTES POPULAIRES

Au Mexique, le conte populaire est le résultat de
cette fusion entre les cultures, exprimant la forme
la plus libre du mythe, c'est-à-dire ce mélange entre
la croyance dans le surnaturel et la leçon de sagesse
commune. Parmi les contes d'animaux, le héros le
plus fréquent (celui que les ethnographes appellent
trickster) est l'animal faible qui s'oppose à la force
ou à la méchanceté de son ennemi. Ce sont les
innombrables contes du coyote; le coyote et le
lapin, le coyote et le coati, le coyote et la taupe, etc.
Dans un conte typique, recueilli dans le Jalisco, le
coyote veut manger de jeunes porcs, mais leur mère
s'y oppose en prétextant qu'ils n'ont pas été baptisés. La cérémonie a lieu, avec le coyote comme par-
rain. Il est aussitôt poussé à l'eau et roué de coups

1. *Relation de Michoacan, op. cit.*, p. 178.
2. Voir Riva Palacio et Juan de Dios Peza, *Tradiciones y leyen-
das mexicanas*, Mexico, 1957.
3. Sahagun, *op. cit.*, p. 889.

de bâton [1]. D'autres héros tiennent un rôle dans ces contes populaires : l'agouti chez les Mayas du Quintana Roo, le coati ou le corbeau chez les Nahuatl du Guerrero. Le motif de la course est un des plus fréquents : course entre la sauterelle et le coyote (Mazahuas), entre le grillon et le puma (Tarahumaras).

De nombreux contes sont inspirés directement par le folklore européen : *Blancaflor*, dont l'héroïne se change en sirène, la *Cenicienta*, ou le *Pulgarcillo* des Mazahuas, qui sont de simples transpositions de *Cendrillon* et du *Petit Poucet*. *Tata Juan*, du folklore tarasque, semble inspiré directement des *Mille et Une Nuits (Le voyage de Sindbad)* [2]. Dans *La Madrasta muerte* (La Marraine mort) le conte de Grimm est entièrement adapté aux croyances chamaniques des Yaquis [3]. Mais la plupart des personnages des contes populaires n'ont pas de racines ni de frontières, comme dans les innombrables aventures de Pedro de Urdemalas, personnage devenu typiquement mexicain malgré ses origines picaresques. D'autres héros ont trouvé leur place dans le folklore du Nouveau Monde : Juan el Flojo (le Paresseux), adaptation moderne de *L'Âne d'or* d'Apulée, Juan Cenizas (inspiré du *Chat botté* de Perrault), Chico Miserias qui sait tromper le diable, *Alonso Zonzo* qui accumule les bévues, Juan Huevon (le Couillon) qui parvient à tuer des géants et épouse la fille du roi, Juan Borrachales, l'ivrogne trompé par sa femme qui feint d'être morte (inspiré

1. Stanley L. Robe, *Mexican tales and legends from Los Altos de Jalisco*, University of California, Los Angeles, 1970.
2. La diffusion des *Mille et Une Nuits* est un aspect curieux du folklore au Mexique. Pedro Carrasco (*El catolicismo popular de los Taroscos*, SEP, Mexico, 1976) note à Jaracuaro, village de 800 habitants, la présence de deux exemplaires des *Mille et Une Nuits*.
3. Ruth Giddings, *Yaqui myths and Legends*, New York, 1959.

des *Mille et Une Nuits*), ou Queveo (Mon Diu! Que veo!), le type du niais, sans oublier Don Cacahuate, à la fois naïf et rusé, héros des Mexicains émigrés vers le « nord ».

Dans sa forme la plus pure, voisin de la tragédie, le mythe est peut-être le moment le plus important dans l'histoire troublée de la civilisation mexicaine. Ciment du rêve, architecture du langage, fait d'images et de rythmes qui se répondent et s'harmonisent à travers l'espace et les âges, son savoir n'est pas de ceux qu'on peut mesurer à l'échelle du quotidien. Il est à la fois religion, rituel, croyance, fantasmagorie, et l'affirmation première d'une cohérence humaine, la force coagulante du langage contre l'angoisse de la mort et la certitude du néant. Les mythes expriment la vie, malgré la promesse de destruction, ou le poids de la fatalité. Ils sont sans aucun doute les plus durables monuments des hommes, en Amérique comme dans l'ancien monde. Cette force vivante des mythes est sans doute ce qui frappa le plus le voyageur d'Occident aux premiers instants de la rencontre avec le Mexique indien, quand cette architecture était encore entière, dans toute sa magnificence et sa vérité intérieure. C'est cette force qui anime les grands livres de la légende mexicaine, le *Codex Florentinus*, l'*Histoire générale des choses de la Nouvelle-Espagne* du père Sahagun, la *Relation de Michoacan*, ou les mystérieux livres de *Prophéties du Chilam Balam.*

Malgré le désastre de la Conquête, malgré la destruction annoncée par les augures, cette force n'a pas cessé d'exister. C'est elle qui vibre encore dans l'œuvre d'Agustin Yañez, dans la poésie de Gilberto Owen, d'Octavio Paz. C'est elle qui traverse surtout les étendues brûlantes et solitaires de Juan Rulfo, comme un frisson sacré. Dans le silence du *Llano en flammes*, dans la violence de *Pedro Paramo*, l'on perçoit le mouvement circulaire du temps, la cruelle harmonie du chaos, l'ironie des plus anciens rêves de l'homme.

C'est dans le rituel des anciens Mexicains, tel que le décrit Bernardino de Sahagun, qu'apparaît avec le plus d'évidence cet absolu de la création humaine, la force vivante du mythe :

« Cette fête, ils l'appelaient *ixnextiua*, ce qui veut dire chercher l'aventure. Ils disaient qu'au cours de cette fête, tous les dieux dansaient, et pour cela tous ceux qui dansaient prenaient des déguisements divers : les uns personnifiaient des oiseaux, et d'autres des animaux, et ils se transfiguraient en colibris, d'autres en papillons, d'autres en bourdons, d'autres en mouches, d'autres en scarabées. D'autres portaient sur leur dos un homme endormi, et ils disaient que c'était le songe [1]. »

---

1. Bernardino de Sahagun, *op. cit.*, p. 157.

NEZAHUALCOYOTL,
OU LA FÊTE DE LA PAROLE [1]

La poésie du monde ne nous montre pas, sans doute, poète plus contradictoire, plus mystérieux que celui-ci, pouvant exercer sur nous (qui lisons ses chants à un demi-millénaire de distance) une telle fascination, mêlant au bonheur d'une langue exaltée et vibrante le trouble de l'ambiguïté, l'impression d'un sens incertain, fugitif et parfois éblouissant comme un reflet, comme un songe. C'est, je crois, le charme premier de la poésie que de donner la leçon du mirage, c'est-à-dire le mouvement fragile et vivace de la création, dont la parole est en quelque sorte la quintessence humaine, la prière. .

Si, malgré l'abîme du temps et de la destruction qui nous sépare aujourd'hui du grand Nezahualcoyotl, le « coyote famélique », surnommé Yoyontzin, « celui qui va l'amble », seigneur du peuple Acolhua de Tezcoco, nous pouvons lire ces chants, les entendre comme s'ils venaient à nous accompagnés du rythme des tambours et des grelots, du chatoiement des plumes et des masques, dans le

1. Ce texte a été publié en introduction aux *Chants de Nezahualcoyotl*, traduction de Pascal Coumes et Jean-Claude Caër Obsidiane-Unesco 1985.

parfum enivrant du copal, si leur musique et leur parole peuvent encore nous émouvoir, en un temps où la fête païenne n'est plus qu'un souvenir lointain dans l'inconscient de notre mémoire, c'est peut-être d'abord à cause de cette contradiction, de cette incertitude.

Cet homme, Nezahualcoyotl, que les premiers chroniqueurs de l'après-Conquête – Sahagun, et surtout Ixtlilxóchitl, lui-même descendant du seigneur de Tezcoco – peignent comme le plus juste et le plus élevé des seigneurs de son temps, et en même temps comme un homme débauché et dominateur, qui n'hésite pas à faire mettre à mort Cuacuauhtzin, pour pouvoir épouser sa femme, mais qui par ailleurs dicte le code le plus accompli pour diriger son peuple, et entreprend des travaux pour le protéger des inondations et lui fournir l'eau potable qui lui permet de survivre sur les rives du lac salé, quel est-il en vérité ? Despote éclairé, bienfaiteur du peuple acolhua, héritier de la culture toltèque, poète qui transpose la parole des anciens rythmes religieux et guerriers dans le domaine de la poésie lyrique, philosophe qui impose le culte symbolique du dieu inconnu, *Tloque in Nahuaque*, maître du proche et du lointain [1], créateur de toutes choses, et pour lequel, contre le polythéisme agressif des Aztèques, il fait élever un temple orné seulement d'un ciel étoilé. Mais aussi : politicien ambitieux, amoureux du pouvoir et des jouissances terrestres, et comme tous les seigneurs de l'Anahuac, grand pourvoyeur des autels de Huitzilopochtli, de Tezcatlipoca et des Tlaloques en victimes humaines. Il y a, dans la personne du

1. La traduction exacte de la formule nahuatl serait (voir Baudot, *Récits aztèques de la Conquête*, Paris 1983, p. 400) « Maître du proche et de l'anneau des confins du monde ».

prince-poète quelque chose d'excessif et de baroque qui fait songer au Moyen Age de l'Occident, aux rois francs ou scandinaves, et peut-être plus encore aux grands princes d'Orient du temps de Cyrus. C'est la même puissance militaire absolue (la Triple Alliance qui étend son règne du Guatemala jusqu'aux déserts du nord du Mexique, exception faite de la zone maya et du royaume du Tarasque Zuangua), c'est le même faste ostentatoire, la même cruauté inouïe exercée contre les peuples esclaves, et surtout le même zèle religieux, qui inspire chaque geste du seigneur, dicte chacune de ses paroles.

Pourtant, cette poésie fastueuse et incantatoire, que les nobles issus des collèges (*calmecac*) déclament dans la cour du roi, entourés de la solennité et de l'apparat des fêtes rituelles, grâce à Nezahual-coyotl se charge pour nous d'un sens nouveau, d'une grâce nouvelle : seule voix vivante de ce monde aboli par les Conquérants espagnols, cette poésie est aussi celle d'un homme simple, qui nous dit avec force les choses les plus émouvantes et les plus vraies de la vie de tous les jours : la fragilité de l'amitié et de l'amour, le temps qui passe, l'insolente beauté de la jeunesse, son ardeur, son triomphe éphémère, et toujours, ce monde voué à la mort et à la destruction, sous le regard du dieu qui l'a créé :

> *Revêts-toi des fleurs*
> *Des fleurs couleur de l'ara des lacs,*
> *Brillantes comme le soleil,*
> *Des fleurs du corbeau,*
> *Pare-toi, ici sur la terre,*
> *Seulement ici.*
> *Il en est ainsi*

Pour un bref instant seulement,
Les fleurs, pour un instant,
Nous les avons apprêtées :
Déjà, on les porte vers la demeure du dieu,
Vers la demeure des Décharnés...

Ce qu'elle nous dit, sans emphase, mais avec toute la splendeur symbolique de la langue nahuatl, dans ce rythme musical et allitératif qui en faisait le verbe le plus créatif et le plus mélodieux de l'Amérique indienne, résonne en nous avec la profondeur inquiétante d'une prophétie. Tandis qu'il chante son hymne à la jeunesse et à l'amour, et qu'il nous fait entendre, dans ses paroles, le rythme de la fête indienne et sa puissance magique, Nezahualcoyotl est un homme jeune, le prince d'un peuple puissant et prospère, l'égal de Moctezuma Ilhuicamina, seigneur de Mexico-Tenochtitlan, et de Totoquihuatzin, seigneur de Tlacopan, chef des redoutables compagnies guerrières des Aigles et des Jaguars, le représentant des dieux sur la terre. Il est alors le plus célèbre et le plus aimé des poètes de l'aristocratie aztèque, celui qui invente véritablement l'élégie, comme le souligne José Luis Martinez dans sa belle biographie de Nezahualcoyotl, et crée la première littérature mexicaine, en la détachant du mythe collectif et des hymnes purement religieux.

Et pourtant, ce ne sont pas la gloire ni le triomphe qui nous émeuvent ici, mais plutôt le doute que l'on perçoit dans les chants de Nezahualcoyotl. L'on peut bien, encore une fois, parler du pessimisme des Indiens du haut plateau, de leur obsession de la mort et du monde des « Décharnés ». On peut encore une fois évoquer ces prophéties qui troublent l'histoire de toutes les nations mexicaines, menaçant les puissants de la terre précisément lorsqu'ils sont au sommet de leur gloire. Don Fernando de Alva Ixtlilxóchitl, du reste, n'attribue-t-il pas à son illustre ancêtre les termes d'une prophétie qui courait alors dans toute l'Amérique moyenne, du Yucatan jusqu'au Michoacan, annonçant que « les Seigneurs finiront leur règne, alors les magueys, même jeunes, auront de larges troncs, et les arbres, même jeunes porteront des fruits [1] »...

Il y a tout cela dans la poésie de Nezahualcoyotl, mais il y a surtout une inquiétude personnelle, une interrogation sur soi-même et sur le monde qui est le propre de la création littéraire. Ce qui nous touche et nous émeut encore aujourd'hui, dans cette poésie venue d'au-delà du temps, c'est le sentiment de doute qui trouble cet homme et cette civilisation, déjà les préparent à la mort qui s'approche. A peine cinquante ans après que ces chants furent prononcés, après qu'eurent résonné ces fêtes et ces joutes oratoires où chacun s'affrontait au moyen de la poésie et des hymnes, tandis que les musiciens frappaient sur leurs tambours et soufflaient dans leurs buccins, et que les danseurs emplumés tournaient dans la cour des palais, la mort et la destruction sont venus de l'autre côté du monde. Moins de cinquante ans après que culminait cette civilisation cruelle et poétique, ses chants furent couverts par le silence angoissé de la Conquête.

Aujourd'hui, malgré le silence et le creux du temps, comme par miracle, nous pouvons entendre encore la voix de Nezahualcoyotl, et dans sa voix, l'écho d'un art et d'une foi disparus, la rumeur d'une cérémonie des sens et d'une fête de la parole. L'or, les turquoises, les labrets de jade, les armes

1. Fernando de Alva Ixtlilxóchitl, *Obras Históricas*, Mexico, 1975, II, p. 132.

d'obsidienne, les coiffes de plumes et les cerfs-volants de papier, les guirlandes de fleurs, toute la beauté symbolique de ce monde participent à cette fête, à cette danse de la vie, dans l'ivresse de copal et du sang des victimes qui ruisselle sur la terre.

Écoutant ces chants, l'on a l'illusion d'entendre encore le rythme obsédant des tambours et des grelots, le bruit des pas des danseurs qui martèlent le sol, habités par les dieux, tandis que s'affrontent dans des simulacres de combat les guerriers qui portent les noms extraordinaires des divinités du ciel et des héros de la terre : Moctezuma, le « Seigneur aux sourcils froncés », Itzcoatl, le « Serpent d'obsidienne », Citlacoatl, le « Serpent d'étoiles », Cuauhtecohuatzin, l'« Aigle éployé », Huitzilihuitl, le « Duvet de colibri », ou Acamapichtli, le premier roi de Mexico, le « Bâton de commandement au poing ».

Mais au-delà de la fête du chant et des dieux, vient à nous une mélodie pleine de mélancolie et de vérité, et c'est elle que nous ne cessons pas d'entendre, la parole précieuse du doute :

> *Non pas pour toujours ici sur la terre,*
> *Mais seulement pour un bref instant.*
> *Même les jades se brisent,*
> *Même les ors se fondent,*
> *Même les plumes du quetzal se cassent.*
> *Non pas pour toujours ici sur la terre,*
> *Mais seulement pour un bref instant.*

LE RÊVE BARBARE

L'origine de la civilisation est dans la barbarie. Plutôt, c'est parce qu'elle s'oppose à la barbarie que la civilisation prend forme, peut s'affirmer. Les Égyptiens, les Grecs, les Romains, puis les Francs et les Saxons pouvaient rêver d'un monde où seraient effacés définitivement les barbares, nomades qui menaçaient leurs frontières. Aussi furent-ils détruits par ceux-là mêmes qu'ils méprisaient.

On peut imaginer la fascination des peuples sédentaires pour ces barbares qui représentaient la fin de leur civilisation. C'est la fascination devant l'inconnu, mais aussi, sans doute, devant une liberté rêvée, et la manifestation d'un désir secret qui abolit l'ordre et la légalité. Les peuples barbares – ainsi l'imaginent les nations policées – vivent libres et nus dans l'anarchie, sans entraves, ignorant la décence, ignorant les interdits religieux et la morale. Le mépris du civilisé pour le barbare a pour corollaire l'admiration, l'envie, une sorte d'aspiration refoulée.

Le barbare est avant tout un rêve de l'homme libre. Nomade, il ne semble astreint à aucune organisation sociale, à aucune règle. Surtout, il ne semble attaché à aucun travail. Image prolongée du

152

prédateur originel, auquel instinctivement se rattache l'homme, il est en perpétuelle errance, trouvant sa subsistance dans la chasse, dans le pillage, dans la guerre. Il ne connaît que la terre que foulent ses pieds, et son horizon n'a pas de limites. Il est sans terre et sans patrie, sa demeure est là où il dresse son camp, pour une saison, une nuit, ou un instant de repos. N'ayant aucun bien, il ne connaît ni la peur ni l'envie. Vivant sans cesse dans l'incertitude, il ignore la crainte de la mort, et la difficulté de son existence errante ne lui permet pas de se tromper sur lui-même ou sur les autres. L'amitié, la fidélité des siens sont ses seules valeurs, celles-là sans faille, trempées par l'adversité et les épreuves. Dans cette société barbare rêvée, chaque homme est son propre maître, redevable d'aucun impôt ni d'aucune dîme, capable de se suffire à lui-même. Il doit être tout à la fois homme de guerre, médecin et prêtre, et chef de famille. Il doit ignorer les faiblesses et les vices des hommes policés, et son corps doit être à la mesure du paysage impitoyable qui l'entoure : résistant à la fatigue et aux intempéries, habile au combat et prompt à la fuite, doué d'une ouïe, d'une vue et d'un odorat comparables à ceux des animaux sauvages, guidé par un instinct infaillible. L'intelligence de l'homme civilisé lui semble alors une faiblesse. Pour lui, au contraire, la rapidité et l'exactitude des réflexes, la perception immédiate du danger sont les garanties de la survie. La raison et la conscience ne peuvent être ses guides. Sa notion du bien et du mal est instinctive, sans hésitation ni ambiguïté. Le barbare n'est pas immoral ; il est en deçà de toute morale, dans cette sorte de pureté originelle qui est aux sources légendaires de la vie.

Le barbare nomade ne se définit pas par rapport au civilisé. La caractéristique même des nations barbares de l'Amérique du Nord est dans l'espace : pour mieux dire, l'immensité des terres qu'elles occupent. A l'arrivée des Espagnols, au XVIᵉ et au XVIIᵉ siècle, les empires policés agricoles de la Mésoamérique semblent des enclaves dans cette immensité. Aux limites des domaines vassaux de la Triple Alliance de Mexico-Tenochtitlan, de l'empire du cazonci Zuangua des Purepecha commence une contrée sauvage, inculte, qui va de l'Atlantique au Pacifique et s'étend jusqu'au Grand Nord, c'est-à-dire un territoire plus vaste que l'Europe tout entière. L'Amérique aride, peuplée de barbares nomades, comprend la plus grande partie de la colonie espagnole, du río Lerma jusqu'aux sources du río Grande, et des côtes du Texas à celles de la Californie. Les peuples barbares sont innombrables. Nations comme celle des Guachichiles ou des Pames, ou comme les Coras de la Mesa del Nayar, ou simples fractions guerrières auxquelles les Espagnols donnèrent des noms fantaisistes : Cueros Quemados, Coje Piedras de Chihuahua, Bocas Negras ou Come Perros de Jimenez. Population innombrable à l'arrivée des Conquérants, véritable poussière de nations qui témoigne peut-être de l'éclatement des anciennes sociétés rurales de l'Est, devenues prédatrices par la force des choses et par suite du développement des armes. Poussière de nations aux noms étranges, aujourd'hui presque toutes effacées : Acaxées, Ahomes, Chinipas, Guazaparis, Hiaquis, Huites, Mayos, Nassas, Nebomes, Opatas, Papagos, Parras Pimas, Sauaripas, Seris, Sicurabas, Sinaloas, Sisibotaris, Tarahumaras, Teguecos, Tepehuanes, Temoris, Varohios, Xiximes, Zoes, Zuaques, au nord-ouest, Apes, Arigames, Bobotas, Canomes,

154

Catujanes, Chacahuales, Chinipas, Chinguaguanes, Conchos, Coras, Cocoyomes, Conejos, Cuampes, Hueiquechales, Huicholes, Guazaparis, Guazarachis, Gualaguises, Ihios, Joxicas, Julimes, Janos, Jumias, Mescales, Milixaes, Mamites, Ocanes, Orejones, Otaquitanomes, Pajalmes, Pananas, Pamates, Pauilanes, Parchaes, Papules, Pastalocas, Sibolas, Sumas, Supis, Temoris, Tintis, Tochos, Tilixaes, Tzonpanales, Tobosos, Tubaris, du désert central, et plus au nord, les Piros, Apaches, Lipanes, Chiricahuis, Gileños, Mimbreños, Faraones, et les Comanches, Penatecas, Taovayaces, Tanimus, Juacanes, Ovaes, Xaranames, jusqu'aux peuples de l'Est, les « Texas », Aix, Asinais, Olivcs, Nacogdoches, tous, indomptés, irréductibles, et « les meilleurs archers du monde [1] ». A ces peuples barbares, par mépris, par crainte, par dérision, les Conquérants donnent des surnoms injurieux : *desnudos, infieles, gandules, borrados,* ou *rayados* (à cause des peintures ou dcs cicatrices tribales).

Les barbares sont libres, ils vivent dans l'espace. Ils habitent dans des grottes, dans des huttes de branches, parfois dans des maisons de pisé. Ignorant pour la plupart l'agriculture, ils n'ont pas le sens de la propriété de la terre. Leur domaine est un domaine de chasse, qui se déplace avec le gibier. La disparition progressive des bisons entraîne les chasseurs Apaches, Comanches, Utes, Paiutes vers les régions où se trouve une nouvelle proie : les chevaux, les mulets et les vaches des colons espagnols. Nation innombrable, nation mouvante, les barbares du Nord et du Nord-Ouest vivent dans un état de guerre permanent, qui sera à la fois la raison de leur puissance, et la cause de leur perte. Si, par

1. Juan Bautista Pomar, *Relación de Tezcoco,* Ed. Chavez Hayhoe, Mexico, 1941.

lcurs armes, leur mobilité, ils sont d'abord invincibles, leurs incessantes rivalités, leur incapacité à s'allier, leur sauvagerie les rendront par la suite facilement accessibles à la corruption et à l'isolement du monde moderne.

LES CHICHIMÈQUES

Ce sont les Chichimèques qui commencent le rêve barbare du Mexique. Si l'on ne sait que peu de chose sur les nations chichimèques – puisque sont désignées par ce nom des nations aussi différentes que les Otomis Pames, les Uto-Aztèques Huicholes ou Guachichiles, et les Athapascan Apaches – du moins l'ancienneté de leur civilisation est certaine. Les Chichimèques sont du Nord, ils forment le réservoir ethnique d'où sont issues la plupart des tribus qui vont constituer les sociétés rurales de la Mésoamérique. Les premiers chroniqueurs, et particulièrement Alva de Ixtlilxóchitl et Tezozomoc relatent la même légende d'Aztlan et des sept grottes de Chicomostoc d'où sont sortis les héros éponymes, fondateurs des principales civilisations mexicaines : Xelhua, Tenuch, Ulmecatl, Xicalancatl, Mixtecatl, Otomitl. La même légende, relatée par le Lienzo de Jucutacato, et par les principaux chroniqueurs espagnols, Motolinia, Beaumont, Duran, associe les anciens Purepecha au mythe d'émergence d'Aztlan. La *Relation de Michoacan*, pour sa part, confond les Uacusecha, derniers arrivés sur le site du lac de Patzcuaro, avec les Chichimèques. Venus sans doute du nord, les Uacusecha, les « Aigles », peuple barbare vivant de chasse et de guerre, s'installent sur les rives du lac, font la conquête des pêcheurs-agriculteurs qui s'y

156

trouvent, et de leur alliance naît au XIIIe siècle l'un des empires les plus puissants d'Amérique moyenne, qui s'achèvera en 1530 avec la mort du cazonci Tangaxoan Tzintzicha sur le bûcher des Espagnols. La fondation de Tzintzuntzan et de Patzcuaro a ceci en commun avec la fondation de Tenochtitlan d'être le moment culminant des peuples barbares, ces Chichimèques habiles à la guerre comme à la chasse, qui permettent l'apparition des sociétés les plus civilisées du Mexique. De leur origine nomade reste cependant le caractère agressif et belliqueux de la noblesse, qui domine les peuples voisins. L'origine même des peuples barbares, venus du nord pour conquérir les nations rurales de l'Amérique moyenne, donne son caractère à cette civilisation « aride » qui se mêle alors aux régions fertiles.

LES ORIGINES

Au Mexique, le rêve barbare commence avec le mythe. Pour les Aztèques de Mexico-Tenochtitlan, comme pour les Purepecha de Tzintzuntzan, l'origine est dans ce désert du nord, cette légendaire Aztlan – Aztatlan, le pays des grues d'où surgissent, au début de l'ère historique, en l'an Un Roseaux, les premiers habitants de Chicomostoc. La fameuse *Crónica mexicayotl* (Chronique de la mexicanité) de Fernando de Alvarado Tezozomoc, situe l'origine du peuple mexicain dans cette contrée sauvage où régnaient les Chichimèques : *Yancuic México*, le Nouveau-Mexique, terre déserte et hostile qui deviendra au moment de la Conquête espagnole une terre rêvée, le lieu de l'Eldorado. Aztlan, « qui est au milieu des eaux », est avant tout un pays

157

mythique, le lieu de l'émergence, associé aux thèmes anciens de la genèse et du déluge. Les sept grottes de Chicomostoc, d'où naissent les sept *calpulli*, évoquaient alors les sept cités de Cibola, lieux de mystère et de fortune, d'autant plus éblouissants qu'ils surgissaient de la pauvreté du désert. Les premiers voyageurs ne pouvaient manquer la relation entre ce mythe de l'émergence et les sanctuaires souterrains (*estufas*, ou *kivas*) des Indiens Pueblos.

Issue du désert de l'avant-naissance, la nation chichimèque quitte le sein maternel pour un voyage qui la conduira jusqu'à sa terre promise. Durant cet exode, les Aztèques (gens d'Aztlan) sont guidés par leur héros divin, le grand Tetzahuitl Huitzilopochtli, le Colibri de la gauche (du sud) qui leur enseigne l'art de la guerre et le maniement de l'arc et des flèches. La *Crónica mexicayotl* trace un portrait réaliste de ces premiers migrants barbares, où l'on peut déjà reconnaître les Chichimèques décrits par le père Tello ou le père Perez de Ribas : « Et là, à Quinehuayan, la roche s'appelle Chicomoztoc, car en sept endroits elle est percée de trous, de grottes ouvertes sur la montagne abrupte ; et de là sortirent les Mexicains, lesquels emmenèrent avec eux leurs femmes quand ils sortirent de Chicomoztoc, par couples. Ce lieu était épouvantable, parce que là vivaient les bêtes féroces sans nombre : l'ours *cuetlachtl*, le jaguar *ocelotl*, le cougouar, les serpents, et Chicomoztoc était rempli d'épines d'agaves, d'herbes. Et comme cet endroit était très éloigné, personne n'a pu savoir depuis où il se trouvait. Ainsi en parlèrent ceux qui vinrent de là-bas jusqu'ici, ceux qu'on appelle les *teochichimecas*. Alors quand ils partirent de là-bas vers ici : partout étaient les forêts, les montagnes, les gorges, partout les cactus, les roseaux verts, les chardons, les agaves, les

158

herbes, les *cuilotales*. Car lorsqu'ils vinrent ici, ils marchèrent à pied, et les proies qu'ils fléchaient et mangeaient étaient les cerfs, les lapins, les bêtes féroces, les serpents, les oiseaux. Ils venaient jusqu'ici vêtus de leurs pagnes de cuir, et ils se nourrissaient de tout ce qu'ils trouvaient à manger. Car ici les avait fait mander celui qu'ils avaient en charge, leur fardeau, celui qu'ils adoraient [1]... »

Les *teomamas* chichimèques, portant sur leur dos, enfermé dans un coffre, leur dieu Huitzilopochtli, marchant depuis leur lieu d'origine Culhuacan vers les terres inconnues du sud, symbolisent la marche des barbares vers les sites des futurs empires. Ils fondent sur le haut plateau d'Anahuac la ville de Tenochtitlan, d'abord au nombre de quatre : « Une personne du nom de Iztac Mixcoatzin, une deuxième personne du nom d'Apanecatl, une troisième du nom de Tetzcacoatl, et la quatrième, une femme appelée Chimalma [2]. » Suit l'alliance des Treize Seigneurs, qui fondent la ville selon une division en quatre correspondant à la structure de l'univers, liée à la création de l'ancien calendrier des civilisations-mères du Nord-Est. A sa naissance, la ville de Mexico-Tenochtitlan est le symbole des quatre parties du monde : Moyotlan (San Juan), Teopan (San Pablo), Tzocualo (San Sebastian), et Cuepopan (Santa Maria la Redonda). Alva de Ixtlilxóchitl, dans sa chronique, désigne comme fondateur des lignées toltèque, mexicaine et aculhua « un premier roi nommé Chichimecatl, qui fut celui qui les conduisit jusqu'à ce Nouveau Monde où ils s'installèrent [3] ».

Les *teomamas* chichimèques, traversant mon-

1. *Crónica mexicayotl*, Mexico, 1949, p. 18.
2. *Ibid.*, p. 19.
3. Fernandó de Alva Ixtlilxóchitl, *Obras Históricas*, Mexico, 1977, **I**, p. 16.

tagnes et déserts en portant leur dieu évoquent les
« Ancêtres du chemin » de la *Relation de Michoacan* ; ils évoquent aussi les fêtes de la guerre de la
religion des Purepecha, où les dieux sont menés au
combat, portés sur le dos des prêtres *thiumencha*.
Les premiers nomades Uacusecha arrivés dans la
région de Zacapu, les guerriers du roi Ticatame,
sont guidés eux aussi par leur dieu Curicaueri,
qu'ils portent sur leurs épaules.

LES CHASSEURS

La *Relation de Michoacan*, chronique de la fondation de l'empire puré par les Uacusecha (nommés au long du récit « Chichimèques ») est l'un des
documents les plus précieux sur l'arrivée des
migrants barbares au commencement de l'ère historique. Ces hommes, de langue puré, dont l'origine
est mystérieuse, s'apparentent en effet, par les
mœurs, la religion et les techniques de guerre aux
autres tribus nomades qui ont peuplé le centre et
l'ouest du Mexique. Nomades, vivant essentiellement de collecte et de chasse, les Uacusecha parviennent dans le territoire du Michoacan vers la
moitié du XIIIᵉ siècle, sous le commandement du roi
Ticatame. Le premier roi est alors véritablement le
chef d'un peuple barbare, ignorant l'agriculture. Sa
puissance militaire, appuyée par la supériorité des
armes chichimèques – arcs et flèches perfectionnés,
sans doute connaissance des poisons – ainsi que par
les tactiques de combat, intimidation, feintes, agres-
sivité, permet à ce chef d'une tribu minime de
s'approprier les seigneuries des sédentaires de la
région de Zacapu. L'avancée des Uacusecha dans
le Michoacan est alors irrésistible. Porteurs de

l'ancien dieu Curicaueri, dont le retour était peut-être attendu par les Purepecha sédentaires, la troupe de Ticatame répand la même terreur que, deux cents ans plus tard, les guerriers chichimèques de la région du Mixton. Le comportement de ces envahisseurs mystérieux dessine le portrait du guerrier barbare qui va dominer le nord du Mexique jusqu'à la veille des temps modernes. Orgueilleux et cruel, il impose sa loi à ceux qu'il domine, et sa foi religieuse ne souffre aucun compromis : « Il y a une chose que je dois vous dire, déclare Ticatame aux gens de Zizamban, pour vos Seigneurs, car ils savent déjà que mon peuple et moi nous parcourons les montagnes pour chercher du bois pour les temples. Et je fais aussi des flèches, et je vais dans les plaines pour donner à manger au soleil, et aux dieux célestes, et aux dieux des quatre parties du monde, à la mère Cuerauaperi, avec les cerfs que nous tuons à coups de flèches. Alors je goûte le vin pour l'offrande aux dieux, et nous buvons tous en leur nom [1]... » Le rite de la *salva* aux dieux sur les lieux de la chasse évoque les plus anciens rites propitiatoires, pratiqués aussi bien par les nomades du Nord – Comanches, Apaches, Sioux – que par les tribus semi-sédentaires de l'aire maya, et dont la survivance chez les Aztèques est attestée [2]. L'interdiction du cerf dédié aux dieux, et l'infraction de cet interdit par les beaux-frères de Ticatame, conduisant à la guerre, montre bien la nature de l'affrontement entre la culture des sédentaires agriculteurs et des chasseurs nomades, qui donnera naissance au peuple puré. L'on peut supposer, chez cette fraction guerrière barbare, un culte du cerf

1. *Relation de Michoacan*, Paris, 1984, p. 62.
2. Ainsi chez Sahagun, la chasse rituelle, et le rite de l'homme-cerf, *Historia General*, Mexico, 1975, p. 90 et 139.

peut-être semblable à celui pratiqué par les Indiens Huicholes du Nayarit [1]. La légende racontée par la *Relation de Michoacan*, de Cupanzieeri changé en cerf après sa mort [2], témoigne peut-être d'un culte au cerf-ancêtre identique à celui de nombreuses nations barbares du Nord et du Nord-Ouest, Mayos, Yaquis, Pimas, ou Parras décrits par le père Andres Porez de Ribas, qui pratiquaient un culte aux têtes de cerfs, associé aux rites du peyotl [3].

LES « DESNUDOS »

Tout, dans le portrait des Uacusecha, ces premiers arrivants violents et vertueux, évoque la culture chichimèque telle que l'ont décrite les

1. Voir Peter Furst, *Mitos y arte huicholes*, Mexico, 1972.
2. « Le dieu Cupanzieeri joua avec un autre dieu nommé Achuri Hirepe au jeu de pelote, et celui-ci le vainquit et le sacrifia dans une ville nommée Xacona, et il le laissa en mourant sa femme enceinte de son fils Sirata Tapezo. Et quand l'enfant naquit, on l'emmena dans un village pour l'élever, comme si on l'avait trouvé abandonné. Et quand il fut adolescent, il alla un jour chasser des oiseaux avec un arc, et il rencontra un iguane qui lui dit : Ne m'envoie pas de flèche, et je t'apprendrai quelque chose. Celui que tu tiens maintenant pour ton père n'est pas ton vrai père. Car ton père est parti vers la maison du dieu Achuri Hirepe afin de faire des quêtes, et là-bas on l'a sacrifié. Quand il entendit cela, il partit afin de se mesurer avec celui qui avait tué son père, et il vainquit et sacrifia l'assassin de son père non loin de l'endroit où il était enterré. Puis il le sortit de terre et l'emporta sur son dos. Sur son chemin, il rencontra dans un herbage un groupe de perdrix qui s'envolèrent toutes ensemble. Alors il déposa son père pour tirer sur les perdrix, et son père se transforma en cerf, avec une crinière sur la nuque, pareille à celles que portent, à ce qu'on dit, les bêtes qu'amènent ces hommes (les Espagnols), et il avait aussi une longue queue très longue. Et il partit vers la droite, peut-être avec ces hommes qui maintenant arrivent sur ces terres. » *Relation de Michoacan*, Paris, 1984, p. 269.
3. Andrés Perez de Ribas, *Historia de los triunfos de Nuestra Santa Fe*, Mexico, 1944, II, p. 247-248.

162

témoins espagnols : il s'agit d'une société réduite au clan, dont le chef exerce son autorité sur la famille étendue. Ceux de la lignée d'Eneani, Uanacase, Zacapu Hireti, et les Aparicha forment des groupes probablement endogamiques, qui s'opposent aux populations indéfinies des seigneuries sédentaires où les échanges et les mélanges sont plus faciles. L'une des survivances de cette structure de clans apparaît au moment des premières institutions favorisant l'unification de l'empire : le roi (plus tard surnommé cazonci, sous l'influence grandissante du monde nahuatl) est entouré par les nobles *quenguariechas*, guerriers d'élite sans doute consacrés au culte du dieu Urendequauecara, « *dios del lucero* » c'est-à-dire de la planète Vénus, et qui étaient pour le roi « comme ses chevaliers [1] ». Jusqu'à la chute de l'empire, les *quenguariecha* sont choisis exclusivement dans les lignées des envahisseurs chichimèques, garantissant ainsi la pureté de l'héritage. Les rois eux-mêmes sont choisis dans la famille du premier Conquérant Ticatame, liée au dieu suprême Curicaueri par un pacte dont la « pierre du pouvoir » (la matrice d'obsidienne d'où sont extraits les couteaux du sacrifice) est l'unique symbole. Ainsi la *Relation de Michoacan* nous apparaît-elle comme l'unique document d'origine indienne consacrant la valeur et la noblesse des barbares, et célébrant l'alliance bénéfique des nomades et des sédentaires.

D'autres traits de culture rapprochent les Uacusecha et les peuples barbares du Nord. Comme les nomades de la zone aride, les Uacusecha vivent avant tout de la chasse et de la collecte. Lorsque le roi Tariacuri veut mettre à l'épreuve son fils Hiquingare et ses neveux Tangaxoan et Hiripan, il

1. *Relation de Michoacan, op. cit.*, p. 229.

les envoie dans la montagne afin qu'ils se recueillent dans la solitude et apprennent à « manger des herbes ». Ses neveux ont erré longtemps avant d'être recueillis par leur oncle, et la *Relation de Michoacan* décrit la collecte des plantes sauvages ; ils mangent « celles qu'on appelle Apupata Xaqua (les feuilles de chayote), et Acamba, et Patoque, Corache, Zimbico, et quelles autres herbes ne mangeaient-ils pas ? Même de cette herbe qu'on appelle Sirumuta (liane pour fabriquer des cordes) ils se nourrissaient [1] ». Le jeûne, l'épreuve de la solitude dans les montagnes sont les rites de passage des sociétés nomades. De même, la *Relation de Michoacan* trace le portrait d'une société à la structure familiale réduite, monogame, ignorant l'esclavage, qui est sans doute celle qui a dominé le Michoacan jusqu'à l'époque de Tariacuri (autour de 1370-1450). La société des Uacusecha, au commencement de la conquête du Michoacan, ne semble pas très différente de celles des guerriers du Nord, les *teochichimecas*, les *zacachichichimecas*, ces « hommes des bois », monogames, vertueux et combatifs qu'évoque le père Sahagun [2].

L'un des traits caractéristiques des barbares, c'est la nudité. Opposée à la civilisation pudibonde des Espagnols, les *desnudos*, comme les surnommeront les Conquérants, sont un symbole. Ces guerriers endurcis qui vont nus dans les climats les plus âpres symbolisent la force virile et la pureté de l'Éden. Ce sont eux, et non pas les sujets des grands royaumes mésoaméricains qui engendreront le thème du bon sauvage. Ce sont eux aussi qui symbolisent le mythe indigène de l'Age d'or, transcrit par la *Relation de Michoacan*. Ainsi dans le portrait des vertueux héri-

1. *Relation de Michoacan, op. cit.*, p. 194-195.
2. *Sahagun, op. cit.*, p. 599.

tiers de Tariacuri, Hiripan, Tangaxoan et Hiquingare, que la *Relation* oppose aux caciques déca-
dents du temps des derniers rois du Michoacan,
Zuangua et Tangaxoan Tzintzicha : « Sachez, ô
Caciques, que très misérable fut l'enfance de ceux
qui furent Seigneurs des Chichimèques. » L'exagé-
ration des habits et ornements (bijoux, labrets) est
synonyme de mensonge et de corruption : « Et vous,
à présent, vous êtes caciques avec de gros labrets
qui agrandissent votre lèvre pour que vous puissiez
paraître plus nobles. Il vaudrait mieux que vous
portiez des masques, puisque vous voulez avoir de
si gros labrets. Vous portez tous des manteaux de
peaux et jamais ne les quittez, ni ne vous dénudez,
mais allez toujours couverts de peaux. Comment
prendrez-vous des captifs, vous qui êtes si vaillants ?
Ne quitterez-vous pas vos habits, et ceindrez vos
reins d'un linge, afin d'accomplir cette tâche ? Alors
vous prendrez votre arc et vos flèches et vous met-
trez votre pourpoint de guerre, car c'est ainsi que se
montre notre dieu Curicaueri [1]. » Beaucoup de
chroniqueurs espagnols ont été frappés par la
beauté physique de ces hommes qui vivaient nus, et
dont la chevelure tombait jusqu'au dos. L'apparence sauvage des barbares, leur agilité, leur résistance à la fatigue, avant d'en faire des surhommes,
les apparente au règne animal. Les Guachichiles,
les Coras, les Seris, les Tepehuanes, comme plus
tard les Apaches et les Comanches, seront considérés comme près de la nature. Parlant des Seris,
dans les *Cartas Anuas*, les jésuites du XVIIIe siècle
soulignent l'aspect animal des Indiens : ils sont
« légers, sans l'embarras des vêtements » et « faits
naturellement à la faim, à la soif, à la chaleur et aux

1. *Relation de Michoacan, op. cit.*, p. 195.

sables ardents de ce pays[1] ». Pour le père Ortega, c'est la nature même du sol et du climat qui maintient les Indiens dans leur état sauvage, dans « leur barbarie faite naturellement de paresse[2] ». Le mépris de la plupart des Conquérants espagnols pour les *gandules*, les *desnudos* est fondé sur la conviction que les Indiens n'appartiennent pas vraiment au genre humain. C'est ce qui justifie la guerre « à feu et à sang », l'esclavage, la spoliation des terres indiennes. Les religieux n'échappent pas à ce préjugé. Pour les jésuites, les Seris doivent être exterminés : « Tant que toute leur race ne sera pas éteinte, peuvent-ils écrire en 1753, il ne sera pas possible d'espérer une tranquillité et une paix durables[3]. » Pour le père Perez de Ribas, les barbares sont « des animaux stupides », qui, par leur nudité et leur violence évoquent l'homme après la chute[4].

LES MEILLEURS ARCHERS DU MONDE

Ce qui frappe, dans ces premiers portraits des barbares, c'est la sauvagerie de cette société guerrière. Vivant nus, les jeunes garçons sont entraînés très tôt à la chasse et à la guerre, au maniement des armes. Les Chichimèques sont véritablement, selon Sahagun, des *tamime*, « c'est-à-dire, tireur d'arc et de flèches[5] ». La dextérité des nations barbares fut un sujet d'émerveillement pour les Conquérants espagnols. Entre les mains des Chichimèques, cette

1. *Cartas Anuas*, *in* Ernesto Burrus, *Misiones Norteñas Mexicanas de la Compañía de Jesús*, Mexico, 1963, p. 30.
2. José Ortega, *Historia del Nayarit*, Mexico, 1887, p. 471.
3. *Cartas Anuas*, *op. cit.*, p. 35.
4. Perez de Ribas, *op. cit.*, I, p. 126 sq.
5. Sahagun, *op. cit.*, p. 599.

arme archaïque, faite de matériaux primitifs (corde de fibres végétales, pointes de flèches en obsidienne ou en silex) pouvait rivaliser avec l'armement perfectionné des Espagnols, arquebuses, arbalètes à crémaillère, canons. De fait, l'arc chichimèque atteint, au XVIe et au XVIIe siècle, une perfection inégalée, comme l'ont souligné Paul Kirchhoff et José de Jesus Davila Aguirre : la flèche est composée d'une *asta* (tige) de roseau, légère et droite, sur laquelle est fixée l'*anteasta* (la tête) de bois dur, qui porte la pointe de pierre barbelée assujettie au moyen de tendons (souvent extraits rituellement du dos des victimes humaines) et d'une colle tirée de la racine des orchidées sauvages (le *chautle*). La corde de fibre n'est fixée à l'arc qu'au dernier moment, pour éviter sa déformation[1]. La puissance et l'adresse des archers est surprenante : « Ils sont si adroits au tir, écrit Antonio de Ciudad Real, qu'avant que la flèche n'atteigne son but, une autre part déjà de l'arc, et une autre et une autre encore. Et ils sont si adroits et si bons viseurs, que s'ils visent l'œil et touchent la paupière, ils disent que c'est là un mauvais tir. » Le pouvoir de l'arc manié par les Chichimèques, et sa fabrication ont quelque chose de sacré. Le même chroniqueur ajoute : « Tous les Chichimèques, hommes, femmes et enfants, sont gens de guerre, car tous s'entraident pour fabriquer les arcs et les munitions, et il est

1. James Ohio Pattie, prisonnier des Apaches en 1825, donne la même description des flèches indiennes : « Les flèches apaches ont 3 pieds de long et sont faites de roseau ou de jonc, dans lesquels ils enfoncent un morceau de bois dur avec une pointe faite de pierre, de fer ou d'os. Ils utilisent cette arme avec une telle force qu'à la distance de trois cents pas ils peuvent transpercer un homme. Quand on essaie d'extraire la flèche de la blessure le morceau de bois se détache et la pointe reste dans la plaie. » Cité par John Upton Terrell, *Apache Chronicle*, New York, 1972, p. 157.

remarquable que chaque nation chichimèque se différencie dans les flèches, dans la forme et la marque qu'elles portent, de telle sorte que, de même qu'elles diffèrent par les langues, elles diffèrent dans l'aspect des flèches. Les premiers et les seconds tirs, et même les troisièmes du Chichimèque, ont une force telle qu'ils ont quasiment le même effet qu'un tir d'arquebuse, puisque d'une flèche ils peuvent transpercer de part en part un bœuf, et l'on a vu des tirs passer à travers quatre épaisseurs de cotte de mailles et clouer la cuisse d'un soldat et les deux arçons [1]. »

La puissance de l'arc chichimèque était si redoutable, que dans les guerres du Nayarit, les guerriers barbares (Coras, Tecuales) pouvaient tourner en dérision les armes à feu des Espagnols, « qui souvent sont pareilles aux feux d'artifice qui ne font d'autre dommage que le bruit de l'explosion [2] ». L'utilisation des poisons végétaux, connus dans tout le nord et le nord-ouest du Mexique, rendait cette arme encore bien plus redoutable. Des pièges empoisonnés étaient installés sur les chemins des ennemis : « Ils étaient grands connaisseurs de toutes sortes d'herbes et de racines, écrit Sahagun, de leurs qualités et vertus, et des plus vénéneuses qui tuaient aussitôt les gens [3]. »

La *Relation de Michoacan*, chronique des guerriers Uacusecha, trace un portrait des vertus guerrières exaltées chez les premiers envahisseurs du Michoacan : Ticatame, Sicuirancha, Pauacume, errant dans les montagnes encore sauvages du nord-ouest du Michoacan, ne sont encore que les chefs d'une tribu nomade à la recherche de nou-

1. Antonio de Ciudad Real, *Tratado curioso y docto*, Mexico, 1975, II, p. 160-161.
2. José Ortega, *op. cit.*, p. 149.
3. Sahagun, *op. cit.*, 1938, II, p. 116.

veaux terrains de chasse, se déplaçant en portant leur dieu Curicaueri, guerroyant avec les peuples sédentaires. Quand Uapeani et Pauacume découvrent enfin les rives du lac de Patzcuaro, c'est un véritable échange culturel qui a lieu entre les pêcheurs-agriculteurs d'Uranden et les prédateurs chichimèques. Les sédentaires découvrent le goût du gibier, les chasseurs celui du poisson. D'autres enseignements viendront des Chichimèques : l'art de tanner les peaux, le maniement de l'arc, les tactiques de combat, et surtout, le culte monothéiste de Curicaueri, dieu du feu. Comme chez les peuples du Nord, chaque fraction chichimèque est représentée par une flèche, et Ticatame n'a aucun mal à reconnaître le cerf que ses beaux-frères se sont injustement approprié [1]. L'art du tir à l'arc est porté au plus haut, longtemps après la sédentarisation des Uacusecha. Quand le roi Tariacuri cherche l'alliance avec Zurumban, seigneur de Tariaran Harocutin, c'est un exploit d'archer qui scelle leur amitié. Apercevant un colibri posé sur une fleur, Zurumban lance un défi à Tariacuri : « Seigneur, tire-le! Quoi, N'es-tu pas un Chichimèque? Envoie-lui une flèche! » Et devant l'adresse de Tariacuri, qui réussit à assommer l'oiseau sans même le blesser, Zurumban s'écrie : « Vraiment, tu es bien un Chichimèque, car cet oiseau n'était pas grand, c'était difficile de toucher une chose aussi petite. Qui pourrait t'égaler? Tu ne manques jamais ton tir, et personne ne pourrait t'égaler [2]. » L'apparence même des rois purepecha, décrits par Cervantes de Salazar ou par le père Beaumont, évoque la splendeur barbare des chefs de guerre du Nord, tel le Sinaloa Sisibotari, dépeint par le père Andres Perez

1. *Relation de Michoacan, op. cit.*, p. 24.
2. *Ibid.*, p. 120.

de Ribas : « Il avait belle apparence et était encore jeune, vêtu d'un long manteau attaché sur l'épaule à la façon d'une cape, et ses reins étaient ceints d'une étoffe, selon l'usage de cette nation. Sur le poignet du bras gauche, qui tient l'arc quand la main tire la corde pour envoyer la flèche, il portait une peau de martre très seyante [1]... »

MYTHES, RELIGIONS BARBARES

C'est sans doute dans sa conception du cosmos que la civilisation chichimèque se différencie le plus des théocraties culturelles de l'Amérique moyenne. Ici encore, la *Relation de Michoacan* est un document précieux pour comprendre les rites religieux des peuples nomades au commencement de l'ère historique. La *Relation* apporte quantité de détails sur les rites et les croyances des Chichimèques Uacusecha. Bien que la perte de la première partie de ce document interdise la reconstitution exacte de la cosmogonie des Purepecha, et de son calendrier [2], il est possible cependant d'apercevoir les grands traits d'une religion commune à la plupart des nations errantes de la zone aride. La « culture désertique » dont parle Paul Kirchhoff [3]. Ces traits sont : le culte des flèches, en relation avec un culte solaire. La division du monde en quatre parties, symbolisées par quatre couleurs. Les cultes stellaires, particulièrement à Vénus et aux Pléiades. La

1. Perez de Ribas, *op. cit.*, p. 174.
2. La seule mention du calendrier dans la *Relation de Michoacan* est dépréciative. Lorsque Hiuacha se vante devant Hiripan de connaître le calendrier mexicain, celui-ci, indigné, lui répond : « Qui t'a demandé de compter les jours ? » (*op. cit.*, p. 180).
3. Voir Kirchhoff, *Gatherers and farmers of the Greater Southwest*, The American Anthropologist, août 1954.

guerre rituelle. Les cultes au cerf. Le culte des pierres sacrificielles, et de la matrice d'obsidienne. Le culte de l'aigle. L'anthropophagie rituelle, et le culte des ossements. Les rites de l'encens, et des pipes de tabac. Les rites hallucinatoires, parfois l'usage des drogues comme le peyotl, les champignons ou le datura. L'importance des prophéties et des songes, qui aboutit souvent aux mouvements messianiques. Enfin, la persistance, dans la plus grande partie des zones barbares, de la « guerre sainte » contre les envahisseurs chrétiens, peut-être en continuation des guerres rituelles. Ce sont ces traits qui caractérisent les nations barbares jusqu'aux temps modernes, et les différencient des sociétés sédentaires. Ils permettent de reconstituer une entité religieuse, à dominante mystique, qui tiendra longtemps en échec les efforts des Conquérants et des missionnaires chrétiens.

Le soleil

Le soleil est sans doute la divinité majeure de la plupart des nations barbares du Nord et du Nord-Ouest. Les Chichimèques, rapporte Alva de Ixtlilxóchitl, « n'avaient pas d'idoles : ils appelaient le soleil père, et la terre, mère [1] ». Dans la région d'Acambaro, les Chichimèques (Pames, Guamares) partageaient avec les Otomis un culte au dieu-soleil. Plus au nord, les Tepehuanes, les Coahuilas, les Apaches et les Comanches pratiquaient un culte au dieu-père, le soleil, auquel étaient offerts le sang, l'encens et le tabac [2]. Chez les Aztèques, le culte du soleil, peut-être hérité du passé barbare, est décrit

1. Alva de Ixtlilxóchitl, *Obras Históricas*, I, p. 76.
2. Alva de Ixtlilxóchitl, *ibid.*, p. 30 : « A la première proie qu'ils tuaient à la chasse, ils coupaient la tête, la montraient au soleil en sacrifice, et labouraient la terre là où le sang s'était répandu. »

par le père Sahagun [1]. Le jeune guerrier est consacré au soleil durant la cérémonie du *tepochcalli* (la maison des jeunes), au cours de laquelle il s'engage à « donner à manger et à boire au soleil et à la terre avec le sang des ennemis ». Tonatiuh, le dieu-soleil, est « celui qui marche en resplendissant » et les Aztèques l'appellent aussi le « cœur du ciel [2] ». Dans le Nayarit, le culte du soleil est associé à la guerre rituelle et au maniement des flèches. Le peuple Cora de la Mesa del Nayar est dirigé par un grand prêtre, nommé Tonati, gardien de l'idole Tayaoppa, père des vivants, vénéré sous la forme d'une pierre blanche donnée jadis par le soleil et déposée dans un lieu nommé Toacamota, et auquel les Indiens offrent des flèches en guise de prière [3]. Dans la *Relation de Michoacan*, on trouve de nombreuses allusions à un culte solaire, associé aux rites guerriers, représentant sans doute l'héritage religieux des barbares Uacusecha.

Le culte des flèches

La relation entre le culte solaire et les flèches est un aspect important des cultures chichimèques du Nord. Torquemada, se référant à l'œuvre disparue du frère Andres de Olmos, rapporte une légende de la création du monde connue des gens de Tezcoco, qui fournit peut-être une clef de cette relation : selon cette légende, l'homme naquit d'une flèche envoyée par le soleil, qui perça un trou dans la terre, donnant le jour à la première créature [4]. La genèse du monde comme nous pouvons la lire dans le *Codex Chimalpopoca*, associe la flèche et la divi-

1. Sahagun, *op. cit.*, 1975, p. 399, 328, 431, 433.
2. Juan de Torquemada, *Monarquía Indiana*, Porrua, Mexico, 1969, I, p. 580.
3. José Ortega, *op. cit.*, p. 16.
4. Torquemada, *ibid.*, I, p. 580.

sion du monde en couleurs et en orients : « Un aigle jaune, un jaguar jaune, un serpent jaune, un lapin jaune, un cerf jaune. Tirez une flèche dans Huitztlan (vers le lieu des épines, au sud), dans Huiznahuatlalpan (vers le sol sans épines), dans Amilpan (vers le champ d'irrigation) et dans Xochitlalpan (la terre fleurie), et là vous flécherez un aigle rouge, un jaguar rouge, un serpent rouge, un lapin rouge, un cerf rouge. Et quand vous aurez terminé de tirer à l'arc, mettez-le dans les mains de Xiuhteuctli, le seigneur du feu, Huehueteotl, le dieu vieux [1]... » Le culte des flèches est sans doute à rapprocher du culte à la matrice d'obsidienne ou de silex servant à la fabrication des couteaux de sacrifice. C'est la divinité elle-même qui est présente dans le couteau de pierre, qui symbolise alors le pouvoir suprême, scellé par l'échange du sang entre l'homme et ses maîtres célestes. Dans la *Relation de Michoacan* ce culte apparaît avec force. Quand le roi Tariacuri remet le pouvoir à son fils Hiquingare, et à ses neveux Tangaxoan et Hiripan, c'est sous la forme de cette pierre – la *padra*, la pierre dure d'où sont extraits les couteaux du sacrifice du dieu Curicaueri : « Je veux vous donner une partie de Curicaueri. C'est un des couteaux de pierre qu'il porte avec lui, et vous l'envelopperez dans des étoffes et l'emporterez là-bas, car c'est pour lui que vous apporterez du bois, que vous établirez un camp et que vous construirez un autel où vous déposerez ce couteau [2]. » C'est cette pierre, symbole du pouvoir divin, que Tzitzispandaquare, fils de Tangaxoan, dérobera à son demi-frère Ticatame, pour régner en maître absolu sur le Michoa-

1. *Annales de Cuauhtitlan*, trad. Primo Feliciano Velasquez, Mexico, 1975, p. 5.
2. *Relation de Michoacan, op. cit.*, p. 163-164.

can. C'est la même pierre sans doute que révèrent les barbares Acaxées du Sinaloa, sous la forme d'un « grand couteau de silex naturel, qu'ils vénéraient afin que les pointes de silex de leurs flèches ne vinssent jamais à manquer [1] ». La relation entre l'homme et le soleil grâce aux messages des flèches apparaît dans les rites barbares de la fête du feu chez les Aztèques, Toxiuh Molpilia, fête de fin de cycle durant laquelle un guerrier ennemi (*otomi*) du nom de Xiuhtlamin (selon Garibay, « celui qui flèche le feu ») était sacrifié sur Uixachtlan, où apparaissait le feu nouveau [2].

La *Relation de Michoacan* confirme le culte chichimèque des flèches divines : lorsque le roi Ticatame est menacé de mort par ses beaux-frères, les seigneurs de Zizamban, il s'exclame : « C'est bien. Qu'ils viennent, et j'essaierai contre eux mes flèches, celles qui s'appellent Hurespondi (de *hurhi*, soleil), celles qui portent un silex noir, celles qui portent un silex blanc, rouge, ou jaune. Je possède ces quatre sortes de flèches, et ils essaieront chacune d'elles, ils y goûteront [3]. » Les pointes de flèches, dédiées au soleil (*hurhiata*) et associées aux couleurs des quatre parties du monde ont leur caractère rituel. Ce sont ces mêmes flèches que le roi Tariacuri donne à ses héritiers en signe du pouvoir, afin de leur assurer la victoire dans le combat : « Ces flèches sont des dieux. Avec chacune d'elles, notre dieu Curicaueri tue, et il ne lâche pas deux flèches en vain [4]. » Le caractère sacré des flèches, messages des hommes vers le soleil et les divinités célestes est un des thèmes les plus importants de la religion des Coras et des Huicholes du Nayarit.

1. Perez de Ribas, *op. cit.*, I, p. 20.
2. Sahagun, *op. cit.*, p. 439.
3. *Relation de Michoacan, op. cit.*, p. 66.
4. *Ibid.*, p. 149.

Pour prier l'idole solaire, relate le père José Ortega, « ils apportaient tous des flèches portant des colliers de perles et des plumes, afin que le grand prêtre les offre en leur nom [1] ». De même que les couteaux du sacrifice, les pointes de silex des flèches sont des parties des dieux. Les Sicurabas de la mission de Carantapa vénéraient des idoles « en forme de grands couteaux de silex qui leur servaient pour fabriquer les pointes de leurs flèches, où selon ce qu'ils disaient le démon avait fait un pacte pour qu'ils aient des victoires dans leurs guerres [2] ». Les mêmes cultes aux flèches sont rapportés par les missionnaires du Coahuila à la fin du XVIIIᵉ siècle; au Nayarit, le culte du dicu Tajadsi se fait en offrant des « poignées de flèches » dans lesquelles se trouve une flèche plus grande figurant le dieu lui-même [3]. Lorsque le grand prêtre Tonati de la Mesa del Nayar se rend au vice-roi à Mexico, c'est sous la forme d'une flèche sacrée qu'il apporte sa soumission [4].

Le feu

Curicaueri, le dieu suprême des Chichimèques Uacusecha, qu'ils transportent avec eux et qui les guide dans leur long exode jusqu'au Michoacan, est l'une des mentions les plus anciennes d'un culte au feu. Chez les Aztèques, Xiuhtecutli, le seigneur du feu, appelé aussi Huehueteotl, le dieu vieux, témoigne d'un culte similaire, sans doute devenu secondaire par suite de la sédentarisation des Mexicas, et de l'avènement des rites agraires. Chez les Purepecha, Curicaueri est celui qui a été « engendré

1. José Ortega, *op. cit.*, p. 24.
2. Perez de Ribas, *op. cit.*, I, p. 54.
3. Francisco de Saliedo *in* Archives du *Fondo Franciscano*, Guadalajara, 1755.
4. José Ortega, *op. cit.*, p. 40.

au plus haut », celui que les dieux du ciel ont envoyé sur la terre pour que les hommes le servent, avec la fumée des bûchers sacrés et les sacrifices de sang. Les hommes lui doivent « les sangles et les haches » pour apporter le bois, et les « travaux des champs et les escadrons de guerre ». Curicaueri est celui qui « fait ses flammes au centre de la maison des grands prêtres, celui pour qui brûlent sans cesse les bûchers. La fête de la guerre, Hantziuansquaro est un rite stellaire dédié au dieu du feu symbole de la vie au bout du cycle vénusien. La prière transcrite par la *Relation de Michoacan* est l'un des rares témoignages à ce culte : « Ô toi, dieu du feu, qui es apparu au centre des maisons des grands prêtres, peut-être ce bois que nous avons apporté pour les temples n'a-t-il pas de vertu, ni ces parfums que nous avons préparés pour toi : reçois-les, ô toi qui as pour premier nom matin d'or, et toi aussi, Urendequauecara, dieu de l'étoile, et toi dont la face est rouge. Vois avec quels cris d'allégresse les gens ont apporté ce bois pour toi [1] ! »

Le culte au feu nouveau, associé aux cycles de l'univers, est sans doute le symbole d'une des plus anciennes religions de l'Amérique moyenne, dont on retrouve la trace aussi bien chez les Aztèques (Cuezaltzin, la « flamme ardente » et Ixcozauhqui, « la face jaune [2] ») que chez les Mayas, qui vénéraient Kinich Kakmo, l'Ara de feu, dieu d'Izamal. Dieu du feu et de la guerre, Curicaueri reçoit son tribut de parfums et de fumées, et quand ils l'emportent avec eux, les Uacusecha l'enveloppent pour le protéger du froid. Au nord, les Comanches Taovayaces pratiquaient un culte au feu, et les Pueblos du Nouveau Mexique entretenaient une

1. *Relation de Michoacan, op. cit.*, p. 218.
2. Sahagun, *op. cit.*, p. 39.

flamme perpétuelle dans les *kivas* [1]. Les Indiens de la mission de Parras associaient le sacrifice rituel du cerf au culte du feu. Les os et le sang du cerf étaient jetés dans le brasier, dont la fumée symbolisait l'union avec le monde des défunts [2].

Les fêtes de la guerre

Les rites majeurs de la religion des anciens Pure-pecha du Michoacan étaient les « fêtes de la guerre », Cuyngo, Hiquandiro, Hantziuansquaro. Ces fêtes violentes, sanglantes s'apparentent aux rites de la « guerre fleurie » des Aztèques, mais le rite des Purepecha était si fort et si élaboré que l'on pourrait songer à une influence de la civilisation du Michoacan sur l'Anahuac. En fait, il s'agit sans doute d'un trait commun aux deux cultures, qui témoigne de la réalité d'une civilisation chichi-mèque nomade, antérieure à la fondation des empires sédentaires. La plus importante de ces fêtes est Hantziuansquaro, associée au culte du feu nou-veau et sans doute au cycle de Vénus (le lever « héliaque » de la planète). Hantziuansquaro (peut-être du verbe *uantsikuarhani*, tourner) était une fête cosmique, célébrant un changement, liée au calendrier : « Alors venaient les grands prêtres qui portaient les dieux sur leur dos, et l'on sonnait les trompes en haut des temples. Et à minuit, ils obser-vaient une étoile du ciel, et l'on faisait de grands feux dans les maisons des grands prêtres [3]. » La prière du prêtre Hiripati s'adressait au dieu Uren-dequauecara, dont l'autre nom, Khuangari, dési-

1. Ocaranza, *Crónica de las Provincias Internas*, Mexico, 1939, p. 268.
2. Perez de Ribas, *op. cit.*, p. 300.
3. *Relation de Michoacan, op. cit.*, p. 218.

gnait l'astre lui-même [1]. La fête de Hantziuansquaro fait songer aux cultes du dieu Kukulcan chez les Mayas, dans lesquels le retour du dieu stellaire était célébré après sa longue occultation dans les Enfers, ou encore à la légende du dieu toltèque Quetzalcoatl, telle que la rapportent les *Annales de Cuauhtitlan* : « Les anciens racontaient qu'il s'était converti en cette étoile qui apparaît à l'aube ; ainsi, selon ce qu'ils disent, apparut Quetzalcoatl, quand il mourut ; et pour cette raison on l'appela le Seigneur de l'aube [2]. »

Les guerriers

Les fêtes de la guerre sont les fêtes du feu et du sang. La guerre rituelle que livrent les Chichimèques Uacusecha contre les quatre frontières (correspondant aux quatre parties de l'univers, Guachichiles du Nord, Mexicains de l'Est, Cuitlatèques du Sud, Nahuas de l'Ouest) est avant tout une guerre pour nourrir les dieux. Les capitaines de guerre vont au combat, couverts de leurs ornements, portant les étendards de plumes (les *punguarancha*, les dieux de la guerre emplumés). La guerre fait partie de l'ordre divin qui règne sur le monde, depuis le commencement : « Cela fut proclamé à notre dieu Curicaueri, lorsqu'il fut engendré : qu'il marche avec ses capitaines, en rang, durant le jour, et que marche avec nous notre déesse Xaratanga, et que les dieux premiers-nés marchent du côté droit, et que les dieux nommés Uirauanecha marchent du côté gauche. Et tous

---

1. Le nom de cette planète est peut-être à rapprocher des Quenguariecha, l'ordre guerrier des Uacusecha dont le dieu Urendequauecara serait le héros fondateur.
2. *Annales de Cuauhtitlan, op. cit.*, p. 11.

devront aller pendant le jour vers l'endroit qui leur a été assigné, là où sont les gens de leurs villages [1]. »

La pratique de la guerre, au temps du roi Taria-curi, est celle des nations barbares : guerre sans merci, *a fuego y a sangre*, comme celles que livre-ront les armées modernes contre les rebelles du Nord à la fin du XIXe siècle. Tariacuri trace le plan du combat sur le sol, et attaque par surprise, cher-chant à épouvanter l'ennemi par l'aspect féroce des guerriers et par leurs cris. L'on pense à la descrip-tion des guerriers chichimèques par Antonio de Ciudad Real : « Ils sont pareils à des lions féroces, et donnent des cris tellement terribles et épouvan-tables qu'ils suffisent à troubler et à déconcerter beaucoup de gens [2]. »

La rapidité, l'effet de surprise font d'eux des guerriers invincibles : « Ils sont pareils à des aigles rapides, écrit le père Ocaranza, qui profitent des ténèbres de la nuit ou des heures torrides du jour [3]. » La technique de combat des Uacusecha les apparente aux barbares du Nord et du Nord-Ouest : Xiximes, « la nation la plus féroce, inhumaine et rebelle [4] », Seris qui attaquent par surprise, Apaches qui épouvantent par leur aspect et leurs cris [5]. C'est cette technique du combat qui permettra aux guer-riers du dieu Curicaueri de s'emparer du territoire du Michoacan en moins de deux siècles, depuis l'investiture de Tariacuri (vers 1380) jusqu'à la mort de Zuangua à l'arrivée des Espagnols en 1520.

1. *Relation de Michoacan, op. cit.*, p. 224.
2. Antonio de Ciudad Real, *op. cit.*, II, p. 160-161.
3. Ocaranza, *op. cit.*, p. 50.
4. Perez de Ribas, *op. cit.*, I, p. 86.
5. Ocaranza, *ibid.*, p. 60.

Les anthropophages

L'antropophagie rituelle semble avoir été un trait dominant des sociétés barbares du Nord-Ouest, particulièrement chez les peuples montagnards du Nayarit, du Sinaloa et du Sonora [1]. Les Xiximes, les Cazcanes, les Guachichiles, les Zacatèques, au moment des rébellions du Mixton, sont anthropophages [2]. Bien que les rites anthropophages des Mexicains et des Purepecha aient atteint, au temps des grands empires, des sommets de cruauté, il serait aventureux d'opposer les sociétés nomades pratiquant des sacrifices d'animaux aux nations sédentaires théocratiques favorisant les sacrifices humains. La *Relation de Michoacan*, ici encore, est un document précieux sur les rites anthropophages des anciens Purepecha : le sacrifice du prêtre Naca, conté de façon burlesque, démontre la banalité de l'anthropophagie; les esclaves, les captifs sont immolés et mangés par les vainqueurs, et leurs ossements sont gardés comme trophées [3]. Mais c'est dans la formulation même de l'anthropophagie qu'apparaît sa signification religieuse. Au moment des fêtes de la guerre, nous dit la *Relation*, les dieux « ont faim », et les hommes sont leur « nourriture ». Par le sacrifice des captifs sur les autels de Curicaueri et de Xaratanga, les Uacusecha scellent l'antique alliance avec les dieux, et se substituent à eux dans une transfiguration mystique. Le sacrifice des victimes est plus qu'un honneur : c'est la parti-

1. Perez de Ribas, *op. cit.*, I, p. 126.
2. Voir Philip Wayne Powell, *La Guerra Chichimeca*, Mexico, 1971, et Tello, *Crónica Miscelanea*, 1891, II, p. 219. Bartolomé de Las Casas accusera même les Conquérants Pedro de Alvarado et Nuño de Guzmán d'avoir favorisé l'anthropophagie pour nourrir leurs troupes de mercenaires indigènes.
3. *Relation de Michoacan, op. cit.*, p. 96 sq.

cipation rituelle à un mystère où la divinité, le sacrificateur et la victime sont confondus [1].

L'un des rites associés à l'anthropophagie est celui de la fête Unisperansquaro (la fête des ossements), telle que la décrit la *Relation* : durant cette fête les seigneurs et les prêtres se réunissent dans la maison des veilles, et prient devant les ossements des victimes sacrifiées sur les autels, en évoquant l'histoire des combats. Le culte des ossements était répandu chez les peuples du Nord et du Nord-Ouest, chez les Tepehuanes, chez les Ahomes, ou chez les Coras du Nayarit qui vénéraient un squelette, nommé Mexe, figurant l'ancêtre des hommes [2]. Le culte des ossements peut être rapproché du culte des trophées – têtes des vaincus, crânes, chevelures, à l'origine de la pratique du *scalp-hunting*. Le culte des ossements, des trophées humains, l'anthropophagie rituelle et les sacrifices humains sont les traits dominants des religions de l'Amérique moyenne, exprimant la proximité de la mort, et l'union mystique avec les forces divines à travers le drame de la guerre.

L'aigle

Dans l'Amérique moyenne et septentrionale, les cultes solaires semblent fréquemment associés au culte de l'aigle. Chez les Indiens du Nayarit, du Sonora, du Nouveau-Mexique ou de l'Arizona, ce sont les plumes de l'aigle qui servent d'ornement

1. Lorsque Tariacuri apprend la mort de son fils, sacrifié par les gens d'Itzi Paramucu, il s'écrie : « Ainsi j'ai donné à manger au soleil et aux dieux du ciel. J'ai engendré cette tête qu'on va couper, j'ai engendré ce cœur qu'on va arracher. Mon fils fut comme un pain très doux, comme un pain de céréales, car j'ai donné à manger en abondance aux quatre parties du monde. » *Relation de Michoacan, op. cit.*, p. 196.
2. Saliedo, *in* Archives du *Fondo Franciscano*, Guadalajara, 1755, vol. 41.

aux danseurs des rites solaires, ou qui garnissent les flèches sacrées. L'aigle, l'oiseau prédateur par excellence, était le symbole des peuples nomades vivant de la chasse et de la guerre, habitant les régions les plus arides et les plus sauvages du continent américain. Le nom même de la fraction qui conquit le Michoacan au XIIᵉ siècle est symbolique : les Uacusecha, les Aigles. Ce nom fait songer à la définition donnée par Alva de Ixtlilxóchitl à propos des Chichimèques : « Cette appellation et ce nom de Chichimèque leur fut donné dès l'origine, car c'est un mot propre à cette nation qui veut dire les aigles [1]. » Le symbole de l'aigle, qu'on retrouve dans l'ordre guerrier des Aztèques, a un sens plus précis chez les Uacusecha. Les prêtres du dieu Curicaueri se réunissent dans la maison de l'Aigle pour veiller et prier avant les combats. Les dieux majeurs du panthéon puré sont des « aigles royaux » qui règnent sur les « aigles mineurs ». En l'honneur de l'aigle suprême, Curicaueri, les guerriers sont peints de la couleur du feu, le jaune, et portent les plumes des oiseaux qui symbolisent le feu et le soleil : plumes d'aigle, de grue blanche, de perroquet. Au moment de la chute de l'empire puré, au temps du cazonci Zuanga, les prophéties et les augures se multiplient. Une jeune esclave du seigneur Uiquixo (dont le nom évoque Tzintzun Uiquixo, le colibri de la gauche, c'est-à-dire le dieu mexicain Huitzilopochtli) est enlevée par « un aigle de couleur blanche qui portait une verrue sur le front. Et l'aigle commença à siffler et à hérisser ses plumes, et ses yeux étaient grands ouverts, et ils disaient que c'était le dieu Curicaueri [2] ». C'est ce même sifflement de l'aigle, présage de guerre, que

1. Ixtlilxóchitl, *Obras Históricas*, Mexico, 1977, II, p. 37.
2. *Relation de Michoacan*, op. cit., p. 259.

le roi Tariacuri avait fait résonner dans les montagnes autour de Patzcuaro avant de lancer l'attaque finale contre ses ennemis.

Les « tubes de parfum »

Si le *copal*, ou encens américain, est répandu dans toute l'Amérique, le tabac est d'un usage plus limité. Les Caribes, les peuples de l'Amérique centrale et méridionale sont probablement à l'origine des rites du tabac, et particulièrement de la pipe dans les cérémonies chamaniques. En Amérique du Nord, la pipe de tabac était connue de la plupart des nations nomades. Elle symbolise la culture barbare, liée aux pratiques de la sorcellerie et aux rites de la guerre. C'est un trait de culture qu'on retrouve exceptionnellement chez les Purepecha sédentarisés du Michoacan, et qui témoigne de leur relation avec les nations barbares du Nord et du Nord-Ouest. La *Relation de Michoacan* mentionne en effet les *canutos de sahumerios* (tubes de parfums), dont l'usage était encore inconnu des chroniqueurs espagnols, et qui apparaissent clairement dans l'illustration de la fête de justice Equata Consquaro [1]. Chez les Uacusecha, comme chez les peuples nomades du Nord, la pipe de tabac est réservée au rituel religieux, et aux réunions de guerre. Le rapport avec les rites des barbares est évident : la fumée du tabac (*andumucua*), comme la fumée de l'encens et des bûchers, est destinée à communiquer avec les dieux. La fumée du tabac symbolise la prière dans les rites chamaniques des nomades. La description du rite chez les Apaches Mimbreños (Nouveau-Mexique) affirme même le lien avec la mythologie et le calendrier cosmique de l'Amérique moyenne : « de petites bouffées de fumée, qui figurent sans doute

1. *Relation de Michoacan, op. cit.,* p. 218.

183

des nuages, sont soufflées vers les points cardinaux par les prêtres utilisant des pipes [1] ». Les Comanches du Texas observaient un rite similaire, offrant des nuages de fumée au soleil, à la terre, et aux dieux majeurs [2]. D'autres peuples, comme les Pimas et les Yaquis, utilisaient la fumée du tabac seulement dans le secret des cérémonies de curation chamaniques, où la pipe servait à souffler ou à aspirer sur le corps du malade [3]. Mais chez la plupart des peuples barbares, comme chez les anciens Purepecha, la fumée du tabac est associée aux cérémonies de la guerre, et scelle le pacte mystique avec les dieux avant le combat. Le père Perez de Ribas rapporte que pour commémorer les victoires « les principaux chefs et les sorciers se réunissaient dans la maison, ou sous l'auvent du cacique ; ils allumaient un feu et s'asseyaient tout autour ; ensuite ils allumaient quelques tubes de tabac, qu'ils avaient préparés, et ils se conviaient entre eux à fumer ces offrandes. Quand ils avaient terminé cette cérémonie, l'Indien qui avait le plus d'autorité parmi eux se mettait debout, et là il commençait à entonner son sermon [4] ». A cent lieues et à cent ans de distance, c'est là le portrait de la fête où les caciques Purepecha s'asseyaient en fumant pour entendre parler le grand prêtre Petamuti. Chez les Varohios du Sinaloa, les réunions de guerre suivaient un ordre similaire : « Ils faisaient leurs conventions en célébrant à leur manière avec les tubes de tabac qu'ils fumaient. Alors, enivrés par cette fumée barbare, et par le feu que Satan avait allumé, ils proféraient

1. Paul H. Nesbitt, *The Ancient Mimbreños*, University of Wisconsin, 1932, p. 82.
2. Rupert N. Richardson, *The Comanche barrier to South Plains settlement*, Glendale, 1933, p. 30.
3. Russel, *The Pima Indians*, B.A.E., vol. 26.
4. Perez de Ribas, *op. cit.*, I, p. 134.

beaucoup de discours pleins de rage et de colère [1]. »
De même, les Nebomes, en temps de guerre, « en
signe de celle-ci s'envoyaient les uns aux autres les
tubes de tabac dont ils avaient l'usage [2] ». Le rite des
nuages de fumée, associé aux boulettes de parfum
jetées dans le feu sacré pour obtenir les grâces des
dieux dans la guerre souligne la proximité des
cultures nomades et sédentaires, leur nécessaire
rencontre, dont la civilisation des anciens Purepecha est sans doute le meilleur exemple [3].

Songes, augures

La plupart des cultures amérindiennes se nourrissent de rêves. Chez les Incas, comme chez les
Aztèques, le rêve était considéré comme un véritable voyage de l'âme en dehors du corps, au cours
duquel l'homme pouvait prendre connaissance du
futur et recevoir les avertissements divins. Ce sont
ces rêves, joints aux augures, qui troubleront le
monde indien à l'arrivée des Espagnols, et le rendront si vulnérable. Chez les Aztèques, le songe
avait une place privilégiée : durant la fête nommée
Ixnextiua, rapporte Sahagun, les hommes avaient le
pouvoir de se transformer en dieux dans une danse,
parmi lesquels figurait le dieu du songe, sous
l'aspect d'un homme endormi qu'un autre portait
sur son dos [4]. La vision d'un poète tel que Nezahualcoyotl, pénétrée de mélancolie et de doute, est très
proche de celle des baroques espagnols, Góngora,
ou Calderón de la Barca.

C'est dans la *Relation de Michoacan*, livre unique

1. *Ibid.*, II, p. 32.
2. *Ibid.*, II, p. 153.
3. Si l'usage de la pipe de tabac a aujourd'hui disparu, la collecte et l'offrande de l'encens *(thiuxunganda)* est pratiqué dans
la plupart des villages de la Meseta tarasque.
4. Sahagun, *op. cit.*, p. 157.

de la culture puré, qu'apparaît avec le plus de force la marque du rêve. L'histoire de ce peuple semble une histoire rêvée. La venue au pouvoir des neveux du roi Tariacuri, Tangaxoan et Hiripan, est déterminée par un rêve, dans lequel les dieux majeurs des Uacusecha, le dieu Curicaueri et la déesse Xaratanga, leur apparaissent sous l'aspect « d'un seigneur teint en noir » et d'une vieille femme « aux cheveux blancs par endroits », qui leur annoncent leur règne. Carocomaco, seigneur de Querequaro, réussit à accéder au pouvoir malgré son origine servile, en forçant les portes du rêve. Nuit après nuit, il dort sur les marches du temple de Querenda Angapeti, à Zacapu, jusqu'à ce que l'épouse du dieu, Pauacume, le remarque et l'aide à obtenir les insignes de la royauté [1]. C'est encore un songe qui annonce au peuple puré sa destruction, quand l'esclave d'Uiquixo assiste à l'ultime réunion des dieux sur la montagne de Xanoato Hucatzio, près de Patzcuaro [2].

Chez les peuples barbares du Nord et du Nord-Ouest, le rêve a une signification mystique, accentuée au moment de la Conquête espagnole. Après une période de tolérance envers les nouveaux venus porteurs d'une technique et d'une religion nouvelles, commence l'ère des rébellions, de la résistance à l'envahisseur. Mis à part les Cazcanes et les Coras de la Mesa del Nayar qui avaient un véritable clergé, les barbares vivaient une religion sans clergé, souvent réduite aux cultes familiaux et aux cérémonies chamaniques. C'est dans cette conception qu'il faut voir l'origine du thème du rêve. Le rêve et la vision affirment une relation entre la divinité et l'homme absolument opposée aux structures

1. *Relation de Michoacan, op. cit.,* p. 152.
2. *Ibid.,* p. 260.

fortement hiérarchisées de l'Église des premiers missionnaires chrétiens. L'extase chamanique signifie l'individualité de la foi, la révélation, un rapport immédiat avec les forces de l'au-delà. C'est sur ce rapport extatique avec le monde divin que s'est construite l'identité des peuples barbares, où chaque homme peut, grâce au don des rêves, se confondre avec l'au-delà.

LES RÊVEURS

Les prophètes, les voyants apparaissent dans les moments de troubles. Au moment de l'insurrection des nations barbares contre les envahisseurs espagnols, ce sont les *hechiceros* (les sorciers) qui inspirent les Chichimèques de Maxorro, de Tecamaxtli, les Zuaques de Taxicora, les Tepehuanes, les Tarahumaras. Chez les Coras du Nayarit, c'est le « vieil Indien de Tenerapa » qui promet l'immortalité, la résurrection, la rejouvence et le châtiment des Espagnols. Chez les Xiximes, le « sorcier » apparaît sous les traits d'un jeune homme armé d'un arc et tenant « deux flèches dans sa main, portant une idole de pierre d'une demi-aune de haut, et qui parlait dans toutes les langues ». Le même jeune homme apparaît aux Acaxées, portant « un cristal à la manière d'un miroir sur le ventre » et proférant des paroles « irrésistibles [1] ». Dans leur vision, les insurgés barbares retrouvent le mythe ancien de Teopiltzintli, le dieu-enfant de Tzenticpac, qui avait électrisé les Chichimèques du Mixton et d'Ixtlahuaca : « Chaque fois qu'ils le voyaient, il leur apparaissait sous la forme d'un enfant qui leur parlait, les enseignait, donnait réponse à leurs inquiétudes

1. Perez de Ribas, *op. cit.*, III, p. 166.

et les consolait dans leurs afflictions, et leur donnait à savoir qu'il y avait dans le ciel un dieu de grand pouvoir, que ce Seigneur avait créé le ciel, le soleil, la lune, les étoiles, les arbres, les montagnes, les rochers, tout ce qui était visible et invisible, et que le ciel était d'argent, et qu'il y avait beaucoup de plumes et de pierres précieuses, et une Dame qui ne vieillissait jamais, et elle était vierge souveraine, et grâce à elle les hommes avaient reçu leur chair [1]. »

La vision des prêtres-dieux permet déjà le mélange des croyances qui produira le messianisme [2].

Chez les peuples nomades du Nord, le rêve jouera un rôle déterminant dans la lutte armée contre les Conquérants espagnols ou anglo-américains. Ce sont les *dreamers*, qui apparaissent aux côtés des grands chefs de guerre, et parfois se substituent à eux : le frère de Tecumseh, le Navajo Popé qui dirigea la révolte des Pueblos en 1680, Tamucha des Utahs qui annonce en 1850 aux Français que les Indiens vont bientôt « balayer toutes les colonies de la frontière [3] », ou le chamane Noch-ay-del-klinne, surnommé le Rêveur, ou le sorcier guérisseur Pi-on-se-nay des Chiricahuas de Cochise.

Rêves, hallucinations

Les visions des guerriers nomades du Nord sont parfois le produit de drogues hallucinogènes. Les drogues font partie des techniques du chamane, soit

1. Tello, *Crónica Miscelanea*, 1891, II, p. 34.
2. Dans la même ville de Tzenticpac, deux cents ans plus tard, apparaîtra la figure étrange du « roi indien » Mariano, venu reconquérir son royaume, et portant comme insignes la couronne d'épines du Christ et le masque d'or des idoles. Le « roi » Mariano est le personnage central du beau roman de Jean Meyer, *Le Masque d'or*, encore inédit en France.
3. John Clum, lettre du 14 avril 1854, Archives B.I.A. Santa Fe, 1849-1860.

pour les cérémonies de curation, soit pour les rites guerriers. Il est assez difficile de mesurer l'importance et l'étendue des drogues hallucinogènes dans les cultures de l'Amérique moyenne, la plupart des chroniqueurs espagnols les ayant décrites sous le terme général de *borracherias*, ivresse. Le père Sahagun note, à propos des Chichimèques, qu' « ils furent ceux-là qui découvrirent et utilisèrent tout d'abord la racine qu'on appelle peyotl, et ceux qui la mangeaient ou la buvaient, la prenaient au lieu de vin, et de même faisaient-ils des plantes appelées *nanacatl*, qui sont des champignons mauvais qui enivrent comme le vin [1] ». Il est tout à fait probable que l'usage des champignons à psilocybine, du peyotl et du datura (*ololiuhqui*), à l'origine de l'extase chamanique, s'était répandu dans toutes les cultures de la Mésoamérique, et qu'il jouait un rôle important dans les rites de la guerre et les sacrifices humains [2]. Mais c'est surtout dans les cultures d'Amérique du Nord que les rites hallucinatoires sont significatifs, sans doute à cause du rôle qu'ils jouèrent au moment des guerres d'insurrection. Les témoignages des historiens espagnols insistent unanimement sur l'importance de ces rites et sur les prophéties qu'ils favorisaient. Chez les Indiens Acaxées, rapporte le père Perez de Ribas, le jeu

1. Sahagun, *op. cit.*, III, p. 118.
2. Bien qu'aucune mention n'apparaisse dans la *Relation de Michoacan*, on ne peut exclure l'usage des hallucinogènes dans les rites religieux des anciens Purepecha. Les calebasses serties de turquoises que portent les prêtres Petamuti ne sont pas sans rappeler les récipients rituels du peyotl chez les Huicholes et les Coras du Nayarit. Diego Muñoz, dans sa *Descripción de la Provincia de San Pedro, San Pablo de Michoacan* mentionne un usage des barbares chichimèques, qui « font avec des fruits trempés dans de l'eau un vin de mauvais goût, de mauvaise couleur et odeur, avec lequel ils ont l'habitude de s'enivrer, et qui, mélangé à certaines racines, leur procure une très grande vigueur et les fortifie » (1965, p. 30).

rituel de la pelote (le *tlachtli* des Mexicains) était célébré sur une place (*batey*) où se trouvaient, « d'un côté une idole en forme d'homme, de l'autre la racine très renommée chez les Indiens de la Nouvelle-Espagne, qu'on appelle peyote. Laquelle, bien qu'elle soit médicinale, sert aussi à beaucoup de superstitions que le Saint Tribunal de l'Inquisition doit parfois punir [1] ». D'une certaine manière, c'est la croyance dans les augures et les rêves, et l'usage du peyotl qui fondent l'unité spirituelle des barbares, et les opposent au christianisme. Dans le Nayarit, le Tonati, grand prêtre du culte du soleil à Toacamota, célébrait un rituel du peyotl : « Près de lui ils plaçaient un plat rempli de peyote, qui est une racine diabolique », écrit le père José Ortega [2]. Les Indiens de Parras, pour le rituel des têtes de cerf dédiées au soleil, consommaient « de l'herbe appelée peyote, qui fait perdre la raison et crée de diaboliques imaginations dans la rêverie [3] ». Les intoxicants joueront un rôle déterminant dans les guerres indiennes, au nord du Mexique, à la fin du XIXe siècle. L'alcool de mezquite, le *mezcal*, le *tiswin* des Apaches (ou *tesguino* des Tepehuanes), le peyotl, le datura, les champignons hallucinogènes sont les ingrédients qui favorisent l'exaltation des Indiens, et les confortent dans l'idée de leur invulnérabilité, comme le haschisch des guerres arabes. Mais c'est surtout la continuité avec les guerres mystiques des Uacusecha qui apparaît dans cette

1. Perez de Ribas, *op. cit.*, III, p. 23.
2. José Ortega, *op. cit.*, p. 22.
3. Perez de Ribas, *op. cit.*, III, p. 248. Il est possible d'associer les cultes magiques de la plupart des peuples barbares du Nord au peyotl. Chez les Yaquis, par exemple, l'unique mention faite par Vildosola au XVIIIe siècle de *bolsas de peyote* portées par le sorcier rebelle Muni permet de supposer l'existence d'autres cultes oubliés par les chroniqueurs. Cf. Evelyn Hu Dehart, *Missionaries Miners and Indians*, Tucson, 1981, p. 122, n. 20.

valorisation du fanatisme. Derniers visionnaires du monde moderne, les Apaches, Comanches, Pawnees, Sioux, Arapahoes, confrontés à la violence de la Conquête européenne, trouvent dans l'illusion de l'immortalité la force d'un combat sans espoir.

Les « hechiceros »

C'est dans la magie plutôt que dans la politique que se trouve l'unité des peuples barbares. La magie, associée aux rituels de guerre, donne au pouvoir des chefs une valeur sacrée. Pour les Conquérants espagnols, les nations barbares vivent en deçà de l'humain, ignorant les lois et le dictamen de la conscience. Pour le religieux Diego Muñoz, les Indiens « peuvent être tenus pour monstres de la nature, parce que dans leurs coutumes ils sont tellement différents des hommes, et que leur intelligence est comparable à celle des bêtes ». Il ajoute : « Ils n'ont ni rois ni seigneurs (...), ni loi, ni religion aucune [1]. » Pour les Conquérants espagnols, une autorité fondée sur la magie ne pouvait avoir valeur humaine.

Le rôle des *hechiceros*, ou sorciers, dans les guerres barbares, est symbolique de cette rupture entre le monde indien et le monde chrétien. A l'origine, le sorcier-guérisseur est le héros fondateur des nations. Tel est le rôle du Quetzalcoatl des Toltèques, vaincu par son rival Tezcatlipoca dans un duel magique. Xolotl, le dieu-roi des Chichimèques, guide son peuple depuis le royaume d'Aztlan jusqu'aux grottes de Tenayuca, accompagné de son épouse Tomyauh et de son fils Nopaltzin. La *Crónica mexicayotl* évoque le lien magique qui unit dès le commencement le peuple chichimèque au dieu Tetzahuitl Huitzilopochtli, celui qui « leur parlait,

---

1. Fray Diago Muñoz, *Descripción*, Mexico, 1965, p. 28.

les conseillait, et vivait parmi eux [1] ». Il est possible de voir, dans les rites guerriers des Mexicains et des Purepecha, la continuation d'une organisation tribale nomade, dans laquelle le chef de guerre est accompagné d'un voyant-guérisseur. La *Relation de Michoacan*, unique document écrit du point de vue chichimèque, nous renseigne sur cette survivance de l'organisation de la guerre rituelle. Les fêtes de la guerre, la fête des flèches (*Equata Consquaro*) ou la fête des ossements (*Unisperansquaro*) montrent un rituel magique autour du grand prêtre Petamuti et des devins Hiripati [2] : harangues, sacrifices sanglants, fumées d'encens et de tabac, prières et offrandes préparent à la guerre, et font naître une exaltation mystique comparable à celle des *hechiceros* des insurrections contre les Conquérants espagnols. Lors de la fête de justice, dit la *Relation*, « en présence de tous les caciques de la province et de tous les dignitaires, et d'un grand nombre de gens, le grand prêtre se levait, prenait son bourdon ou sa lance, et commençait à raconter l'histoire de leurs ancêtres, comment ils étaient venus dans cette province, les guerres qu'ils avaient faites pour le service des dieux, et cela durait jusqu'à la nuit [3] ». C'est là le rôle joué par les *hechiceros* barbares, comme le décrivent les chroniqueurs : « prêcher, et prononcer de grands sermons et discours devant les gens du peuple [4] ». L'importance du « sorcier » apparaît dans ces « discours » qui précèdent les combats, dans lesquels sont exaltées les vertus des ancêtres et

1. *Crónica mexicayotl*, Mexico, 1949, p. 12.
2. Le nom du prêtre Hiripati (Swadesh : de la racine *hiri-*, cacher) évoque le secret du chaman. On pense ici au Chilam Balam des Mayas (du maya *chi*, bouche, et *bal*, cacher dans la nuit). Cf. Ralph Roys. *The Book of Chilam Balam*, Carnegie Institutior, Washington, 1933.
3. *Relation de Michoacan*, op. cit., p. 59.
4. Perez de Ribas, *op. cit.*, I, p. 134.

la foi dans la victoire. Les combats ne sont pas en vue de la possession des terres, mais pour nourrir les dieux, dans une union mystique avec l'au-delà. Tel est le rôle joué aussi par les Quenguariecha, les « chevaliers » du monarque puré, où l'on peut voir un ordre religieux plutôt qu'une hiérarchie militaire, comme chez certains peuples nomades du Nord [1]. Le portrait des premiers rois Uacusecha, vertueux et mystiques, évoque les barbares chichimèques, tellement éloignés des qualités et des vices des peuples civilisés.

C'est durant l'ère coloniale que le rôle des *hechiceros* apparaît avec le plus de force. Les noms de la plupart de ces « sorciers », instigateurs et parfois organisateurs des rébellions, sont aujourd'hui oubliés. Certains ont été rapportés par les historiens espagnols : Guaxicar, « leader » des Indiens de Guaxacatlan, le prêtre-dieu Cuanemeti, représentant du dieu Teopiltzintli à Ixtlahuaca, l' « évêque » des Acaxées, le « roi » Juan Cocle de la rébellion Tarahumara de 1606, l' « évêque » Hernan des Tobosos, Nacabeba, le chef rebelle des Indiens de Matapan. La plupart des rébellions barbares des États du nord de la colonie espagnole sont l'œuvre de visionnaires, mêlant parfois aux cultes chamaniques des thèmes messianiques. Les « sorciers » prêchent la guerre, seul moyen de revenir aux valeurs et aux croyances ancestrales. Nombre de chefs et de « sorciers » sont des chrétiens convertis par les premiers missionnaires, et retournés à leur religion par horreur des Espagnols, à cause des mauvais traitements et des spoliations infligés par

1. Le père Pedro Mendez écrit en 1621, à propos des Opatas du Sonora : « Ceux qu'ils appellent sorciers (*isaribe* dans leur langue) sont les hommes vaillants au combat. » Cité par Maria Elena Galaviz de Capdevielle, *Rebeliones Indígenas*, Mexico, 1967, p. 45.

les militaires. Chez les Zuaques et les Teguecos du Sinaloa, l'insurrection est dirigée par Lanzarote, Nacabeba, Taxicora, dont le premier au moins était baptisé. Chez les Tepehuanes, les Guachichiles, les Vallaguaniguaras (ou Borrados de San Cristobal) commandent des chefs convertis, retournés à leur foi première (le *capitan* Samora, Martin Chico); leurs exhortations contre les chrétiens n'en sont que plus violentes. Les « apostats » laisseront une légende dans les guerres barbares, légende qui continuera dans les guerres apaches de la frontière nord-américaine avec les *renegades*.

La raison première de leur rébellion contre la religion chrétienne est dans leur attachement aux valeurs traditionnelles : le père Perez de Ribas, parlant de Cabomeai, cacique des Nebomes, voit la cause de sa rébellion dans « la mémoire de l'antique barbarie dans laquelle il avait été élevé[1] ». De même, les Seris entrent en guerre « trompés par leur désir de liberté et pour n'être sujets ni aux lois ni aux enseignements religieux[2] ». Les vengeances intertribales jouent parfois un rôle dans l'insurrection, comme dans la guerre du Mixton où le chef Don Christobal, cacique de Xalisco, exhorte les nations voisines à s'unir pour vaincre les Espagnols « et tuer tous ceux qui parlaient la langue mexicaine[3] ». Au Nayarit, le Tonati lui-même, après sa soumission aux Espagnols, est destitué lors de la rébellion de 1721 par un *hechicero* qui organise la résistance aux Conquérants. L'origine des révoltes est parfois dans un augure, comme le rapporte le père Tello : à Tlaxicoringa (Huaynamota), au cours d'une danse rituelle, un tourbillon de vent emporte

1. Perez de Ribas, *op. cit.*, II, p. 32.
2. E. Burrus, *Misiones norteñas de la Compañía de Jesús*, 1751-1757, 1963, 27.
3. Tello, *Crónica miscelanea*, 1891, I, p. 175.

une calebasse (peut-être associée au culte du peyotl), et de vieilles femmes prophétisent que le même vent balaiera les Espagnols. Ainsi commence la guerre meurtrière du Mixton [1]. L'on pense ici aux augures et aux visions qui hantèrent la plupart des sociétés d'Amérique à l'arrivée des Espagnols, et aussi aux prophéties qui donnèrent naissance aux plus grandes insurrections indiennes : l'avènement d'un triple royaume indien à Oaxaca, les apparitions fabuleuses de la Vierge à Cancuc aux Chiapas, et les miracles de la Croix parlante dans la guerre des Cruzoob au Quintana Roo à la fin du XIXe siècle.

La guerre sainte

La « guerre sainte » (le mot est de Philip Wayne Powell [2]), qui soulève les barbares contre les Espagnols est l'expression d'un sursaut désespéré contre la menace de mort que font peser les Conquérants, à partir du XVIIe siècle sur les sociétés nomades du Nord et du Nord-Ouest. Sursaut contre la spoliation des terres pour les Tarahumaras, pour les Mayos, les Yaquis, les Seris, contre l'esclavage et le travail forcé pour les peuples chichimèques des régions minières. Mais sursaut plus encore contre la destruction de la religion et des valeurs traditionnelles. Le rôle du « sorcier » s'explique par cette totale adéquation de la guerre et de la religion qui est l'un des fondements philosophiques des cultures indiennes de l'Occident mexicain, dont les fêtes de guerre des anciens Purepecha furent l'expression la plus élaborée. Comme dans ces fêtes, c'est la foi religieuse qui soutient la lutte des peuples barbares contre l'envahisseur chrétien. Il s'agit bien d'une guerre sainte,

1. On peut voir dans cet augure une manifestation du dieu tourbillon *Cachinipa* des Indiens de Parras.
2. Philip Wayne Powell, *op. cit.*, p. 57.

d'un côté comme de l'autre : pour les Conquérants espagnols, les Indiens sont les « infidèles », les « gentils », en tout point comparables aux ennemis musulmans de la guerre de Reconquête. La guerre que leur livrent les soldats du roi d'Espagne est juste, car il s'agit avant tout de « réduire à la sainte foi catholique et au service de votre majesté des gens très barbares et cruels comme le sont les Chichimèques [1] ». Pour les barbares du Nord et du Nord-Ouest, l'envahisseur espagnol est l'ennemi absolu, moins parce qu'il appartient à une race différente, que parce qu'il pratique une colonisation exclusive, et qu'il professe une idéologie religieuse radicalement opposée à celle des Indiens.

Ce qui frappe dans l'histoire de la mission chrétienne chez les barbares, c'est le changement d'attitude des Indiens envers les missionnaires. Les premiers contacts, dès la fin du xvie siècle, sont plutôt favorables, et nombre de Chichimèques, émus par l'arrivée des dieux nouveaux – et sans doute par les augures – suivent l'exemple d'Ocelotl, le chef des belliqueux Totorames, qui s'agenouille pour baiser le sabot du cheval de Nuño de Guzman, ou bien l'exemple de Pantecatl fils du cacique d'Acaponeta qui, persuadé que les Espagnols viennent « de là où naît le soleil » pour accomplir une prophétie, accepte le baptême comme une soumission [2]. Mais les mauvais traitements des *encomenderos*, le pillage des réserves de nourriture, et l'esclavage pratiqué systématiquement par une armée qui trouvait là une compensation à une solde inexistante, font

1. *Cartas de Franciscanos de la Provincia de Santiago de Jalisco*, (1585) *in* Diego Muñoz, *op. cit.*, p. 100.
2. Tello, *op. cit.*, I, p. 143.

éclater la révolte[1]. Les religieux espagnols apparaissent alors comme les complices d'un pouvoir tyrannique. La rébellion des Indiens de la vallée de Cuinao, puis la guerre du Mixton et la ligue générale des nations chichimèques, ne sont pas seulement dirigées contre les colons espagnols, mais expriment aussi un rejet de la doctrine chrétienne. Nombre des dirigeants indiens, baptisés par les missionnaires lors des premiers contacts, renient la religion chrétienne et incitent leur peuple à la révolte. Don Christobal, cacique de Xalisco, puis les chefs apostats de la terrible guerre du Peñol de Nochistlan, Don Francisco Aguilar et le Zacatèque Don Diego Tenamaxtli initient une longue suite de luttes contre les chrétiens et leurs alliés indigènes. Ainsi, la rébellion des Zacatèques est dirigée par d'anciens convertis : Don Juan (chef des Chalchihuites), Don Christobal de Amanquex, Don Francisco de Sombrerete, Don Juan de Aviño, lieutenant du chef zacatèque Tzayn. Les Acaxées révoltés de la sierra de Topia sont guidés par un « Indien magicien, sorcier, grand parleur qui ressemblait à Simon le Mage », qui se fait appeler « évêque » et célèbre baptêmes et mariages. Lors de la rébellion de la sierra Gorda, les Indiens brûlent toutes les églises. En 1585 la première révolte des Indiens du Nayarit contre les missionnaires, due à la présence de colons espagnols sur les terres indiennes, éclate

1. Malgré la Cédula de 1531 par laquelle Charles Quint interdisait la vente des Indiens comme esclaves, Nuño de Guzman, après la disgrâce de Cortés, devint si « orgueilleux », relate le père Tello (*op. cit.*, I, p. 81) « et absolu, imbu de lui-même et justicier, avec tant de pouvoir, qu'il effrayait toute la Nouvelle-Espagne (...) et laissait toute licence pour marquer au fer les Indiens comme esclaves, car lui-même, lorsqu'il était à Panuco, fit cruellement mourir beaucoup d'Indiens, et ceux qui restaient en vie, il les vendit et en si grand nombre que cette Province en fut quasiment dépeuplée ».

avec une violence iconoclaste significative : le père Francisco Gil et le père Andrés de Ayala sont tués dans le couvent de Guaynamota, et leurs têtes sont mises à cuire, puis exposées « en signe de victoire, antique et diabolique coutume chez les Chichi-mèques [1] ». La terrible révolte des Indiens Tepe-huanes (en 1616) est provoquée par un mystérieux Indien venu du Nouveau-Mexique, et qui prêche la guerre contre les Espagnols afin de les libérer de ceux qui les asservissent [2]. La révolte des Indiens du Nayarit, au début du XVIIe siècle, est guidée par un « apostat » du nom de Don Alonso de Leon et les Tepehuanes se regroupent autour d'un Indien Tara-humara qui se fait appeler « roi » sous le nom de Juan Cocle, et prêche la destruction des missions. En 1644, la confédération des « sept nations » (Tobo-sos, Cabezas, Salineros, Mamites, Julimes, Conchos, Colorados) est inspirée par un cacique toboso apos-tat, Geronimo Moranta. La révolte des Tarahuma-ras en 1646 est guidée par Teporaca, que le père Alegre appelle *Indio ladino* (converti), et celle des Indiens voisins de Monterrey par un autre *ladino* nommé Nicolas el Carretero (le Charretier).

Au sud-est de la colonie, la plupart des mouve-ments de révolte, aux Chiapas en particulier, sont guidés par des chefs spirituels qui s'opposent au christianisme des Espagnols et prêchent le retour aux traditions ancestrales. Ce sont ces mouvements qui aboutiront aux « guerres indiennes » de la fron-tière, contre les Yaquis de Juan Jusacamea (dit Ban-deras), ou contre les Apaches de Victorio ou de Cochise, dans un climat d'extrême violence et de fanatisme.

1. Isidro Felix de Espinosa, *Crónica de la Provincia Francis-cana*, Mexico, 1945.
2. José de Arlegui, *Crónica de la Provincia de N.S.P.S. Fran-cisco de Zacatecas*, Mexico, 1851, p. 282.

Barbares contre chrétiens

Le refus du christianisme qui motive les rébellions barbares est d'abord une affirmation violente et désespérée de l'identité indienne. Par leurs mœurs, par leurs croyances, par leur conception même du monde, les barbares s'opposent à la civilisation chrétienne. La plupart des griefs des Indiens contre les religieux espagnols sont fondés sur la tradition païenne : la polygamie, la nudité, l'incinération des morts, l'usage des peintures corporelles et des tatouages, les cheveux longs et les bijoux, les fêtes d'ivresse, les danses rituelles et l'utilisation de drogues hallucinogènes. Mais la rupture avec les missionnaires était née surtout de l'opposition fondamentale entre les concepts religieux des Indiens et ceux des Conquérants espagnols. Le polythéisme, les sacrifices sanglants, et les cultes zoomorphiques formaient l'essence même de la religiosité indienne. Ceux qui, dans un premier temps, avaient ajouté les divinités nouvelles des chrétiens à leur panthéon ancestral ne pouvaient admettre l'exclusion de leurs propres dieux, symbole d'une défaite sur le plan militaire qu'ils n'avaient pas véritablement expérimentée. Le refus des nouveaux dieux se fit alors avec la brutalité d'une rébellion politique. Les Coras de Guaynamota, d'abord convertis, se soulèvent à la fin du XVIᵉ siècle « persuadés par le démon qu'ils n'avaient aucune nécessité de Dieu, que ce n'était pas lui qui leur donnait à manger, mais leurs idoles [1] ».

La doctrine même du christianisme, sa notion de charité, son culte à la paix et sa profession d'amour étaient totalement étrangers aux termes de la philosophie des peuples barbares, où étaient valorisés la

1. Tello, *op. cit.*, II, p. 146.

guerre, les sacrifices de sang et l'identification mystique avec les forces de l'au-delà. Le message d'amour et de justice des premiers missionnaires, où s'exprimaient les concepts moraux de la Renaissance, ne pouvaient rencontrer que l'incompréhension, puis la méfiance au fur et à mesure que ces paroles étaient contredites par la brutalité des Conquérants militaires, spoliateurs et faiseurs d'esclaves. La *Relation de Michoacan* traduit bien cette incompréhension, puis cette rancœur : « Quoi, devrons-nous vivre selon les choses que les Espagnols ont inventées pour nous nuire? Car les seigneurs qui sont maintenant les nôtres ont apporté avec eux les prisons, les geôles et les supplices par les chiens féroces dévorant leurs victimes enduites de graisse [1] », s'écrient les conseillers du dernier roi du Michoacan.

Mais plus encore que les contradictions et les incompréhensions, c'est le caractère fortement clérical de la religion nouvelle qui la rend étrangère aux nations barbares du Nord et du Nord-Ouest. Pour les Indiens nomades de la zone aride, comme pour les Mayas du Yucatan et pour les Tzendales des Chiapas, la religion est avant tout une révélation. Elle n'implique ni dogme ni doctrine, et elle n'est véritablement soumise à aucun clergé. Mélange indissociable de mythe, d'usages et de rites chamaniques, elle se pratique dans des cultes tribaux ou familiaux communiquant avec l'au-delà dans les danses et les visions. C'est avant tout une religion d'extase, telle que la décrit Mircea Eliade [2]. Religion syncrétique, elle permet à l'homme, quel qu'il soit, d'atteindre au surnaturel. En outre, elle

1. *Relation de Michoacan, op. cit.,* p. 238.
2. Voir Mircea Eliade, *Le Chamanisme et les techniques archaïques de l'extase,* Paris, 1951.

n'est jamais séparée du monde réel, puisqu'elle exprime l'identité du clan, de la tribu, jusque dans les actes les plus simples de la vie quotidienne. De là la profonde rupture qui sépara, dès les premières rencontres, les missionnaires chrétiens des dirigeants spirituels indigènes. L'autorité religieuse, en cherchant à se substituer au pouvoir des gouverneurs et des chefs de guerre indiens, et en imposant une morale étrangère, ne pouvait que susciter le mépris ou la haine. Chez les peuples nomades du Nord et du Nord-Ouest, à la différence des théocraties de l'Amérique moyenne, la religion n'était pas une autorité exercée par des clercs mais une puissance surnaturelle liée aux mythes originels, à laquelle l'homme participait tout entier dans un élan passionné. Le rationalisme et la morale des missionnaires chrétiens ne pouvaient conduire qu'à l'échec, au rejet. La destruction des valeurs et des symboles religieux des Indiens fut l'occasion de la révolte dans la plupart des sociétés barbares. « Pourquoi nos dieux ne se mettent-ils pas en colère? Pourquoi ne les maudissent-ils pas? » s'exclament les Purepecha lorsque les Espagnols détruisent les autels de leurs dieux [1]. La même fureur destructrice s'empare des rebelles barbares après la Conquête. Alors les églises sont brûlées, les objets du culte profanés et détruits, les prêtres espagnols assassinés, et leurs restes montrés en signe de triomphe. Ces révoltes éclatent parfois brutalement, et s'éteignent aussi vite. Le plus souvent, elles dégénèrent en véritable guerre contre l'envahisseur espagnol et contre les missionnaires chrétiens, comme dans l'alliance des Zuaques et des Teguecos, dirigés par Nacabeba et l'apostat Lanzarote, dans la guerre de la sierra Gorda (en 1600), ou dans la

1. *Relation de Michoacan, op. cit.*, p. 285.

révolte des Conchos, guidés par un Indien qui « avait proclamé la liberté de conscience pour qu'ils vivent comme ils en avaient coutume, sans observer la religion catholique [1] ». La violence continuelle des rébellions indigènes culmine dans l'insurrection des Tepehuanes en 1616, dans le soulèvement des Pueblos en 1680, ou dans la fureur sacrilège des Lacandons, telle que la décrit l'évêque Casillas du Guatemala : « Ils tuèrent et capturèrent beaucoup de gens, et ils sacrifièrent les enfants sur les autels ; ils leur arrachèrent le cœur, et avec le sang ils oignaient les images qui étaient dans l'église, et au pied de la croix ils en sacrifièrent d'autres : alors, ayant accompli ces actes, ils commencèrent à dire et à proclamer : Chrétiens, dites à votre Dieu qu'il vous défende [2]. »

Messianismes

C'est le caractère violent et irrationnel des religions indiennes qui les oppose au christianisme des Conquérants. Dans la plupart des religions révélées de l'Amérique indienne, le prêtre est plus qu'un intermédiaire, il est lui-même un dieu. Par son corps, par sa voix, c'est la divinité elle-même qui est présente et qui parle. C'est cette croyance, mêlée aux thèmes de l'incarnation de la religion chrétienne, qui est à l'origine des mouvements messianiques, chez les Coras, les Tepehuanes, comme chez les Tzendales des Chiapas et les Mayas du Quintana Roo. La guerre des Tepehuanes de 1616 éclate dans un climat de magie et de fanatisme exemplaire. Un « vieil Indien » apostat, venu du Nouveau-Mexique, prêche la guerre sainte en promettant l'immortalité

1. Cité par Maria Elena Capdevielle, in *Rebeliones indigenas en el norte del reino de la Nueva Espana*, Mexico, 1967, 130.
2. Antonio de Remasal, *Historia de la Provincia de San Vicente de Chyapa y Guatimala*, Madrid, 1619, I, p. 595.

et la réjouvence pour tous ceux qui lutteront contre les envahisseurs espagnols. Aux Xiximes, il apparaît aussi, mais sous l'aspect d'un jeune homme, et aux Acaxées, comme un guerrier portant un « cristal pareil à un miroir sur le ventre », et proférant des paroles « irrésistibles [1] ». Le père José de Arlegui rapporte la légende de cet Indien mystérieux, « pour mieux dire un démon vêtu comme un barbare », qui va de village en village et soulève les Tepehuanes autour de la ville de Durango. Son discours était « si bien raisonné dans ses paroles, et si efficace pour émouvoir l'âme attristée des Indiens que, à peine l'avaient-ils entendu, aussitôt ils s'enflammaient de colère contre les Espagnols, détestant la loi qu'on leur enseignait et le mode de vie qu'on leur avait imposé [2] ». Habité par une sorte de fureur mystique, le prophète des Tepehuanes devient un véritable Messie : « Ce misérable leur assura qu'il était fils de Dieu, et comme tel ils l'adoraient, et ne lui connaissaient aucun autre nom. » Il promet la victoire finale sur les Espagnols, et qu'ils pourront alors s'emparer de leurs richesses, de leurs grains et de leur bétail. La guerre est inspirée par le fanatisme le plus aveugle : « Ils croyaient à tel point qu'ils pourraient ressusciter qu'ils se jetaient sur les pointes des épées des Espagnols, et sur leurs lances, et même avec un courage barbare ils marchaient jusqu'aux canons des escopettes [3]. » Les guerres indiennes au XVIIe siècle, au sud-est comme au nord de la colonie, montrent l'extrémité de la violence, le fanatisme, la foi en la victoire finale sur les Espagnols et la certitude de l'immortalité des guerriers. Les rébellions des Zapotèques de Tama-

---

1. Perez de Ribas, *op. cit.*, III, p. 166.
2. José de Arlegui, *Crónica de la Provincia de N.S.P. Francisco de Zacatecas*, 1851, p. 287.
3. José Antonio Gay, cité par Casarrubias, *op. cit.*, p. 78.

culapa et d'Oaxaca sont liées à une vision qui exprime une véritable croyance messianique : un dieu nouveau enfermé dans un *petate* doit apparaître sur la grand-place d'Antequera (la ville d'Oaxaca) pour chasser les Espagnols et permettre l'avènement de trois rois indigènes, qui mettront fin à l'esclavage [1]. La rébellion des Mayas de Bakhalal, au début du xviie siècle est un défi des Indiens au roi d'Espagne, mêlé à des cultes messianiques. La relation qu'en donne le père Cogolludo nous donne la première description du rite de la *misa milpera* qui a survécu jusqu'aux temps modernes : « L'un de ces apostats était leur prêtre d'idolâtries, qui leur disait la messe, et il la célébrait avec leur nourriture de tortillas et leur boisson de pozole [2]. » Le récit fait par le père Ximenez de la rébellion des Indiens Tzendales de Cancuc en 1712 montre clairement le messianisme qui inspire les Indiens, leur refus du clergé espagnol [3]. La croix qui descend du ciel à Cancuc, entourée de « beaucoup de lumières » évoque déjà la croix parlante et les rites des Mayas Cruzoob du Quintana Roo au xixe et au xxe siècle : l'*indizuela* qui interprète les paroles de la Sainte Vierge et de sainte Marthe évoque déjà la « pythonisse » de Tulum au temps de l'insurrection maya Cruzoob au xixe siècle. Le culte s'organise autour de la « chapelle » (statues et croix cachées par un *petate*) qui est le modèle de la future Balam Na des insurgés de Chan Santa Cruz. Le chef des rebelles est un *ladino* apostat nommé Don Sebastian Gomez de la Gloria, qui est entouré de ses « majordomes »,

1. Cogolludo, *ibid.*, p. 123.
2. Diego López de Cogolludo, *Historia de Yucatan*, Campeche, 1955, p. 123.
3. Pour l'histoire du soulèvement tzendal de Cancuc, voir Herbert S. Klein, *Peasant communities in revolt, the Tzendal republic of 1712*, in Pacific Historical Review, août 1966, p. 247.

de ses chantres et d'un « secrétaire » qui transcrit les paroles de l'*indizuela*. Le fanatisme et le messianisme inspirent la révolte, par le moyen des révélations mystiques et des proclamations de l'Indienne, au nom de la « Très Sainte Vierge qui est enfermée dans ce *petate* ». Ces proclamations incitent à la guerre sainte, et confondent les Indiens avec les premiers chrétiens, comme plus tard durant la guerre des Castes : « Maintenant, il n'y avait plus de Dieu ni de Roi, et ils devaient adorer, croire et obéir seulement à la Vierge qui était descendue du ciel (...) Et ils devaient tuer les Prêtres et les Curés aussi bien que les Espagnols, les Métis, les Nègres et les Mulâtres, afin que seuls les Indiens demeurent sur ces terres [1]. » C'est le même mysticisme qui animera à la fin du XVIIIe siècle les Mayas de Cisteil, groupés autour de Jacinto Canek vêtu du manteau bleu de la Vierge de la Conception qui annonce à ses fidèles que les armes des Espagnols « maintenant n'ont plus de pouvoir contre nous [2] ». Dans le nord et le nord-ouest de la colonie, les insurrections indiennes se suivent dans le même climat de magie et de fanatisme. La rébellion de la ligue Janos-Sumas-Jocomes du haut Bacuachi était dirigée par l'Indien Buchaurini qui proclamait « qu'il était dieu, qu'il avait tout créé, et qu'il ne voulait plus que l'on vende du maïs aux Espagnols ni que les gens fussent chrétiens, et qu'il valait mieux brûler tous les Espagnols, et qu'alors ils vivraient mieux, et qu'il y aurait de l'eau en abondance sur la terre [3] ». Si l'on se réfère à la définition du messianisme donnée par Maria Isaura Pereira de Queiroz, le « para-

1. Francisco Ximenez, *op. cit.*, III, p. 257.
2. Casarrubias, *op. cit.*, p. 179.
3. Luis Navarro Garcia, *Sonora y Sinaloa en el siglo XVI y XVII*, Sevilla, 1967.

dis sur la terre », et la « rédemption collective [1] », la plupart des guerres indiennes du Mexique à partir du xvie siècle et jusqu'aux temps modernes ont pour origine des mouvements messianiques. Comme dans les guerres mystiques des Indiens des plaines en Amérique du Nord, l'influence et la notoriété des chefs religieux barbares se répandent avec une facilité et une rapidité qui prouvent la profondeur et la nécessité de ces mouvements : il s'agit bien, dans beaucoup de cas, de la fondation de religions nouvelles. Depuis les soulèvements du Mixton et du Jalisco jusqu'aux derniers épisodes de la guerre apache, c'est-à-dire durant près de trois cent cinquante ans, les insurrections indiennes se succèdent, année après année, nation après nation, comme un même rêve de violence, de magie et de mort.

Les « despeñolados »

Année après année, nation après nation, les rébellions barbares sont écrasées par les forces armées espagnoles, puis, après l'indépendance, par l'armée mexicaine. Les chefs religieux (les *hechiceros*) sont exécutés sans jugement au cours de la répression souvent arbitraire et cruelle qui vise à l'extermination pure et simple des Indiens *bravos*. Pour les nations entrées dans cette guerre totale, la défaite signifie la mort, puisque le but même de leur révolte est la victoire définitive et l'expulsion des oppresseurs espagnols. La première guerre de rébellion de la colonie, et l'une des plus violentes, la guerre du Mixton, montre bien à quel point l'engagement des Indiens est total. D'abord rébellion contre les abus des *encomenderos*, la guerre, soute-

1. Maria Isaura Pereira de Queiroz, *Historia y etnología de los movimientos mesianicos*, Mexico, 1978, p. 177, n. 2.

nue par les augures et la religion, devient générale ; c'est une guerre « chichimèque », à laquelle toute la population participe, jusqu'aux femmes et aux enfants [1]. Les combats ont lieu dans une colère mystique et sauvage, insultes et imprécations des Espagnols répondant aux cris de guerre et à la fureur cannibale des Indiens de Juchipila : « Et environ à dix ou onze heures du matin, les ennemis apparurent autour de la Ville (Guadalajara), revêtus de leurs ornements de plumes et portant arcs, massues, rondaches et lances, armés de toutes sortes d'armes, et leur nombre était si considérable que sur une demi-lieue autour de la Ville ils l'encerclaient, et l'on ne voyait que des Indiens ennemis au corps peint et nu, paraissant le diable [2]... » Au fanatisme des barbares électrisés par leur *hechiceros* et leurs chefs de guerre, montant au combat enivrés de vin et de peyotl, répond la fureur religieuse des Espagnols attaquant le Peñol de Nochistlan, guidés par l'apparition miraculeuse d'un cavalier blanc dans lequel ils reconnaissent l'archange saint Michel ou le chevalier Santiago [3].

La violence désespérée des combats du Peñol de Nochistlan est la même qui marquera la plupart des guerres barbares jusqu'à la capitulation des Apaches en 1880. Les insurgés, devant la puissance des forces armées des Espagnols (alliés aux ennemis traditionnels, Tarasques du Michoacan, Mexicains de Mexico ou de Tlaxcala) n'ont d'autre recours que de se barricader dans les forteresses naturelles des *peñoles*, où ils soutiennent un siège

1. Antonio de Ciudad Real, *op. cit.*, II, p. 160 : « Tous les Chichimèques hommes, femmes, ou enfants sont gens de guerre, car ils s'entraident tous pour fabriquer les munitions et les flèches. »
2. Tello, *op. cit.*, II, p. 219.
3. *Ibid.*, II, p. 226.

terrifiant. Dans le Peñol de Nochistlan, soixante mille Indiens sont assiégés par l'armée du vice-roi Don Antonio de Mendoza. Leur détermination à mourir est unanime. Aux sommations des Espagnols, le cacique Don Diego Tenamaxtli fait répondre « qu'ils ne voulaient pas se rendre, ni faire la paix, qu'ils étaient sur leurs terres, et que les Espagnols devaient retourner sur les leurs et là-bas ils auraient la paix [1] ». La prise du Peñol de Cuina a lieu dans une tuerie sauvage, tandis que les Indiens se suicident pour ne pas être pris. Les Indiens, se voyant perdus « commencèrent à se tuer les uns les autres, et à se jeter dans le vide, et ils tuaient leurs propres enfants en les jetant sur les rochers, chose terrible à voir, et de la sorte moururent et se suicidèrent plus de quatre mille Indiens, sans compter les femmes et les enfants [2] ». Privés d'eau et de nourriture, terrorisés par la défaite, les Indiens de Nochistlan se jettent eux aussi dans le vide et meurent en grand nombre. Le suicide est l'unique recours des peuples indiens devant l'arrivée des Conquérants étrangers : lorsqu'il apprend l'arrivée imminente des Espagnols de Cristobal de Olid, le cazonci Tangaxoan, dernier roi du Michoacan, songe à la mort, et ses dignitaires cherchent à l'entraîner : « Seigneur, fais apporter du cuivre, et nous le chargerons sur nos épaules et nous nous noierons dans le lac [3]. » Les cruautés de l'*encomendero* Pedro de Bobadilla conduit les Indiens de Culiacan à la révolte et au suicide : « Il avait des lévriers et comme s'il partait chasser des bêtes sauvages, il chassait des hommes et les mettait en

1. Tello, *op. cit.*, II, p. 303.
2. *Ibid.*, II, p. 294. Le père Tello ajoute qu'au moment où il écrit ceci, « en l'an de mil six cent cinquante deux, il ne reste pas huit Indiens dans Cuina ».
3. *Relation de Michoacan, op. cit.*, p. 282.

pièces. Et voyant ces cruautés dignes de l'enfer, tous les gens de la province de Culiacan se soulevèrent et les Indiens des plaines et de la côte mirent le feu à leurs villages et à leurs provisions, et après avoir tué leurs enfants parce qu'ils ne pouvaient pas les emmener ils se réfugièrent dans les montagnes [1]. »

C'est le suicide qui conclut la terrible guerre des Tepehuanes, quand les combattants, persuadés de l'idée de leur résurrection, montent à l'assaut des lances et des arquebuses des Espagnols. La même violence désespérée aura cours dans les ultimes affrontements entre barbares et civilisés, durant les guerres d'extermination des Apaches et Comanches à la fin du XIXᵉ siècle.

Ainsi, la guerre sainte des Chichimèques et des barbares du Nord semble trouver sa continuation dans les guerres indiennes des Pawnees, Arapahoes, Sioux et Seminoles. L'on pourrait rêver d'une relation entre les insurrections chichimèques et barbares du XVIᵉ et du XVIIᵉ siècle et les mouvements messianiques des Indiens nord-américains [2]. Les *dream-dances* (ou *pow-wow*) des Iroquois, les *ghost-dances* des Sioux Oglala, les *sun-dances* des Kiowas, où les rites se mêlent aux thèmes chamaniques et à l'usage du peyotl, rappellent étrangement les *mitotes* et les prêches des *hechiceros* barbares. Ce sont les mêmes thèmes qui les animent : la promesse d'immortalité ou de réjouvence, le

1. Tello, *op. cit.*, II, p. 26.
2. L'on pourrait songer aussi aux religions messianiques des Indiens d'Amérique du Nord, comme le rituel de Handsome Lake des Indiens Senecas (en 1799) ou au rôle des visionnaires et des rêveurs, comme le chaman Noch-ay-del-klinne des Indiens de Fort Apache. Voir Vittorio Lanternari, *Movimientos religiosos y de libertad y salvación de los pueblos oprimidos*, Barcelone, 1965, p. 135 et John Upton Terrel, *Apache Chronicle*, New York, 1972, p. 157.

triomphe final des Indiens sur les Blancs ou les métis, le chamanisme, les visions et les transes, ainsi que l'usage du peyotl et du tabac à des fins magiques. La présence, aux côtés des grands leaders indiens des plaines d'Amérique du Nord, Pontiac, Tecumseh, Wovoka, de « voyants » et de « rêveurs » rappelle les *hechiceros* des guerres barbares, aux côtés de Tzayn, de Maxorro, de Macolio, de l'Apache Martinillo. Chez les barbares, les danses rituelles, le chamanisme et le peyotl semblent avoir joué un rôle important, surtout durant la Ligue chichimèque de 1561 [1], qu'on retrouve au XIXe siècle chez les derniers nomades insurgés contre l'ordre chrétien. A partir de 1810, la guerre sainte est particulièrement violente et désespérée. Sous la poussée des colons nord-américains soutenus par une armée moderne, et reculant devant les expéditions militaires des Mexicains, les Apaches recourent à la tactique éprouvée des Chichimèques : ils se réfugient dans les montagnes inaccessibles de la sierra Madre, et survivent grâce au pillage. Au pouvoir supérieur des armements modernes, ils opposent le fanatisme de la « Voie de Netdahe », « mort aux étrangers », un serment pris par leurs ancêtres lors de l'arrivée de Coronado au Nouveau-Mexique. Les *Netdahe*, guerriers de la redoutable bande des Chiricahuas, regroupent la plupart des chefs de guerre qui feront l'histoire de l'ultime résistance apache : Juh, Zele, Nanay, Loco, Kaah-Tenny et sans doute Geronimo [2]. Guerre mystique, guerre sans espoir qui oppose les derniers nomades du monde, héritiers de la tradition des chasseurs-collecteurs, aux soldats de la nation la

1. Voir Philip Wayne Powell, *La Guerra Chichimeca*, Mexico, 1977, p. 57 sq.
2. Voir Niño Cochise, *The first 100 years of Niño Cochise*, New York, 1979.

plus puissante et la plus développée techniquement du monde moderne. Cette guerre est beaucoup plus qu'un affrontement de races ou de peuples : c'est véritablement un affrontement d'idées et de cultures, où s'opposent, en un combat inégal, une société primitive qui valorise la force physique, le courage et la ferveur religieuse, et une société matérialiste pour laquelle seuls comptent l'argent et la réussite. Les représentants de la société nord-américaine, pratiquant la politique d'extermination par l'intermédiaire d'agents tels que John Clum, sont conscients eux-mêmes de la signification de cette guerre, comme l'exprime le propos désabusé du chirurgien militaire James Roberts : « Les Indiens deviendront des civilisés aussitôt qu'ils deviendront amoureux de l'argent [1]. »

Comme pour les Chichimèques de Cuina, de Nochistlan, de Juchipila, il s'agit bien d'une guerre totale, sans merci. A la « Voie de Netdahe », glorifiée par Cochise, par Juh, par Victorio, répond la guerre totale du général nord-américain James Carleton en 1862, et la politique d'extermination du gouverneur Joaquin Terrazas, qui proclame la guerre *sin paz* – version moderne de la guerre *a fuego y a sangre* déclarée par les premiers Conquérants espagnols. En 1862, le général James Carleton peut envoyer au colonel Kit Carson un ordre de guerre contre les Chiricahuas qui équivaut à un véritable assassinat : « Tous les Indiens mâles de cette tribu doivent être tués où et quand vous pourrez les trouver. Les femmes et les enfants seront épargnés, mais vous les emmènerez comme prisonniers [2]. »

1. Ralph Hedrick Ogle, *Federal Control of the Western Apaches 1848-1886*, Oklahoma, 1959, p. 127.
2. C. L. Sonnichsen, *The Mescalero Apaches*, Oklahoma, 1958, p. 98.

Comme pour les rebelles barbares du temps de la colonie espagnole, la mort est la seule issue pour les derniers nomades, devenus hors-la-loi par la force des choses. La maladie, la malnutrition, la misère viennent à bout des derniers guerriers, déciment les rangs des Comanches de Katum'se ou de Sanaco, des Lipanes, des Tonkawas, des Apaches Gileños, Chiricahuas, Mescaleros. Les chefs disparaissent les uns après les autres, dans une mort glorieuse comme Victorio, ou assassinés par traîtrise, comme Loco, Manuelito, ou Mangas Coloradas, emportés par la grippe comme Tahza, ou par la variole comme l'Apache Mescalero Santana. Réduits à une poignée de « sauvages à demi armés et encore moins habillés », selon le mot de John Clum [1], ceux qui avaient été les guerriers les plus redoutés de la frontière doivent chercher refuge dans Pa-Gotzin-Kay, la Montagne du Paradis, dans la sierra Madre à l'ouest de Casas Grandes, qui est le lieu sacré de leur origine. C'est là que Victorio trouve la mort en 1880, tué par un Tarahumara mercenaire des troupes du général Terrazas, et c'est là que finit Juh, tombé du haut d'un rocher, dans une mort sans doute accidentelle qui rappelle celle des *despeñolados* de la rébellion chichimèque [2].

Ainsi s'achève le rêve barbare, commencé dans l'ivresse d'une guerre sainte contre les envahisseurs, et devenu, au long des siècles, symbole du désespoir et de la mort. Rêve d'un autre monde, d'un autre temps, il laisse en nous une trace indélébile. Plus que la nostalgie ou le remords, le sentiment troublant d'une civilisation perdue à tout jamais. Ce n'est pas un hasard si l'épopée des der-

1. *In* Ralph Hedrick Ogle, *op. cit.*, p. 130.
2. Voir Dan L. Thrapp, *Juh : an incredible Indian*, Oklahoma, 1973.

niers hommes nomades touche tant notre imaginaire. Ces hommes cruels, libres et fiers, guerriers endurcis, vertueux et mystiques, attachés à leurs territoires, à leurs forêts et à leurs rivières « comme à leurs propres parents [1] », ceux que le voyageur Zebulon Pike peut encore décrire en 1807 comme des hommes « merveilleusement indépendants dans leurs mœurs [2] », ignorant les petitesses et les vices des nations civilisées, ne continuent-ils pas, aujourd'hui même, au-delà de la mort à nous interroger sur nos institutions, nos lois, notre foi, et toute notre culture ?

1. Morford, à propos des Indiens de Camp Apache, écrit qu'ils sont si attachés à White River qu'ils disent qu'ils l'aiment comme leurs propres parents *(Archives du U.SB.I.A.)*, 1875-1880.
2. John Upton Terrell, *op. cit.*, p. 150.

ANTONIN ARTAUD
OU LE RÊVE MEXICAIN

Le Mexique est une terre de rêves. Je veux dire, une terre faite d'une vérité différente, d'une réalité différente. Pays de lumière extrême, pays de violence, où les passions essentielles sont plus visibles et où la marque de l'antique histoire de l'homme est plus sensible; tout comme dans certains pays fabuleux, la Perse, l'Égypte, la Chine. Pourquoi ce rêve? Qu'est-ce qui fait du Mexique un des lieux privilégiés du mystère, de la légende, un lieu où le moment même de la création paraît encore proche alors que déjà s'annonce, inexplicablement, l'autre moment suprême, celui de la destruction du monde?

Est-ce la nature même du pays, terre de volcans, de déserts, de hauts plateaux si proches du ciel et du soleil, terre de jungles exubérantes, de plaines arides, de précipices, de canyons et de vallées profondes? La virginité de la nature dans ce Nouveau Monde – par opposition à l'antiquité des terres d'Europe, formées par l'homme, soumises à son usage jusqu'à la stérilité parfois – voilà sans doute le principe même de ce rêve: pendant la période romantique, dans l'œuvre de Chateaubriand notamment, cette nature vierge est le thème central du rêve : dans le Nouveau Monde où l'homme est en harmonie avec la nature, tout est possible; tout semble plus beau, plus vrai.

L'homme aussi a donné naissance à un rêve; l'homme des sociétés indigènes des hautes terres. Un rêve où le sauvage nomade, le héros des romans de Fenimore Cooper ou de Chateaubriand, est opposé à l'Aztèque et à l'Inca, serviteurs de leurs dieux solaires, constructeurs de prodigieux monuments, héros légendaires des peuples sacrifiés par l'Espagnol à sa fièvre de l'or puis abandonnés à l'esclavage et au désespoir. Image romantique aussi, qui a fasciné des générations de lecteurs de romans et de récits de voyages au siècle dernier.

La légende surtout : le pouvoir magique des noms, des gestes et des dieux, le mystère des civilisations disparues, qui entraînèrent avec elle dans l'abîme de l'oubli tout le pouvoir et tout le savoir de leurs fondateurs. Au cœur de ce mystère, il y a surtout la fascination instinctive qu'exercent les peuples magiciens et leurs rituels cruels, mêlée à l'admiration que suscite leur développement artistique et culturel. Le Mexique est probablement le pays du Nouveau Monde où s'est trouvée corrigée l'idée puérile et idyllique du « bon sauvage » romantique, grâce aux récits des voyageurs et grâce aux ouvrages de l'abbé Brasseur de Bourbourg ou de Michel Chevallier. Alors, l'Europe découvrit pour la seconde fois le Nouveau Monde, son passé prestigieux, ses richesses architecturales et l'extraordinaire pouvoir de séduction de son folklore vivant. En France, le XIXe siècle retrouva spontanément le chemin du rêve; et Napoléon III, empereur des Français, héritier d'un aventurier, fit le rêve fou d'une épopée mexicaine qui établirait dans le Nouveau Monde un prolongement de son empire et un contrepoids à l'empire commercial des États-Unis. Le rêve de Napoléon III fut avant tout, je crois, un rêve mexicain ; je veux dire, le rêve d'une nouvelle puissance. D'autres rêves ont traversé l'histoire du Mexique, plus généreux sans doute que le rêve des Conquérants, l'extravagance de Napoléon III ou l'aventure d'Iturbide ; je veux parler des rêves d'un monde meilleur que firent les premiers évangélisateurs espagnols, celui de Bartolomé de Las Casas, touché par la beauté et par l'innocence des Indiens, victimes de la cruauté des colonisateurs qui les exploitaient, je veux parler aussi de la vision de Don Vasco de Quiroga, de l'abnégation de Fray Jacobo Daciano, mais aussi du rêve impossible de Boturini, son Idée d'une Histoire de la Nouvelle-Espagne, où se mêlent les réminiscences du classicisme grec et les mythes aztèques et toltèques ; ou bien de la thèse purement onirique de Don Carlos de Sigüenza y Gongora sur le Phénix de l'Occident, l'apôtre saint Thomas confondu avec la figure légendaire de Quelzalcoatl.

Mais ces rêves et ces aventures, qui ont traversé le Mexique dès la Conquête, ne sont pas des manifestations gratuites de l'imagination. Il faut avant tout, me semble-t-il, les rapprocher du pouvoir de rêve qui est au cœur même des civilisations précolombiennes : rêves prophétiques, rêves où les hommes rencontrent leurs dieux, où ils reçoivent leur consécration pour exercer le pouvoir sur d'autres hommes, comme on le voit dans la *Relation de Michoacan*, ou dans ces grands textes mystiques de l'Amérique indienne que sont les *Livres du Chilam Balam*. Ainsi, au rêve fou d'or et de terres nouvelles des Conquérants espagnols, répond le rêve et l'obsession de la fin du monde des peuples indigènes et l'attente angoissée du retour : retour des hommes vêtus de blanc, des maîtres de la terre, qu'avaient annoncé les prophètes mayas, Ah Kin Chel, Xupan Nauat, ou le Chilam Balam ; retour de Quetzalcoatl pour Moctezuma et les Mexicains, dont profita si bien Hernán Cortés.

Le plus étrange, dans ce flux de rêves qui traverse le Mexique, c'est qu'il est de toutes les époques, produisant de manière continue ces explosions d'irrationnel, d'illusion et même d'absurde : remous du baroque comme chez Boturini ou chez Don Ramon de Ordonez y Aguiar, auteur d'une curieuse *Histoire du Ciel et de la Terre*, où Quetzalcoatl est identifié à un frère de saint Thomas et les maîtres de Culhuacan aux descendants des Chananéens de Palestine ; remous collectifs, comme dans l'aventure de Mariano, le roi indien ou dans la rébellion des Cruzoob du Quintana Roo ; ce pouvoir de rêve conduit à l'époque contemporaine sur ce que l'on peut appeler une renaissance de l'irrationnel.

Le Mexique a sans doute été – comme la Tahiti de Gauguin – le lieu privilégié du rêve du paradis perdu. En France, à travers l'œuvre de Brasseur de Bourbourg et grâce aux observateurs qui accompagnaient l'intervention française au Mexique, on eut la première révélation de ce pouvoir de la magie et de l'imaginaire indien qui fascinèrent les lecteurs, comme si les moindres faits de la merveilleuse aventure des Conquérants se mêlaient aux mystères et aux secrets des peuples primitifs. C'est cette dernière phase du rêve mexicain que nous vivons sans doute actuellement, après les romans de D.H. Lawrence, après *Mexique, terre indienne* de Jacques Soustelle, après les récits sombres, presque mythiques, de Juan Rulfo.

C'est cette découverte de l'antique magie des peuples vaincus qui a revalorisé le monde indigène

217

actuel et qui a permis au rêve mexicain de se perpétuer. Rêve d'une terre nouvelle où tout est possible; où tout est, à la fois, très ancien et très nouveau. Rêve d'un paradis perdu où la science des astres et la magie des dieux étaient confondues. Rêves d'un retour aux origines mêmes de la civilisation et du savoir. Beaucoup de poètes ont fait ce rêve, tant en France qu'au Mexique. Et ce n'est pas par hasard que ce rêve a attiré au Mexique l'un des plus prestigieux chercheurs de rêves, le surréaliste André Breton. Mais l'un des premiers à exprimer ce rêve, mélange de violence et de mysticisme, le premier sans doute à le vivre fut le poète Antonin Artaud.

Le 6 février 1936, Antonin Artaud débarque au port de Veracruz. Il a quarante ans. Après sa désastreuse expérience avec le surréalisme et son excommunication par André Breton qui l'a condamné pour trahison, après l'échec de sa tentative au théâtre et au cinéma, après sa déception sentimentale avec Genica Athanasiou, accablé par un délabrement grandissant dû à l'usage de la drogue, l'Europe est devenue pour Artaud un enfer. Un enfer qu'il fuit; et c'est le Mexique qu'il choisit pour essayer de réaliser le rêve de sa vie, le rêve d'une existence nouvelle dans un pays dont les forces occultes et le pouvoir d'imagination sont encore intacts. Dans le *Nacional* du 5 juillet 1936, il écrit « Ce que je suis venu faire au Mexique » :

« Je suis venu au Mexique chercher des hommes politiques, pas des artistes.

« Voici pourquoi :

« Jusqu'à présent, j'ai été un artiste, ce qui veut dire que j'ai été un homme *manipulé*.

« La question est en réalité celle-ci :

« La civilisation européenne actuelle est fractionnée. L'Europe dualiste ne peut offrir au monde qu'une effroyable poussière de cultures. Faire jaillir une unité nouvelle de cette poussière de cultures est devenu une nécessité.

« L'Orient est en pleine décadence. L'Inde dort en rêvant d'une libération qui n'apparaît qu'après la mort.

« La Chine est en guerre. Les Japonais d'aujourd'hui se sont révélés les fascistes de l'Extrême-Orient. La Chine, pour le Japon, n'est qu'une vaste Éthiopie.

« Les États-Unis n'ont réussi qu'à multiplier à l'infini la décadence et les vices de l'Europe.

« Il reste le Mexique et sa subtile structure politique qui, après tout, n'a pas changé depuis l'époque de Moctezuma.

« Le Mexique, ce précipité de races innombrables, est comme le creuset de l'histoire. C'est de ce précipité, de ce mélange de races, qu'il devra tirer un produit unique dont sortira l'âme mexicaine. » Dans ce même article, Artaud ajoute : « Je suis venu au Mexique chercher une nouvelle idée de l'Homme. » Cette « nouvelle idée de l'homme », c'est ce que le poète va poursuivre durant tout son séjour au Mexique, multipliant les articles, les lettres, les conférences, les rencontres, en quête d'un apaisement à son inquiétude.

Mais en réalité, la rupture d'Artaud avec l'Europe n'est pas encore consommée. Le voyage au Mexique et le rêve mexicain sont nés en partie de la fascination que les artistes contemporains du mouvement surréaliste ont ressentie brutalement pour les cultures dites « primitives » et pour la révolte contre les idées européennes. Il faut se souvenir de la présence de Jorge Cuesta à Paris en 1928 et de sa rencontre avec les têtes du mouvement surréaliste ;

et du retentissement des idées surréalistes au Mexique : en témoigne la publication en 1928 d'une étude sur *Nadja* d'André Breton par Jaime Torres Bodet et la publication, dans la revue de Salvador Novo et Xavier Villaurrutia *Ulises*, d'un extrait des poèmes d'Isidore Ducasse et, en 1929, d'une étude de Jorge Cuesta sur Paul Eluard.

Quand Artaud arrive à Mexico, il a, dit-il, « l'esprit vierge, ce qui ne veut pas dire sans idées préconçues ». Dans un autre article, publié dans le *Nacional* du 3 juin 1936, Artaud, parlant de la révolution mexicaine, explique le sens qu'il donne au mot révolution : « renaissance de la civilisation pré-cortésienne ». Mais son rêve ne lui interdit pas de percevoir la fragilité de cette interprétation car, dit-il, « il y a en Europe un mouvement anti-européen et je crains qu'il n'y ait au Mexique un mouvement anti-indien ». Plus tard, au nom même de la révolution, Artaud s'opposera à la doctrine marxiste des instituteurs de la sierra Tarahumara, tout comme au danger d'acculturation que représentent les missions jésuites.

Mais la foi d'Artaud en un Mexique nouveau est atteinte par les difficultés de son existence dans la ville de Mexico. Logé dans une maison de mauvaise réputation dans le quartier « Roma », sans argent, pratiquement sans nourriture et, de plus, désespérément en quête de drogue, Artaud ne trouve pas en réalité le Mexique qu'il cherche. Il ne le trouve que dans les livres, les objets exposés au musée des Beaux-Arts et, à l'occasion, dans l'œuvre d'Ortiz Monasterio, « le technicien de la pierre sculptée » et dans la peinture de Maria Izquierdo. Artaud le dit, un peu brutalement : « Il n'y a pas d'art mexicain au Mexique. » Même l'œuvre de Diego Rivera lui semble « impersonnelle », influencée par l'Europe

et, ce qui est plus grave pour Artaud, « matérialiste ».
Artaud conclut : « Nous sommes loin de la puissante
fulguration solaire de l'art mexicain originel. »

Ainsi, de plus en plus, Artaud semble se refermer
sur lui-même, oublier le monde du Mexique
moderne pour suivre son rêve de retour à l'âge d'or
de l'empire aztèque. Au cours des trois conférences
qu'il donne à l'Université autonome de Mexico, les
26, 27 et 29 février, c'est la condamnation du mar-
xisme qui lui fournit son thème central ainsi que la
condamnation du surréalisme en tant « qu'attitude
négative »; et il expose sa conception d'un théâtre
magique; une espèce de trait d'union entre les rites
et les signes, comme dans la mythologie mexicaine :
« Les dieux du Mexique, dit Artaud, sont les dieux
de la vie en proie à une perte de force, à un vertige
de la pensée. »

Cette obsession du vide, de la mort, jointe à
l'expression suprême de la vie, faite de cruauté et
de violence, Artaud la trouve tout entière dans les
mythes mexicains; c'est alors pour lui le trésor que,
sans aucun doute, il convient de révéler aux Mexicains eux-mêmes, qui vivent coupés de leur propre
passé, et au monde entier pour anéantir la force
maléfique du matérialisme.

Une des actions les plus surprenantes d'Antonin
Artaud au Mexique, c'est cette *Lettre Ouverte aux
Gouverneurs de l'État*, publiée le 19 mai 1936 dans
le *Nacional*, où le poète semble reprendre les idées
surréalistes qui avaient inspiré, quelque dix ans
plus tôt, la *Lettre au Dalaï Lama*. Dans cette lettre,
Artaud tente d'émouvoir le pouvoir officiel et de lui
faire sentir l'urgente nécessité de reconnaître les
cultures indigènes, des cultures qui sont, selon le
mot d'Artaud, « pour les vivants » : « Oui, je crois en
une force qui dort dans la terre du Mexique. C'est

pour moi le seul lieu du monde où dorment les forces naturelles qui peuvent être utiles aux vivants. Je crois à la réalité magique de ces forces, comme on peut croire au pouvoir curatif et salutaire de certaines eaux thermales. Je crois que les rites indiens sont les manifestations directes de ces forces. Je ne veux les étudier ni en tant qu'archéologue ni en tant qu'artiste, mais comme un sage, au vrai sens du mot; et j'essaierai de me laisser pénétrer en toute conscience de leurs vertus curatives, pour le bien de mon âme. »

Tel est le sens profond du « message révolutionnaire » qu'Artaud veut délivrer au Mexique. Et, en vérité, en 1936, c'est révolutionnaire; Vicente Mendoza ne va fonder la Société Folkloriste de Mexico que deux ans plus tard et nous sommes encore loin de l'idée d'un Institut Indigéniste. L'appel d'Artaud aurait-il été entendu? C'est difficile à dire; mais il semble qu'après avoir écrit ce texte, le poète s'est de plus en plus refermé sur lui-même, replié sur son rêve d'une Terre Rouge, où l'on pourrait trouver le secret des « forces occultes », de « cette force de lumière qui fait tourner les pyramides sur leurs bases jusqu'à ce qu'elles se placent sur la ligne de l'attraction magnétique du soleil ». Culte du soleil, dualisme yin/yang, médecine par les plantes, tirs magiques, sacrifices, religion du peyotl; tout cela est l'expression pour Artaud du cœur même de son rêve, et donne naissance à une vision si puissante qu'elle semble effacer totalement la réalité quotidienne du Mexique.

C'est alors, à ce point du rêve, que se situe le *Voyage au pays des Tarahumaras*, probablement à la fin du mois d'août 1936. Antonin Artaud est-il vraiment allé à la sierra Tarahumara? Son biographe mexicain le plus fidèle, Cardoza y Aragon, parle d'une mission officielle d'anthropologie organisée à cette époque par les Beaux-Arts pour l'Université autonome, – puisque le Musée national d'Anthropologie n'existait pas encore – et déclare qu'Artaud est parti dans la sierra en compagnie de cette mission. Chose étrange, on ne trouve pas trace de cette mission dans les Archives, et le directeur des Beaux-Arts ne semble même pas se souvenir du nom d'Artaud. Si l'on ne peut douter qu'Antonin Artaud soit véritablement allé dans la Tarahumara, il a dû y aller seul, ou plus exactement, sans aide officielle. Les difficultés ont été grandes. A cette époque, le train Chihuahua-Creel marchait bien certes, mais pour arriver à Norogachic, au fond des canyons, il fallait surmonter des obstacles. Artaud était malade, amoindri par les drogues; en outre, il ne parlait pas espagnol ni la langue des Tarahumaras. Norogachic était alors, comme la plupart des villages tarahumaras, sous la protection de la mission jésuite, et on voit mal comment Artaud, apôtre du paganisme, pouvait communiquer avec les Indiens ou, du moins, assister aux cérémonies du peyotl.

Alors il nous faut revenir au rêve, au rêve éveillé que fait Artaud autour des pétroglyphes de « La Montagne des Signes ». Autour des rites du peyotl, la danse de Tutuguri et de Jicuri dont parle Carlos Basauri dans sa *Monographie des Tarahumaras*, publiée en 1922. C'est ce même rêve de retour à la « Race des Hommes Perdus », ce rêve du pays des Rois Mages, des rites des rois de l'Atlantide, et de la recherche de ce qu'Artaud appelle une « Race Principe ». Cette race principe pour Artaud, c'est le peuple qui a eu connaissance des secrets de la création des « Nombres-Principes », comme Pythagore; les hommes expriment les pouvoirs mâles et les pouvoirs femelles avec les pointes de leurs bandeaux; tantôt blancs, tantôt rouges; car, explique Artaud : « les Tarahumaras sont obsédés de philosophie; et ils en sont obsédés jusqu'à une sorte d'envoûtement physiologique; il n'y a pas chez eux de geste perdu, de geste qui n'ait un sens de philosophie directe. Les Tarahumaras deviennent philosophes, absolument comme un petit enfant devient grand et se fait homme; ils sont philosophes en naissant ».

Dans ce rêve, Artaud retrouve, avec l'expression la plus violente de la réalité, toutes ses vieilles obsessions; en une espèce d'incantation où se mêlent les réminiscences de Platon, du *Bardo Thödol* tibétain ou l'histoire d'Héliogabale. A Norogachic, dit Artaud, « j'ai vu (...) le rite des Rois de l'Atlantide tels que les décrit Platon dans les pages du *Critias* ». Ce rite, au cours duquel on sacrifie un taureau sur un accompagnement de musique et de danses des Matachines, devient, dans la vision d'Artaud, la preuve vivante d'une communication avec l'au-delà et de la mémoire des Atlantes, réunis dans la même « fabuleuse source préhistorique ». Pour Artaud, chaque élément, chaque signe confirme cette intuition : les Tarahumaras sont liés à la tradition de la Cabale par les signes gravés sur les montagnes; ils sont héritiers du judaïsme par leurs légendes qui racontent « le passage dans les tribus des Tarahumaras d'une race d'Hommes porteurs de feu » qui eurent trois maîtres ou trois Rois et qui marchaient en direction de l'étoile polaire. Le peuple Tarahumara est alors l'expression de « cette science antique et très complète que le langage absurde de l'Europe a dénommée : Ésotérisme Universel ». Voici les symboles qu'on trouve sur les objets et sur les vêtements des Tarahumaras : *la croix ansée, la Svastika, la Double Croix, le Grand Cercle avec un point au milieu, les Deux Triangles qui s'opposent, les Trois Points, les quatre Triangles aux quatre points cardinaux,* etc.

Ainsi, cheminant dans la *Montagne des Signes,* absorbé dans sa vision exaltée, le poète aperçoit à chaque pas un dessin, une forme, un relief qui lui font signe : « Cette sierra habitée, et qui souffle une pensée métaphysique, dans ses rochers, les Tarahumaras l'ont semée de signes. » Dans les formes des rochers, Artaud voit le corps d'un homme torturé, ou bien un homme nu devant une fenêtre et dont la « tête n'était qu'un grand trou », ou bien des seins de femmes. Il voit se répéter huit fois le même rocher qui projette sur le sol deux ombres. Il voit des arbres « brûlés volontairement en forme de croix » ; d'autres qui portent « des lances, des trèfles, des feuilles d'acanthe entourées de croix ». La nature tourmentée semble montrer l'antique accord entre l'homme et les dieux ; et c'est cet accord qu'Artaud appelle science.

Mais c'est dans la danse des Indiens qu'Artaud trouve le centre de son rêve, dans cette transe qui libère les « forces occultes ». Artaud a-t-il vraiment assisté aux danses des Tarahumaras ? Il a sûrement lu les pages écrites par Carlos Basauri sur la danse du Tutuguri, où l'on trouve la description des chevreaux liés sur le sol en forme de croix, pendant qu'on recueille le sang des victimes dans des cuillers de bois présentées aux quatre points cardinaux et l'offrande qu'on fait aux trois dieux du Jicuri : « umarique » à l'est, « cocoyome » au nord, « mulato » au sud ; et l'invocation à Taienari, le dieu soleil. Mais le problème de l'authenticité de l'expérience d'Artaud n'a pas de sens. Pour lui, décrire le rite du peyotl, c'est rendre compte d'un enchantement, d'un envoûtement qui l'a transformé complètement, qui l'a rendu autre.

« Après des fatigues si cruelles, je le répète, qu'il ne m'est plus possible de croire que je n'aie pas été réellement ensorcelé, que ces barrières de désagrégation et de cataclysmes, que j'avais senti monter en moi, n'aient pas été le résultat d'une préméditation intelligente et concertée, j'avais atteint l'un des derniers points du monde où la danse de guérison par le Peyotl existe encore, celui, en tout cas, où elle a été inventée. »

La danse du Peyotl est avant tout, pour Artaud, un moyen de ne plus être « Blanc » : c'est-à-dire « celui qu'ont abandonné les esprits ». Le rite du peyotl est l'expression même de la « Race Rouge », de la plus antique possession par les dieux. Mais pour Artaud, c'est aussi la révélation d'une poésie à l'état pur ; d'une création en dehors du langage : création des gestes et des rythmes de la danse ; création pure, pareille, dit-il, à une « ébullition ». Artaud pense alors trouver un art pur, dégagé de toutes les conventions sociales ; un théâtre à l'état originel. C'est ce qu'on sent notamment dans l'étrange texte-poème qu'Artaud a intitulé *Tutuguri*, d'après le nom de la danse de la chouette. Il s'agit d'un rêve sur la danse des Tarahumaras, hanté par l'image des croix de bois que les six hommes purs tiennent embrassées, comme pour les épouser. Image du feu initial qui sort du cercle des croix, pendant que le soleil a pris rang. « Il a pris forme au milieu du système céleste. Il s'est placé tout d'un coup comme au centre d'un formidable éclatement. » Le battement des tambours et le bruit des *sipirakas* rythment le pas des hommes et le danseur, le corps taillé d'une balafre de sang, entre en extase.

Le texte de ce rêve, écrit douze ans plus tard,

alors qu'Artaud est dans le refuge d'Ivry-sur-Seine, après le passage par l'asile de Rodez, scelle en quelque sorte le rêve, renferme le poète en lui-même. L'expérience d'Artaud au Mexique est l'expérience extrême de l'homme moderne qui découvre un peuple primitif et instinctif ; la reconnaissance de la supériorité absolue du rite et de la magie sur l'art et la science. Artaud, de retour de la sierra Tarahumara, ne pourra plus supporter la société mexicaine. A la fin du mois d'octobre, il rentre en Europe, lourd de ce secret et de ce savoir inadmissible pour les Occidentaux. Dès lors, ni le théâtre, ni la poésie, ni même la religion n'intéressent Artaud ; seule, l'idée de la magie et son propre envoûtement. Son expérience dans la sierra Tarahumara fut l'occasion d'une rupture totale avec le monde occidental, et Antonin Artaud ne put retrouver ses occupations antérieures. Il part en Irlande d'où il se fait expulser pour attitude scandaleuse et usage de drogue. Sa vie est désormais ébranlée, son esprit prisonnier de son rêve où la croix de bois des prêtres tarahumaras du Jicuri se confond avec le bâton sacré de saint Patrick. Mais le monde moderne rejette les rêveurs et les visionnaires ; et le poète Antonin Artaud mourra dans l'isolement, brûlé de l'intérieur, après bien des années de misère et de souffrances ; de l'hôpital à l'asile ; enfermé en lui-même, emportant dans la mort le secret de son envoûtement, et sans l'aide du Yumari, la danse funéraire par laquelle les Tarahumaras aident l'âme à sortir du corps pour parvenir jusqu'à Rehuegachi, au plus haut du ciel.

(Traduit de l'espagnol par Anne-Marie Meunier)

LA PENSÉE INTERROMPUE
DE L'AMÉRIQUE INDIENNE

L'un des traits les plus étranges de la pensée des anciens Mexicains, c'est sans doute qu'elle semblait porter en elle-même les éléments de sa propre fin. On sait le rôle que jouèrent les présages et les prophéties dans la chute des civilisations amérindiennes à l'arrivée des premiers Européens. La destruction était prévue, annoncée, on pourrait même dire attendue dans la plupart des cultures indiennes, des plus achevées comme celles des Mexicas ou des Purepecha, jusqu'aux plus « barbares » comme celles des semi-nomades du Nord et du Nord-Ouest. Quand les dignitaires de l'ultime cazonci Tangaxoan Tzintzicha apprennent l'entrée des soldats du Conquérant Cristóbal de Olid sur les terres du Michoacan, leur terreur est à son comble : « Les voici, ils arrivent déjà. Devons-nous disparaître à jamais [1] ? » Déjà tous les augures ont répondu à cette question angoissée. Les dieux du panthéon tarasque se sont réunis au sommet du mont Xanoato Hucatzio, non loin de la capitale Tzintzuntzan pour entendre le message de mort : « Tout doit devenir désert, car voici que sont venus d'autres hommes sur la terre. Ils doivent aller par-

1. *Relation de Michoacan*, Paris, 1984, p. 261.

tout, jusqu'aux confins de la terre, à main droite et à main gauche. Ils iront partout, jusqu'au rivage de la mer, et même au-delà, et alors il n'y aura plus qu'un seul chant, et non plus des chants nombreux comme les nôtres, mais un seul et unique chant jusqu'aux confins de la terre [1]. »

Les Mayas du Yucatan, les Mexicas de Tenochtitlan ont reçu le même message. Tous les peuples de l'Amérique indienne savent que le temps ne leur a pas été donné. Il leur est compté, et ils connaîtront un jour la destruction. Par les mythes, par les croyances religieuses, par les lois de l'astronomie, le monde indien est imprégné de l'idée du cycle, il vit dans l'attente du retour des temps. L'homme indien n'est pas le maître du monde. Il est né de la volonté divine, puis il a été détruit plusieurs fois par des cataclysmes successifs. Le temps présent n'est pas un temps sans limites, il est en quelque sorte un sursis avant la destruction prochaine.

Les fêtes les plus importantes de l'ancien Mexique, ce sont ces fêtes du nouvel an, particulièrement quand elles coïncident avec la venue d'un nouveau cycle astronomique : c'est le Tup Kaak des Mayas (l'extinction des feux), le Toxiuh Molpilia des Aztèques (nos années se lient) ou le Hanziuansquaro des Purepecha (ce qui tourne). C'est aussi le Wikita des Papagos, les fêtes du feu nouveau chez les Coras et les Huicholes, le rituel du nouvel an chez les Totonaques ou les Otomis. Le passage d'un temps à un autre n'est pas une abstraction. C'est une réalité dramatique, et dans l'obscurité, le peuple angoissé attend le passage des Pléiades au zénith qui annonce que le monde va continuer.

C'est bien cette croyance dans l'inévitable des-

1. *Relation de Michoacan*, Paris, 1984, p. 261.

truction prochaine qui cause la perte des nations indigènes, au Mexique comme dans la plupart des civilisations du Nouveau Monde. Les Conquérants comprennent tout de suite le parti qu'ils peuvent tirer de cette attente angoissée du retour des temps. Pour les Conquérants eux-mêmes, cette croyance est troublante. C'est elle qui les convaincra – comme Motolinia ou le père Acosta – de la mission divine dont ils sont, au-delà de la violence et de l'injustice, les véritables instruments.

La croyance dans l'inévitable destruction, le doute que les Indiens du Mexique ressentent – le mythe du retour du guerrier chaman Quetzalcoatl, l'attente du Uutz Katun, le siècle du changement pour les Mayas – trouvent leur confirmation dans les idées millénaristes des premiers voyageurs euro-péens, et dans la certitude de l'accomplissement d'un projet divin. Même le père Sahagun, si prudent lorsqu'il s'agit de l'évocation du surnaturel, voit dans les épidémies de « peste » qui déciment la population indienne en 1545 et 1576 l'expression d'un châtiment céleste.

Si le Nouveau Monde découvert par hasard par Cristobal Colon et par Pinzon doit être la dernière étape de l'avènement du Christ roi, c'est bien parce que ces peuples perdus sont, eux aussi, persuadés de la nature divine de ces étrangers barbus venus de l'autre côté des mers, et qu'ils attendent le chan-gement qui doit s'accomplir. Les Conquérants comprennent très vite le profit qu'ils peuvent tirer de cette équivoque. Ils vont s'employer à propager et à maintenir cette erreur, au-delà de toute vrai-semblance. Cortés frappe sans hésiter les points faibles des Indiens, organisant la terreur et jouant le rôle d'un dieu : distribuant les pierres vertes, sym-boles de la prière chez les Mayas, ou faisant abattre l'arbre de ceiba au centre des villages, seul lien entre le monde terrestre et l'empire des dieux. Alvarado fait dissimuler les corps des Espagnols morts au combat afin que les Indiens continuent à les croire immortels. Pour paraître surnaturels, les Conquérants apprennent vite à se servir des chevaux (que les Indiens confondaient avec les cerfs fabuleux de leurs légendes), des escopettes et même de l'écriture alphabétique. Ceux des Indiens – notables, prêtres – qui passé le moment de la surprise, chercheront à détromper leurs compatriotes et à dénoncer la supercherie, seront exécutés comme des traîtres, après avoir été accusés de sorcellerie. En fait, rares sont les contemporains de la Conquête du Mexique qui dénoncent l'abus du mythe indien des dieux retournant dans leur ancien domaine. Sahagun, Mendieta, et même Las Casas ressentiront les conséquences de leur attitude moralisatrice, et leurs œuvres connaîtront la disgrâce jusqu'aux temps modernes. Quant aux grands textes d'origine indigène, condamnant les mensonges et les injustices des Conquérants espagnols, ils seront pour la plupart inédits jusqu'à la fin du XIXe siècle. La prise du Nouveau Monde ne pouvait trouver sa fondation que dans ce silence, qui efface la pensée indigène.

Le silence est immense, terrifiant. Il engloutit le monde indien entre 1492 et 1550, il le réduit au néant. Ces cultures indigènes, vivantes, diversifiées, héritières de savoirs et de mythes aussi anciens que l'histoire de l'homme, en l'espace d'une génération sont condamnées et réduites à une poussière, à une cendre. Comment comprendre cela ? Pour effectuer une telle destruction, il a fallu le pouvoir de l'Europe tout entière, dont les Conquérants ne sont que les instruments : un pouvoir où la religion, la morale sont aussi importantes que la force militaire et économique. La Conquête du continent américain par les Européens est sans doute le seul exemple d'une culture submergeant totalement les peuples vaincus, jusqu'à la substitution complète de leur pensée, de leurs croyances, de leur âme. La Conquête n'est pas seulement la mainmise d'une poignée d'hommes – étrange mélange de barbarie et d'audace – sur des terres, des réserves alimentaires, des routes, des organisations politiques, sur la force de travail des hommes et la réserve génétique des femmes. Elle est la mise en œuvre d'un projet conçu à l'origine même de la Renaissance, en vue de la domination du monde. Rien de ce qui fut le passé et la gloire des nations indigènes ne doit survivre : la religion, les légendes, les coutumes, l'organisation familiale ou tribale, les arts, le langage, et jusqu'à l'histoire, tout doit disparaître afin de laisser la place au moule nouveau imposé par l'Europe.

Un projet aussi monstrueux semblerait aujourd'hui impossible. A l'instant de la rencontre avec le Nouveau Monde – alors que les voyageurs ignorent encore l'origine et le nombre des populations qu'ils vont combattre – déjà se forme l'idée d'une victoire totale, d'une domination des corps et des âmes. Pour la réalisation de ce projet, tout est permis : les plus terribles massacres – à Tlaxcala, à Mexico dans l'enceinte du temple de Huitzilopochtli, puis lors de l'assaut final de la capitale aztèque, et dans la conquête des terres lointaines du Nord et de l'Ouest mexicains – la guerre *a fuego y a sangre*, l'esclavage, la désorganisation des peuples indiens. L'on jette à bas les idoles, l'on tue les prêtres, les devins, les gouvernants. Les lois anciennes sont abolies, les coutumes interdites. Pour mieux parvenir à leurs fins, les Conquérants espagnols enlèvent les enfants à leurs parents et les élèvent dans la haine de leur propre passé. La dénonciation, la trahison sont encouragées, et l'attachement aux valeurs indigènes est puni comme un crime. L'organisation sociale est jetée à terre : les Conquérants savent utiliser les anciennes rancœurs, les rivalités, et même l'alcoolisme. Le métissage, en vue de la création d'une nouvelle race détachée de ses racines, est encouragé malgré les interdits officiels. Il crée une multiplicité de castes qui rivalisent dans la quête du profit et se retrouvent toutes dans le mépris pour la race indigène. La dépossession des terres et la création d'un nouveau caciquat favorable aux Conquérants espagnols institue les abus et légalise l'injustice. Durant les deux décennies de la Première Audience de Mexico, tous les moyens, et particulièrement la violence, sont utilisés pour réaliser le programme de destruction des sociétés indigènes : ils forment l'ensemble de règles qui gouverneront les colonies américaines jusqu'à l'Indépendance.

Dans l'accomplissement de cette destruction, les fléaux naturels jouèrent le premier rôle, et Indiens et Espagnols y perçurent la manifestation de la destinée. La famine, les épidémies, comme les signes fabuleux apparus dans le ciel, démontraient la volonté divine, dont les Conquérants étaient devenus les représentants sacrés. L'effrayant écroulement démographique qui suit immédiatement la Conquête des grands empires du Mexique central – Aztèques, Purepecha, Zapotèques, Nayars – réduisant une population de plusieurs millions à quelques centaines de milliers en moins d'une génération, cet holocauste n'est pas ressenti par les Espagnols comme un drame humain (à l'exception

233

de quelques-uns, comme Mendieta ou Las Casas), mais comme la claire manifestation du projet divin. Plus tard, au cours du xviie siècle, les héritiers des Conquérants commencent à réfléchir sur cette catastrophe humaine, mais pourtant la mort de millions d'indigènes et la destruction de leur culture continuent à leur apparaître comme un châtiment divin. Comme l'exprime le père Acosta, le châtiment est dirigé contre les Espagnols, puisque, pour les punir de leur impiété, Dieu les a privés des bienfaits de la main-d'œuvre indigène.

La Conquête du Nouveau Monde n'est pas cet échange qu'auraient rêvé les disciples d'Érasme ou de Thomas More. Si, d'une certaine façon, la Conquête a apporté une nouvelle paix romaine à ces territoires sans cesse ravagés par les guerres tribales, elle n'a pu l'établir que sur des ruines et des cendres. Les empires détruits, les princes assassinés, les prêtres destitués, la culture, la religion et l'ordre social indigènes réduits au silence, c'est sur ce monde anéanti que pouvait régner la paix espagnole. La mainmise des Conquérants sur toutes les structures rendait impossible la survie des valeurs et des idées indigènes. Avec un aveuglement féroce, la plupart des chroniqueurs espagnols nient toute spiritualité à ces peuples qu'ils ont ruinés. Ayant été réduits au degré zéro de la culture, les indigènes étaient prêts à recevoir une âme nouvelle. Même pour les religieux les plus favorables au monde indigène, tels que Bartolomé de Las Casas ou Mendieta, existe le malentendu de la Conquête : l'Indien, s'il n'est plus ce démon assoiffé de sang, adonné à tous les vices, plus proche de la bête que de l'homme, est à l'excès inverse le *parvulo*, misérable et abandonné de tous, l'*obejo manzo*, la douce brebis offerte à la cupidité des colons espagnols.

234

Criminel, ou victime irresponsable, l'Indien est donc dans tous les cas dépourvu de sa qualité humaine. Être irrationnel, il ne saurait avoir de pensée propre, et ses croyances et ses usages ne sauraient trouver place dans le concert des cultures. L'après-Conquête hérite de la violence destructrice de la guerre *a fuego y a sangre*. La destruction porte un autre visage : dépossédé de ses terres, de ses forêts, du droit à circuler librement, l'Indien est aussi dépossédé de la part la plus secrète de son être. Il devient un homme sans pensée, sans raison, sans ordre moral, une sorte de décérébré que son nouveau maître doit façonner selon son gré, afin de lui inculquer les principes de la morale chrétienne et le respect des nouvelles lois politiques. C'est cette refonte de l'être qui motive la mission, et qui justifie le système de l'*encomienda*. Puis, après la dénonciation des abus par Las Casas et la promulgation des Nouvelles Lois des Indes, l'indigène retrouve un droit sur son propre corps, mais ne regagne pas pour autant le droit à la pensée. Il est significatif qu'il ait fallu attendre deux siècles pour que l'Indien ait le droit au sacerdoce, et l'Indépendance pour qu'il ait celui de participer à la vie politique.

Le silence du monde indien est sans aucun doute l'un des plus grands drames de l'humanité. A l'instant où l'Occident redécouvrait les valeurs de l'humanisme et inventait les bases d'une nouvelle république, fondée sur la justice et le respect de la vie, par la perversité des Conquérants du Nouveau Monde il initiait l'ère d'une nouvelle barbarie, fondée sur l'injustice, la spoliation et le meurtre. Jamais l'homme n'aura été semble-t-il à la fois si libre et si cruel, découvrant au même instant l'universalité des lois et l'universalité de la violence. Découvrant les idées généreuses de l'humanisme et la dangereuse conviction de l'inégalité des races, la relativité des civilisations et la tyrannie culturelle. Découvrant, par ce drame de la Conquête du Mexique tout ce qui va fonder les empires coloniaux, en Amérique, en Inde, en Afrique, en Indochine : le travail forcé, l'esclavage systématique, l'expropriation et la rentabilisation des terres, et surtout, cette désorganisation délibérée des peuples, afin non seulement de les maintenir, mais aussi de les convaincre de leur propre infériorité.

Le silence du monde indien est un drame dont nous n'avons pas fini aujourd'hui de mesurer les conséquences. Drame double, car en détruisant les cultures amérindiennes, c'était une part de lui-même que détruisait le Conquérant, une part qu'il ne pourra sans doute plus jamais retrouver.

HOMMES, OU DIEUX ?

Ce qui étonne les Conquérants espagnols, à leur arrivée dans le Nouveau Monde, c'est la force des religions païennes, une force physique, charnelle, un lien réel qui unit les hommes au surnaturel. Pour l'Européen de la Renaissance, sceptique et réaliste, cette relation charnelle entre les hommes et leurs dieux a quelque chose de profondément choquant, quelque chose d'inquiétant qui s'apparente davantage à la sorcellerie qu'à la religion (et ne pense-t-il pas aussitôt aux thèmes égyptiens et babyloniens, au Baal sanglant, et sans doute aussi aux superstitions préchrétiennes qui sont encore si vives en Europe ?) – c'est pourquoi les religions indigènes sont combattues et condamnées comme l'expression même du démoniaque.

Dès les premiers contacts, les témoignages des

chroniqueurs sont unanimes dans cette condamnation, où l'on peut percevoir cependant une sorte de fascination. La foi religieuse des Indiens (Aztèques, Purepecha) est totale, passionnée, empreinte d'une ferveur mystique que n'ont pas les rituels de l'ancien monde. Quand le père Pané entreprend d'écrire le premier récit sur les habitants de ce monde inconnu (*Relación acerca de las antigüedades de los Indios*) il ne peut faire autrement que mêler étroitement l'histoire des hommes avec celle des divinités. Le frère Andrés de Olmos, sans doute le premier véritable historien de la Nouvelle-Espagne, dont l'œuvre a aujourd'hui disparu, affirme avant tout cette relation charnelle qui unit les hommes aux dieux. Quand les hommes furent créés, ils furent faits avec le sang et les os des dieux, et pour cela, voués à les servir toujours et sans restriction [1]. Dans un autre texte essentiel à propos de la culture des anciens Purepecha, la *Relación sobre la Residencia de Michoacán* du père Francisco Ramirez, c'est la même consanguinité qui est proclamée. les hommes naquirent de huit boulettes faites avec de la cendre mêlée au sang du dieu Curita Caheri. Comme dans la plupart des philosophies amérindiennes, la limite entre le divin et l'humain est imprécise : « Ils avaient, écrit encore le père Ramirez, beaucoup de dieux qui, selon ce qu'on pouvait comprendre, avaient été de grands hommes parmi eux, qui s'étaient autrefois distingués par leurs actions [2]. »

Cette incertitude entre nature humaine et nature divine se retrouve dans nombre de mythes de l'ancien Mexique. « Ce Quetzalcoatl, rapporte le

1. Juan de Torquemada, *Monarquía Indiana*, Mexico, 1969, I, p. 577.
2 *Monumenta Mexicana*, Rome, 1959, II, p. 495.

père Sahagun, bien qu'il ait été un homme, ils le considéraient comme un dieu[1]. » C'est le cas de Kukulcan, le Serpent à plumes des Itzas, ou du dieu-héros Izamna, que les Mayas vénéraient comme l'inventeur du calendrier et des caractères hiéroglyphiques. C'est le cas aussi des dieux-pères fondateurs des cultures du Nord-Ouest; à côté de Taoyappa, le soleil, règnent le *Mexe*, ou la momie du géant Nayar, que les Espagnols brûlèrent après la conquête de Huaynamota.

C'est la totalité qui caractérise les religions préhispaniques. Il n'y a pas de solution de continuité entre le divin et l'humain, et la création du monde des hommes s'est faite sans rupture entre le naturel et le surnaturel. C'est bien là ce qui choqua et inquiéta le plus ces étrangers débarqués dans le Nouveau Monde, porteurs des concepts et des préjugés de la Renaissance européenne. Pour les Conquérants, la créature ne saurait avoir de contact direct avec son créateur. Croire à l'identité de l'homme et du divin, et surtout, croire à la réalité du surnaturel, est à la fois contraire aux lois de l'église chrétienne, et aux principes de la raison. C'est entrer dans un monde magique à l'opposé des concepts de l'homme nouveau du xvie siècle, sûr de son intelligence et de sa capacité à maîtriser le réel.

C'est bien là un des aspects de la pensée indienne que les religieux espagnols s'employèrent à combattre avec force. Les cultes, les rites païens, les fêtes dansées (les *mitotes*), les sacrifices et les transes sont abolis dès les premiers contacts, parce qu'ils sont la manifestation de cette confusion entre le réel et le divin qui apparaît diabolique aux Européens. La profanation des temples, l'abattage des arbres sacrés des Mayas, et le massacre dans

1 Sahagun, *Historia General*, 1975, p. 579.

l'enceinte du temple de Huitzilopochtli par les soldats d'Alvarado, sont les premiers actes dirigés
contre la pensée amérindienne. Par la terreur qu'ils
inspirent, ces actes sont aussi des actes politiques,
mais ils sont surtout la proclamation du nouvel
ordre, où seule l'église chrétienne règne sur le
sacré. Ils abolissent d'un seul coup toutes les
anciennes expressions mystiques, la transe, le rêve,
les chants, les présages. Ils excluent d'emblée les
indigènes du clergé nouveau, parce que, comme
l'exprime le père Sahagun, « ils sont réputés
indignes et incapables d'être prêtres [1] ». La conséquence de cette abolition est la défiance que les religieux espagnols éprouveront pour toutes les manifestations populaires de la foi chrétienne dans le
Nouveau Monde, à commencer par le culte à la
Vierge de la Guadalupe.

Les religions indigènes du Mexique montrent
toutes, au moment de la Conquête, cette cohésion de
l'humain et du divin. Les danses rituelles, les cérémonies chamaniques, le recours aux hallucinogènes
(peyotl, datura, champignons, mais aussi tabac,
alcool de maguey ou de balché) sont les moyens par
lesquels n'importe quel homme, quel que soit son
passé ou son origine sociale, peut changer sa
nature, et devenir l'incarnation de la divinité.

L'extraordinaire mise en scène des cérémonies
païennes, la beauté des costumes, le luxe des coiffes
de plumes, les danses, parfois les simulacres de
combat et les sacrifices de captifs parés à l'image
des dieux, tout parle de cette transfiguration qui est
au cœur de la pensée indienne. Le deuxième livre
de l'*Histoire générale* du père Sahagun est l'inventaire détaillé de ces fêtes magiques, dont certaines
durent sans arrêt pendant plusieurs jours, qui

1. Sahagun, *op. cit.*, I, p. 32.

s'achèvent par la transfiguration des participants, victimes et danseurs unis dans une communion surnaturelle.

Pour la fête du dieu stellaire Tezcatlipoca, au mois Toxcatl, on prépare pendant une année entière un jeune homme qui devient le représentant du dieu sur la terre. « Il parcourait toute la ville ainsi paré, tenant des fleurs à la main, accompagné de gens. Tous ceux qu'il rencontrait, il les saluait avec grâce, et tous savaient qu'il était l'image de Tezcatlipoca et ils se prosternaient devant lui pour l'adorer. » Le jeune dieu, vingt jours avant la fête, recevait quatre épouses aux noms de déesses : Xochiquetzal, Xilonen, Atlatonan, Uixtocihuatl. La fête proprement dite durait cinq jours, à l'issue desquels le jeune homme se rendait au temple de Tlacochalco où, après avoir brisé sur chaque marche les flûtes avec lesquelles il avait joué durant cette année, il s'offrait au couteau des sacrificateurs. Au septième mois, une de ses épouses, Uixtocihuatl, la sœur aînée des dieux de la pluie Tlaloques, mourait à son tour, puis au huitième mois était sacrifiée Xilonen, la vierge-mère. Au onzième mois, Teteo Inman, celle que les Indiens appelaient affectueusement « Notre aïeule », commençait une danse silencieuse qui durait pendant huit jours. Entourée de femmes, « particulièrement les médecins et les sages-femmes », celle qui représentait la déesse participait à une bataille de fleurs, puis elle épousait un grand dignitaire et s'unissait à lui au sommet du temple. Alors, là, les sacrificateurs lui coupaient la tête et l'écorchaient, et le grand prêtre dansait revêtu de sa peau.

Ce qui étonne, dans les rituels compliqués transcrits par Bernardino de Sahagun, et ce qui sans aucun doute l'a troublé profondément, c'est la présence continuelle des divinités au milieu des hommes. Au dix-huitième jour de la fête de Teotelco (c'est-à-dire, « l'arrivée des dieux ») les prêtres faisaient un tas de farine de maïs devant les temples, « ayant la forme d'un fromage. C'est sur ce tas que les dieux imprimaient la forme de leur pied pour signaler qu'ils étaient arrivés ». Quand le prêtre voyait la trace du pied, il s'écriait : « Notre Seigneur est arrivé [1] ! »

L'extrême complexité de ces rites fait surgir la magie, car les gestes, répétés d'année en année, de siècle en siècle, affirmaient la transfiguration; esclaves et prêtres, dignitaires et captifs, par l'envoûtement de ce théâtre sacré, s'identifiaient totalement aux forces qu'ils représentaient.

La présence des dieux parmi les hommes est l'origine même de la ferveur religieuse des anciens Mexicains, Aztèques, Mayas, Purepecha. Les images, les ornements de plumes et de pierreries, l'or et l'argent ont valeur de symboles. Mais la présence des dieux est avant tout une force invisible, mystérieuse, qui relie les actions des hommes, se mêle à leur souffle et à leurs paroles, les hante, les rassure et les effraie tout à la fois. Les dieux ne sont pas ces idoles vaines que se plurent à représenter les premiers voyageurs européens. Tezcatlipoca est la présence invisible, impalpable, qui dirige toute vie humaine : « Il est vrai que tu es présent devant lui, bien que tu ne sois pas digne de le voir, ni qu'il te parle, car il est invisible et impalpable », dit la prière rapportée par Sahagun [2]. Et l'hymne de Nezahualcoyotl utilise les mêmes paroles : « Tu es invisible et impalpable, comme le sont le vent et la nuit [3]... »

1. Sahagun, *op. cit.*, p. 88.
2. Sahagun, *op. cit.*, p. 37.
3. *Ibid.*, p. 299.

Le vent, c'est pour les Aztèques Quetzalcoatl Ehe-catl, le souffle qui précède la pluie. Tezcatlipoca est pareil à l'ombre, et la Cihuacoatl, la déesse des origines, est comme un gémissement dans la nuit. Les divinités indiennes ont toutes cette double apparence, l'une humaine et charnelle, l'autre surnaturelle et fugitive. Mais les forces qu'elles incarnent sont les forces mêmes de l'existence : forces du feu, de l'eau, des nuages, du vent, des arbres, des astres. Pour les Européens formés au rationalisme de la Renaissance, cette pluralité est le signe même de l'idolâtrie. Ils ne peuvent concevoir l'ambiguïté qui fonde les religions amérindiennes. Aucun chroniqueur, au moment de la Conquête, ne semble percevoir l'unité du monde indigène, au-delà de l'apparente contradiction entre rites chamaniques et croyances en un dieu créateur, invisible, impalpable, « maître du proche et du lointain », comme le chantait Nezahualcoyotl.

C'est justement que l'Amérique, au moment où les voyageurs étrangers y prennent pied, vivait la réalité religieuse, grâce aux cérémonies et aux rites de la transfiguration [1]. Les mots de polythéisme et de monothéisme n'ont pas de sens pour ces cultures, qui représentent sous des formes diverses une même force naturelle. L'un des exemples les plus surprenants de cette symbolique est dans la religion des Uacusecha, la fraction qui domine l'empire des Purepecha au XIVe siècle. Curicaueri, le dieu du feu, symbolise aussi la lumière, la chaleur du soleil, la vie. Sa représentation terrestre est sous la forme de la *padra*, le nucleus d'obsidienne d'où sont extraits les couteaux rituels pour les sacrifices,

1. Le rituel de la transfiguration est décrit par Sahagun dans la fête de *teonenemi* : « ils marchent comme des dieux ». Sahagun, *op. cit.*, p. 439.

et les pointes des flèches pour la guerre. C'est la même abstraction qu'on retrouve chez les peuples du Nayarit (Coras, Hueyquechales), qui vénèrent le dieu solaire sous la forme de la pierre blanche Tayaoppa.

Le terme d'idolâtrie que tous les chroniqueurs espagnols utilisent pour désigner les religions amérindiennes montre clairement leur incompréhension, leur parti pris. Il leur est facile de caricaturer les rites et les symboles de ces religions qui, au moment où ils rédigent leurs chroniques, ont été réduites à des cérémonies clandestines et à des superstitions. Pour essayer de comprendre ce qu'ont été ces religions, il ne reste que les témoignages écrits par les Indiens eux-mêmes, la *Relation de Michoacan*, les codex (et surtout le *Codex Florentinus*), et les *Livres du Chilam Balam*. Grâce à ces textes, sauvés miraculeusement du bûcher de l'Inquisition, nous pouvons entrevoir ce qu'étaient la philosophie et la religion avant la destruction des cultures indiennes, et deviner le sens de leur évolution. Aujourd'hui, malgré le gouffre qui nous sépare de ces cultures, nous pouvons imaginer ce qu'elles auraient créé, à partir de ces données philosophiques originales : l'idée de transfiguration, la transe, la corporalité de la foi, cet univers où le terrestre et le divin se touchaient, formaient un tout indissociable. L'on peut imaginer l'importance que cette évolution aurait pu avoir pour le monde, comment elle aurait pu changer les concepts européens de spiritualité, l'idée de l'homme, de la morale, de la politique. Dans la guerre et les sacrifices comme dans les actes les plus simples de la vie quotidienne, l'homme indien était lié aux forces naturelles, à la création tout entière. Il était à la fois l'aliment et la substance des dieux. La mort pour lui n'était pas un terme, ni le commencement d'une autre vie. Elle était l'union définitive avec l'univers sacré.

LA TRANSE

C'est peut-être cette exaltation, cette aventure hors de soi-même qui effraya le plus les Européens quand ils entrèrent pour la première fois sur le continent américain. Fêtes dansées, sacrifices sanglants, hallucinations, rêves, tout pour les Indiens tendait à la communication immédiate et irraisonnée avec l'au-delà. Tout était fait en vue de la révélation du divin sur la terre. Les chroniqueurs espagnols ont rapporté avec étonnement cette fureur mystique. Les danseurs indiens ne sont pas des symboles. Avec les tatouages, les peintures sur leurs corps et leurs visages, les vêtements et les coiffes de plumes, ils sont véritablement Xiuhtecutli, le seigneur du feu, « qui paraissait jeter des flammes », Yacatecutli, le noir seigneur des marchands, Uixtocihuatl, la maîtresse du sel, ou Xilonen, la vierge du maïs. Ils sont même une partie du corps du dieu Huitzilopochtli, qui avance en rampant tel un serpent dans la cour du temple majeur [1].

Ce qui frappe les Espagnols, dans le rituel indien, c'est cette cohésion entre l'homme et les mythes. Ces danses ne sont pas le privilège des prêtres ou des princes. Au cours du *macehualiztli*, cette danse du peuple, rapporte Sahagun, « ils se réunissaient en grand nombre, deux par deux, ou trois par trois, formant une grande ronde selon la quantité qu'ils étaient, portant des fleurs dans leurs bras, et ornés de plumes. Ils faisaient tous ensemble le même mouvement avec leurs corps, leurs pieds et leurs

1. Sahagun, *op. cit.*, p. 90.

mains, chose curieuse à voir et tout à fait réussie. Tous les mouvements qu'ils faisaient étaient au rythme que frappaient les joueurs de tambour et de *teponaztli*. En même temps, tous chantaient ensemble avec force les louanges du dieu qu'ils célébraient, et ils continuent de le faire aujourd'hui, bien qu'ils soient dirigés autrement. Ils organisent les danses avec des signes et des ornements conformes à ce qu'ils chantent, car ils ont beaucoup de danses et de chants différents. Mais cela est toujours très gracieux, et l'on dirait même mystique. C'est le bois de l'idolâtrie qui n'a pas encore été taillé [1] ». Cette description émue d'un témoin révèle bien ce qui différenciait essentiellement l'ancien Mexica, ou le Michoaque, de l'Européen : dans ces civilisations ferventes et collectives, chaque homme, chaque femme pouvait accéder immédiatement à l'ordre surnaturel, et cependant il ne quittait pas la limite permise par la société. La transe, la révélation trouvaient là leur place. Ainsi, chaque *macehual* pouvait vivre le don suprême du sacrifice, sans l'idée de la rédemption ou du martyre.

On comprend aujourd'hui qu'il n'y avait que peu de différence entre le roi michoaque Tariacuri réclamant comme un honneur le sacrifice de son fils, et un Indien Sioux de la fin du siècle dernier convaincu de la nécessité du rituel sanglant du *Ghost Dance*.

La transe, la possession signifiaient l'entrée du souffle divin dans le corps matériel des hommes. La *Relation de Michoacan* donne l'exemple le plus frappant de cette croyance : quand l'esclave de Uiquisho, le seigneur d'Ucareo, revient d'une rencontre avec les dieux, elle est habitée par la déesse-mère Cuerauaperi et réclame à boire du sang. Ceux

1. Sahagun, *op. cit.*, p. 43.

qui étaient ainsi possédés par la déesse étaient dans un état second et marchaient d'eux-mêmes jusqu'au temple où ils s'offraient au couteau des sacrificateurs [1]. Un autre exemple est celui du fameux *nahual*, cette forme animale que peut prendre parfois un homme, et qui fait de lui un nécromancien. Dans la version affaiblie qu'en donne le père Sahagun, le *nahualli* est un sorcier qui sait se transformer en diverses sortes d'animaux. Le modèle de ses sorciers est le dieu stellaire Tezcatlipoca, celui qu'on surnomme justement Nahualpilli, le prince-magicien [2]. En fait, sous le thème lycanthropique, commun à la plupart des cultures primitives, c'est l'héritage du chamanisme amérindien qui est rappelé, sans doute l'aspect le plus condamnable et le plus insaisissable de la pensée indigène pour les Conquérants espagnols.

CHAMANISME

Il reste aujourd'hui peu de chose du rituel chamanique pratiqué dans l'ancien Mexique. Le *nahualli* des Aztèques, le *hmen* des Mayas, le *sikuame* des Purepecha ont survécu à l'effondrement des concepts religieux indiens, peut-être parce que leur rôle caché les préservait. Sorcier, médecin, astrologue, le chamane est le symbole du contact direct de l'homme avec l'au-delà. Il est le devin, celui qui guérit ou qui ensorcelle, celui qui complote et qui révèle les pouvoirs surnaturels. Au chamanisme est liée la connaissance des plantes, et

1. *Relation de Michoacan*, Paris, 1984, p. 262.
2. Sous le nom de Titlacauan, Tezcatlipoca est l'un des trois nécromants qui, avec Huitzilopochtli et Tlacauepan, triomphèrent de Quetzalcoatl au cours d'un duel magique. Voir Sahagun, *op. cit.*, p. 191 et suivantes.

particulièrement des poisons et des hallucinogènes : peyotl, datura, champignons, et aussi *yauhtli* (l'encens utilisé pour atténuer les souffrances, lors des sacrifices humains), tabac, alcool.

Mais plutôt que cette magie noire, c'est un système de pensée particulier qui inspire le chamanisme. Même les grandes civilisations théocratiques du Mexique, au temps qui précède la Conquête espagnole, sont sous l'influence du chamanisme. Les rites sanglants, les offrandes, l'usage du tabac et des hallucinogènes témoignent de l'importance des pratiques chamaniques. Avant toute divination, ou avant les cérémonies de curation, rapporte Pedro Ponce de León, le médecin faisait « un discours et une supplique au feu, puis versait un peu de *pulque* [1] » selon un rituel qui est encore pratiqué aujourd'hui dans les cultures indiennes.

Dans les mythes survivent également les thèmes chamaniques. Dans le traité de Jacobo de la Serna, le mythe d'émergence aztèque est associé aux formules de curation, où l'utérus féminin est désigné sous le nom symbolique des « sept grottes ». Le combat de Tezcatlipoca-Titlacauan contre le héros Quetzalcoatl est l'expression mythique de la rivalité chamanique, comme l'est peut-être la fête du dieu Huitzilopochtli, où s'affrontaient des partialités dans un simulacre de combat qui se terminait par le sacrifice. La fête dédiée au dieu chichimèque Mixcoatl était l'occasion de sacrifices propitiatoires qui rappellent les rituels chamaniques, où les captifs, pieds et mains liés, jouaient le rôle des cerfs tués à la chasse [2].

---

1. Angel Maria Garibay, *Teogonia e historia de los Mexicanos*, Porrua, Mexico, 1979, p. 124.
2. Le rituel de la chasse, qu'on pourrait rapprocher des cérémonies mayas dédiées au dieu Zuhuy Sip, est décrit dans Sahagun, *op. cit.*, p. 90 et 139.

Chez les anciens Mexicains, comme chez les Purepecha, le chamane, et le nécromancien semblent avoir joué un rôle ambigu : à la fois redoutés et haïs, ils sont souvent dénoncés et mis à mort (comme ils le seront plus tard par le tribunal de l'Inquisition). Pourtant, c'est l'esprit chamanique qui est resté vivace dans la pensée indienne. Le chamanisme exprime l'individualité de la foi religieuse, et surtout, cette nécessaire complémentarité des forces du bien et du mal qui est le fond des croyances amérindiennes. De plus, le chamanisme était l'adéquation de la ferveur religieuse aux structures sociales, correspondant aux divisions en fractions et en partialités. C'est pourquoi, malgré l'abolition du clergé et de l'autorité politique indigène, malgré l'interdit des cérémonies et la destruction des temples, les anciens rituels de curation chamanique purent survivre, et même, dans certains cas, s'adapter aux nouvelles lois et aux nouvelles croyances. Dans la plupart des sociétés indigènes du Mexique, le nahualisme, la divination et les rites hallucinatoires se sont maintenus, non comme des archaïsmes, mais parce qu'ils exprimaient la continuité du mode de pensée indigène, symbolique et incantatoire, une autre façon de percevoir le réel.

C'est dans le nord et le nord-ouest du Mexique que le chamanisme s'est le mieux préservé, sans doute parce que les sociétés semi-nomades n'avaient pas développé une structure étatique ni un véritable clergé. Ces sociétés, fondées sur la famille, sur le clan, ou sur la tribu, valorisaient avant tout la liberté cultuelle, et les pratiques divinatoires. Dans ces sociétés, le chamane est presque toujours associé aux chefs de guerre, et c'est lui que les missionnaires chrétiens combattront sous le nom de *hechicero* (jeteur de sorts). C'est lui qui inspire et parfois organise la résistance indigène dans les guerres « barbares » : chez les Cazcanes, les Xiximes, les Acaxées, les Zuaques, les Tepehuanes, les Seris, les Yaquis. Les mouvements messianiques se développent dès le commencement du XVIIᵉ siècle dans toute l'Amérique aride sous l'impulsion de ces chamanes visionnaires, exaltés, qui prêcheront la « guerre sainte » contre l'envahisseur chrétien.

LES DEVINS

L'une des activités principales du chamane est la divination. Le trait qui différencie le plus les Indiens de l'Amérique moyenne de leurs vainqueurs européens, c'est sans doute cette croyance des premiers dans la vérité des augures et des présages. La plupart des civilisations amérindiennes furent troublées par ces prophéties qui annonçaient le changement à venir. Pour les Mayas, c'était le retour des maîtres Itzas et de leur chef Kukulcan. Chez les Aztèques existait une prophétie semblable – peut-être venue des Toltèques – que le prince-poète Nezahualcoyotl (si l'on en croit son neveu Ixtlilxóchitl) contribua à répandre. Étrangement, les termes de cette prophétie étaient les mêmes chez leurs rivaux Purepecha du Michoacan : « Les arbres commençaient à porter des fruits, même les plus petits, à tel point que leurs branches ployaient jusqu'à terre, et les magueys, même les plus jeunes, développaient de larges troncs qui semblaient du bois, et même les fillettes tombaient enceintes, alors qu'elles étaient encore dans l'enfance, et déjà elles avaient des seins mûrs comme ceux des femmes, parce qu'elles étaient enceintes, et bien qu'elles fussent des enfants, elles portaient leurs enfants sur leur dos dans des berceaux. Et les femmes âgées commençaient à accoucher de couteaux blancs, noirs, rouges et jaunes [1]... »

Les présages, les augures signifient la proximité du réel et du sacré. Pour les anciens Mexicains, le sort de l'homme est étroitement lié aux forces surnaturelles, et la plus grande activité de l'esprit consiste à chercher à percer le mystère de cette relation. Les songes, les présages sont un moyen de découvrir ces lois, comme si les divinités, par négligence, ou par caprice, laissaient parfois leurs créatures s'approcher de leur règne. Le songe est le moment privilégié de cette rencontre. Les grands textes indiens sont imprégnés de cette magie du songe. Dans la *Relation de Michoacan,* lorsque Hiripan et Tangaxoan, les neveux de Tariacuri, au bout de leur errance, doivent enfin recevoir l'investiture royale, c'est par un songe qu'elle leur est donnée. Au cours de ces rêves, les futurs princes voient apparaître le dieu Curicaueri et la déesse Xaratanga, qui leur montrent l'emplacement des temples futurs, des bains de vapeur et du jeu de pelote où sera célébré leur culte. Plus loin, c'est Tariacuri qui évoque la quête du pouvoir de Carocomaco, ancien esclave. Afin d'être consacré Seigneur par le dieu Querenda Angapeti, cet homme dort chaque nuit sur les marches du temple, jusqu'à ce que le dieu, ému par tant d'obstination, lui envoie le rêve qui fera de lui un roi.

L'art de la divination, l'astrologie avaient une place privilégiée dans la société aztèque. Les rites, les légendes, soulignent ces liens qui unissaient les hommes à la volonté des dieux. Les pronostics étaient la matière même du calendrier lunaire. Le célèbre Tonalamatl (le Livre des Signes), peut-être

1. *Relation de Michoacan,* Paris, 1984, p. 148.

d'origine toltèque (la légende voulait qu'il eût été donné aux hommes par Quetzalcoatl) répartissait les vingt jours du mois lunaire en jours fastes ou néfastes. Les signes prédestinaient ceux qui leur appartenaient : Ehecatl, signe du vent, faisait des êtres avides et brutaux. Mazatl, signe du cerf, vouait les hommes à la peur. Tochtli, signe du lapin, les condamnait à l'ivrognerie et à la mort par noyade. Ce acatl, Un Roseau, signe de Quetzalcoatl, signe du malheur, trouva sa confirmation dans l'arrivée des Espagnols. Ce Miquiztli, signe de Tezcatlipoca, demandait qu'on libérât les esclaves. Ce Malinalli, vouait celui qui naissait à être peureux comme une bête sauvage. Ce Ozomatli, signe des harpies Cihuateteo, jetait les maladies et la mort sur les enfants. Ce Cozcaquahtli, était signe de bonheur. Ce Atl, signe de l'eau, était le signe de la maléfique Chalchiuhtlicue. Chaque jour de la vie était régi par un signe, nul n'était indifférent. Seuls les mages régnaient sur le temps, capables de prévoir et de changer les forces invisibles qui entouraient les hommes.

Les sociétés amérindiennes sont troublées par les songes et les augures, et c'est ce trouble qui cause leur perte. Mais c'est aussi dans cette croyance qu'elles trouvent les raisons de vivre. Ces sociétés, guidées par les rêves, s'opposent naturellement à l'Occident pragmatique et matérialiste. Mais il s'agit surtout d'une autre pensée, d'une autre conscience. La cohérence entre le diurne et le nocturne exprime ce nécessaire équilibre entre les contraires, cette harmonie de la vie et de la mort, du bonheur et du mal.

Le thème de la fragilité de la vie terrestre, de la précarité de la beauté et de l'amour est au cœur même de la pensée amérindienne, et, à la lecture des chants et des hymnes des anciens Mexicains, on ne peut s'empêcher de penser aux grands thèmes de la poésie baroque : ainsi, dans la réponse de Xayacamachan à Tecayehuatzin :

> Réjouis-toi, ô roi Tecayehuatzin,
> toi qui donnes son prix aux joyaux des fleurs.
> Est-ce que nous vivrons une autre fois ?
> Ton cœur le sait bien :
> Rien qu'une fois nous avons reçu la vie !

Ou encore, la voix de l'anonyme de Tenochtitlan :

> Nous sommes venus seulement pour dormir
> Nous sommes venus seulement pour rêver.
> Non, ce n'est pas vrai,
> Nous ne sommes pas venus sur terre pour vivre !

Mais nul n'a surpassé la beauté du chant de Nezahualcoyotl :

> Avec des fleurs tu peins le monde
> Ô toi par qui vivent toutes les choses !
> Avec des chants, tu dis le monde
> Et tout ce qui vivra sur la terre
> Et puis tu détruis
> Les Aigles et les Jaguars.
> Seul ce qui est ici sur la terre
> Vit dans tes peintures [1].

1. Voir *Romances de los Señores de la Nueva España*, édition Garibay, Mexico, UNAM, 1963 et *Les chants de Nezahualcoyotl*, traduction P. Coumes et J. C. Caër, Obsidiane, UNESCO, 1985, p. 62-63.

La croyance dans les songes et les augures exprime, chez la plupart des peuples amérindiens, une idée philosophique profonde, celle de la récurrence du temps. Le concept linéaire du temps, né du néant et retournant au néant est aussi étranger aux cultures amérindiennes que l'idée d'un monde purement matériel dépourvu de finalité. Ces hommes qui vivaient avec intensité la rencontre du réel et du surnaturel, ces hommes qui savaient que leur vie était une parcelle de l'existence divine, et qui voyaient dans le monde qui les entourait, dans les animaux, les plantes, et les phénomènes naturels autant d'expressions de la divinité, ne pouvaient concevoir un univers sans fin, où le temps s'enfuirait vers le néant. L'extraordinaire réussite, à l'ère maya classique, fut le calendrier et le comput long, qui reposait sur cette conviction d'un univers cyclique, sphérique, où le temps sans cesse recommence. Pour l'Européen de la Renaissance, épris de connaissance et sceptique, le monde amérindien, par son système religieux et symbolique, était totalement incompréhensible. Cette philosophie de la récurrence, cette idée d'un univers fini et prédestiné, pour les Conquérants, devenait le symbole même de l'obscurité païenne – les « fables ridicules procurées par Satan », dit le père Sahagun, dans le prologue du livre VII consacré à l'astrologie.

Pourtant, longtemps avant que l'astronomie n'apparaisse en Europe, dès le VIᵉ siècle, les observateurs mayas avaient développé cette science et mis au point un calendrier remarquable, basé sur le cours de Vénus, de la lune et du soleil, et qui, par le moyen des corrections, réduisait l'erreur à quelques heures par siècle. Ce qui différenciait essentiellement les astronomes mayas des savants de la Renaissance, c'était la conception philosophique. Pour les Mayas (comme pour les Aztèques), le but n'était pas la maîtrise des lois de l'univers, mais la perception de sa destinée. On peut imaginer néanmoins que les observateurs mayas, quand ils notaient avec soin le cours des astres ou qu'ils établissaient le plan des éclipses lunaires, connaissaient la même curiosité et la même ardeur qui anima plus tard Galilée, Tycho Brahe ou Copernic. Mais à la différence des Européens, que la science opposa à la religion, les astronomes amérindiens concevaient un plan entièrement dédié aux cultes des dieux.

Les civilisations de l'ancien Mexique sont pénétrées de l'idée du retour du temps, de la roue des destinées. Chez les Mayas, les cycles des années *tun* portaient le nom de *cuceb*, qui évoquait la roue de l'écureuil. Le temps était un prodigieux ensemble d'engrenages tournant à des vitesses différentes, depuis le mouvement des jours *uinal* jusqu'aux siècles *katun* et aux grands siècles *Ahau katun* qui comprenaient une durée de vingt-trois milliards quarante millions de jours. Mais pour les Mayas, comme pour les Aztèques, ces jours, ces mois et ces années n'étaient pas abstraits. Ils étaient des forces divines, dont les astres et les dessins du ciel étaient les marques visibles. La sacralisation des chiffres, leur représentation corporelle, donne au temps une valeur à la fois surnaturelle et vivante. Le présent – ce passage dont parlent les poètes mexicains, Xayacamachan ou Nezahualcoyotl, – est uni au passé et au futur par cette roue du temps, ce mouvement des nombres et des astres. En dénombrant les jours, en les peignant sur le papier *amate* ou en les gravant sur les pierres *tun,* sous la forme de dieux masqués, l'astronome participait à l'harmonie de l'univers. Il savait rendre visible l'invisible.

Le calendrier était utile pour les récoltes, pour prévoir les épidémies, les sécheresses, les guerres. Mais la finalité de cette représentation du temps était autre. A la fois prière et savoir, elle était le symbole même de la pensée indienne.

On s'est souvent interrogé sur le mode de transmission des calendriers astronomiques à travers l'Amérique. Comment ce même calendrier a-t-il pu être connu simultanément par des peuples aussi différents que les Toltèques, les Aztèques et les nations barbares du Nord-Ouest, Apaches, Sioux, Arapahoes, jusqu'aux limites du continent, Iroquois, Algonquins, Kwakiutl? Alors que d'autres savoirs et d'autres techniques sont restés localisés – l'orfèvrerie, la découverte du bronze, de l'étain, l'usage des poisons, ou les règles d'architecture – l'invention du calendrier s'est répandue sur le continent nord-américain aussi facilement que les techniques agricoles. C'est que le calendrier exprime sans doute une pensée philosophique liée aux mythes d'origine des cultures amérindiennes, où domine la croyance dans un monde carré divisé en orients et en couleurs, et la conception sphérique d'un univers où tout est sans cesse recommencé. L'un des chefs de l'ultime résistance indienne en Amérique du Nord, le Sioux Dakota Yahaka Sapa (Élan noir) exprime avec clarté cette pensée :

«Vous avez remarqué que toute chose faite par un Indien s'inscrit dans un cercle. Il en est ainsi parce que le pouvoir de l'univers agit selon des cercles et que toute chose tend à devenir ronde.

Dans l'ancien temps, lorsque nous étions un peuple fort et heureux, tout notre pouvoir venait du cercle sacré de la nation, et tant qu'il ne fut pas brisé, notre peuple resta prospère. L'arbre florissant était le centre vivant du cercle, et le cercle des quatre quartiers le nourrissait. L'est donnait la paix et la lumière, le sud donnait la chaleur, l'ouest donnait la pluie, et le nord, par ses vents froids et puissants, donnait la force et l'endurance. Cette connaissance nous vint de l'autre monde avec notre religion. Tout ce que fait le pouvoir de l'univers se fait dans un cercle [1]. »

On sait l'importance de la roue, symbole du temps (et du calendrier) dans la plupart des cultures préhispaniques, et particulièrement chez les Aztèques. Chez les anciens Purepecha, l'une des fêtes les plus importantes est celle de Hant-siuansquaro (du verbe *Uantsikuarhini*, tourner) durant laquelle l'homme est confronté au mouvement des astres. L'idée du temps cyclique imprègne la mythologie des Mayas, des Aztèques : les événements du quotidien, comme les hauts faits mythiques, ont une valeur universelle, parce qu'ils doivent se reproduire. C'est pourquoi la magie avait tant d'importance. Persuadés du retour du temps, et du rythme de la création, les anciens Mexicains ne pouvaient adhérer au schéma du christianisme, où seule agissait la volonté d'un Dieu-Père omnipotent. Ils ne pouvaient accepter davantage le déterminisme pragmatique qui inspirait la Renaissance européenne.

Tous les efforts de la pensée indienne, avant la Conquête, tendent à deviner et à écrire le dessein récurrent de l'univers. Il ne suffit pas de dire que la

1. Cité par Ph. Jacquin, *La Terre des Peaux-Rouges*, Paris, 1987, 142.

magie était au cœur de ces cultures. Il s'agissait de quelque chose de plus profond et de plus durable qu'un réseau de superstitions, comme voulurent l'interpréter les premiers voyageurs occidentaux : il s'agit d'un système de pensée cohérent, c'est-à-dire véritablement d'une philosophie.

Dans ce système, le vécu et l'imaginaire étaient en harmonie, et les idées et les lois sociales formaient un tout indissociable. Parce qu'ils croyaient au rythme du temps, les anciens Mexicains connaissaient la valeur du monde qui les portait, et se soumettaient à ses lois naturelles. Ils connaissaient également leurs propres limites, et la relativité du règne humain – c'est-à-dire ce doute sur soi-même sans lequel il ne saurait y avoir de culture. Ils découvraient en même temps les lois fondamentales de la science, les nombres (la position des nombres et le zéro), la géométrie, le calendrier astronomique. Par-dessus tout, ils avaient conçu une société fondée sur l'équilibre, où chacun, depuis le plus humble jusqu'au plus élevé, était redevable devant les dieux.

La conception cyclique du temps était sans aucun doute l'amorce d'une philosophie plus complexe, tendant à la même perfection que les grandes philosophies de l'Inde ou de la Chine. L'idée de la métempsycose est exprimée dans de nombreux mythes et rituels de l'ancien Mexique, tels que la fête d'Inextiua (« chercher l'aventure » selon le père Sahagun [1]) durant laquelle hommes et dieux dansent ensemble, ou les légendes du nahualisme créées autour du couple chamanique Quetzalcoatl-Tezcatlipoca. Le thème de la roue est lié également à celui des directions du monde, c'est-à-dire de l'axe de la destinée autour duquel figurent les quatre

1. Sahagun, *op. cit.*, p. 157.

débuts de cycles : chez les Mayas, les années Muluc (nord), Cauac (sud), Hix (est) et Kan (est); chez les Aztèques, Tecpatl (le silex, au nord), Tochtli (le lapin, au sud), acatl (le roseau, à l'est) et Calli (la maison, à l'ouest). Chez ces peuples, la vie était à ce point liée au mouvement de la roue du temps qu'au bout du cycle (quand l'année Un Muluc du Buc Xoc maya, ou l'année Un Roseau du calendrier aztèque revenait), la crainte de la destruction s'emparait d'eux, et ils attendaient dans l'obscurité le signe que le monde continuait à tourner.

LA CATASTROPHE

Aussi, aucune civilisation n'a vécu sans doute dans une telle attente de la destruction finale. Chez les Mayas, les astronomes voyaient avec angoisse approcher le temps du Utz Katun, le Katun du pli (le Katun 8 Ahau dont le signe coïncidait avec le pli du papier sur lequel étaient inscrits les passages du temps). Toutes les prophéties évoquent le Katun du changement dans les mêmes termes : Napuctun : « Brûlera la terre, il y aura des cercles de feu dans le ciel... Brûlera la terre, brûleront les sabots du cerf durant le Katun du temps nouveau... »

Ah Xupan Nauat : « Alors viendra Kinich Kakmo, l'Ara de Feu au visage de Soleil, au cours du Katun 8 Ahau. Quand il arrivera, le ciel sera renversé, la terre basculera. Quand aura lieu le bouleversement du ciel, ce sera le temps du péché. »

Napuctun, encore : « Cela se passera dans le ciel et sur la terre, au temps du Douzième an Tun. Brûlera le ciel, brûlera la terre, régnera la cupidité Cela se passera à cause de la sécheresse. Alors on implorera Hunab Ku, le Dieu Unique, et les yeux du gouverneur pleureront, durant sept années de sécheresse. Les dalles de pierre éclateront, les nids des oiseaux brûleront, les plaines d'herbes brûleront, dans les vallées et entre les montagnes [1]. »

Le mythe de la destruction est aussi celui de la genèse, comme chez les Aztèques : *nahui ollin*, « Quatre Mouvement », le dernier soleil qui apportera la destruction finale du monde :

« Le cinquième soleil porte le signe 4 Mouvement.

« Il est appelé soleil du mouvement, parce qu'il se meut et poursuit son chemin.

«Et, selon ce que disent les Anciens, il portera le mouvement de la terre, la famine, et nous périrons tous [2]. »

Chez les anciens Purepecha, existait également le mythe des destructions successives : les dieux ayant d'abord fait des hommes incomplets, auxquels manquaient les jointures, durent détruire le monde par trois fois [3]. Ce qui différencie les mythes de destruction du mythe du déluge, c'est que, dans la pensée mexicaine, la destruction est liée à la création du monde de façon explicite. Tout ce que les dieux ont fait, ils l'ont promis à la destruction. La vie sur la terre n'est qu'un bref instant entre le chaos initial et le chaos final. La signification de ce mythe est avant tout religieuse : afin d'éviter la destruction, les hommes doivent prier, offrir des sacrifices sanglants. Mais le mythe de la destruction inspire éga-

1. Napuctun et Xupan Nauat étaient Ah Kinob (Prêtres du Soleil); ils vécurent tous deux à Uxmal au xıᵉ siècle. Leurs paroles forment une partie des *Prophéties du Chilam Balam* (Paris, 1976, p. 119).
2. *Annales de Cuauhtitlan*, Édition Walter Lehman, in *Codex Chimalpopoca*, trad. Miguel Leon Portilla, *La Pensée aztèque,* Paris, 1985, p. 95.
3. Voir Ramirez, *Relación, Monumenta Mexicana,* Rome 1959, Tome II, p. 495.

lement la philosophie amérindienne. Au contraire de l'idée d'un univers fondé sur l'harmonie et l'âge d'or, tel que pouvaient le concevoir les idéalistes de la Renaissance européenne, le monde indien (et particulièrement les Aztèques, les Purepecha, les Mayas) concevait la création comme une succession de catastrophes, c'est-à-dire comme une discontinuité, un chaos. Cette conception était complètement opposée à celle du christianisme. En Europe, pour retrouver l'intuition de cette création chaotique, il faudra attendre le commencement de l'ère scientifique, avec, par exemple, la théorie de Max Planck. Pour les anciens Mexicains le monde n'ayant pas été ordonné selon la compréhension de l'homme, ne pouvait être à son image. Il y avait quelque chose de très profond dans le refus de l'anthropomorphisme des religions amérindiennes, que le système occidental ne pouvait admettre, parce qu'il était avant tout un système ethnocentriste. Dépouillés de leur signification symbolique, les croyances et les mythes indiens furent réduits par les Conquérants au rôle de figurations païennes, c'est-à-dire à des absurdités ou à des superstitions.

Les sacrifices sanglants, l'identification rituelle avec la mort, les masques des représentants divins cessèrent de rappeler aux fidèles la fatalité de destruction qui présidait à la création du monde. La proximité du chaos et de la mort qui avait été au cœur de la pensée indienne s'effaça devant le rationalisme et la conception linéaire du temps des nouveaux maîtres. Comment les Indiens n'auraient-ils pas cédé, puisque ces étrangers apportaient avec eux, précisément, la destruction de leurs valeurs et de leurs croyances qui accomplissait la destinée? La roue du temps, la connaissance des nombres divins, les lois des astres, tout ce qui avait fondé la pensée mexicaine, par la démonstration de la Conquête fut alors détruit. Sur ce silence pouvait s'édifier la religion nouvelle.

Ainsi, la pluralité des règnes indiens – pouvoir tripartite chez les Aztèques ou les Purepecha, représentation des corps de métier, justice publique – cet ensemble cohérent et fragile dut céder devant la conception politique des Conquérants, qui fondaient en Nouvelle-Espagne les bases de l'administration coloniale.

En abolissant la part du doute, et la philosophie d'un monde voué à la catastrophe, la civilisation européenne préparait de façon définitive les nouveaux empires sur le monde. Pour instaurer cette politique matérialiste – c'est-à-dire, au fond, pour permettre l'application rationnelle des leçons du *Prince* – la civilisation occidentale arrêtait le développement d'une pensée indigène originale, qui avait reçu l'héritage millénaire des cultures de l'Amérique moyenne. Cette pensée, entièrement exprimée dans les rites et les représentations mythiques, avait atteint le moment où elle pouvait se préciser, se construire. La destruction de la Conquête, par une ironie cruelle, est intervenue à l'âge où ces rites et ces mythes pouvaient donner corps à une philosophie véritable, dont l'influence sur le monde aurait pu avoir l'importance du taoïsme ou du bouddhisme. Le silence qui s'ensuivit, dans le désespoir de la répression, est la seule mesure qui nous reste pour tenter de comprendre.

OMEYOCAN, OU LE SEXE DES DIEUX

« Ils savaient aussi, affirmaient et disaient qu'il y avait douze ciels, et dans le plus haut étaient un grand seigneur et son épouse. On nommait le grand seigneur Ometecutli, ce qui veut dire deux fois seigneur ; et sa compagne était appelée Omecihuatl, ce qui veut dire deux fois Dame. Et tous deux s'appelaient ainsi afin que l'on sache qu'ils commandaient aux douze ciels et à la terre. Et l'on disait que de ce grand seigneur dépendait l'existence de toutes choses, et que par son commandement venait l'influence ou la chaleur qui engendrait les garçons et les filles dans le ventre de leurs mères [1]. »

L'un des plus anciens mythes du Mexique répartit l'univers en deux forces distinctes, principe mâle et principe femelle. On peut imaginer, avec Angel Maria Garibay et avec Miguel Leon Portilla, sous la forme de ce couple régnant sur *Omeyocan*, le lieu de la dualité, une seule et même déité, à la fois mâle et femelle. C'est ce couple qui est à l'origine de toute la vie terrestre, car les anciens Mexicains ne séparaient pas l'existence de la sexualité. Le principe d'une dualité sexuelle est constant dans la mythologie préhispanique, et la plupart des dieux sont évoqués sous leur forme mâle ou sous leur forme femelle : Xiuhtecutli, le dieu vieux du feu, est un des noms d'Ometecutli, comme en témoigne le *Codex Florentinus* :

Mère des dieux, père des dieux, le vieux dieu couché dans le nombril de la terre, enfermé dans son écrin de turquoises [2].

Cette double nature (mâle et femelle) des dieux est affirmée dans la religion des Aztèques : Xiuhtecutli, mais aussi Mictlantecutli, dieu des enfers est « notre père et notre mère des enfers [3] ». Lors des

1. Sahagun, *op. cit.*, p. 197.
2. Cité par Miguel Leon Portilla, *op. cit.*, p. 105 sq.
3. Sahagun, *op. cit.*, p. 322.

accouchements difficiles, la sage-femme prépare la parturiente à la mort en invoquant la déesse Cihuacoatl (que Sahagun compare à Ève) : « Préparez-vous à partir vers ce lieu de bonheur qu'est la maison de votre père et votre mère le soleil [1]. »

L'on pourrait s'aventurer, comme le fait Miguel Leon Portilla *(La Pensée aztèque)* jusqu'à comparer l'idée de cette double nature divine à la philosophie du Yin et du Yang du taoïsme chinois. Chez les Purepecha du Michoacan, comme chez les Aztèques, le monde est divisé en deux tendances sexuelles qui doivent s'équilibrer. Si le panthéon aztèque comprend de nombreuses déesses préposées aux rites de l'amour, de la fertilité, et aux usages de la médecine, chez les anciens Purepecha, héritiers de la culture nomade chichimèque, la création semble symbolisée par ces deux divinités complémentaires : Curicaueri, dieu du feu et de la guerre, figuré par le disque d'or du soleil, et Xaratanga, sa sœur (et sa compagne), déesse de la fertilité et de la mort, représentée par la demi-lune d'argent. Cette ancienne symbolique est encore vivante dans la société des Indiens Tarasques du Michoacan : les affaires civiles, le pouvoir sont toujours sous la tutelle du saint patron, tandis que les problèmes féminins, et la médecine traditionnelle sont sous la responsabilité de Nana Cutzi, la lune. Quant au dieu créateur, il est Kuerahpiri, l'esprit saint, qui évoque la déesse Cuerauaperi mère du monde. Encore une fois, l'on retrouve la bisexualité du principe géniteur, régnant sur l'*Omeyocan*, le lieu de la dualité des Aztèques.

Chez les Mayas, existait la même sexualité fondamentale. Le *Pop Wuj* des Mayas Quiché du Guatemala relate la création du monde sous la forme

1. *Ibid.*, p. 382.

d'un acte sexuel : sur une natte, le dieu-héros Ah Pu féconde la vierge Ixquic, et de cette union naît la création, issue de l'eau du ciel [1]. On ne peut s'empêcher ici de penser aux anciens mythes de l'Inde, ou au couple surnaturel d'Isis et Osiris. Pour les anciens Mexicains, le monde tel qu'il est n'est pas le fruit du hasard. Il est l'image réelle d'une existence céleste, et porte en lui, comme un secret vivant, la force créatrice des dieux. Explosion violente et belle comme le désir, comme l'amour, la création doit nécessairement accomplir cette révolution qui, à la fin des temps, la conduira à la destruction et au chaos.

TERRE-MÈRE

Les civilisations amérindiennes expriment toutes cette sacralisation de la terre. Du nord au sud de l'immense continent, la terre-mère est le commencement de la vie. Chez les Mayas Quiché, c'est la déesse Ixquic, chez les Aztèques, la Coatlicue, ou Toci, notre mère, celle que les Nahuas de Tamazula nomment Ehuacueye, Celle à la jupe de cuir. Chez les Purepecha, c'est Cuerauaperi, appelée aussi Peuame, Celle qui accouche. Les sociétés agricoles n'ont pas le privilège du culte à la terre-mère. Pour la plupart des nomades du Nord et du Nord-Ouest mexicain, la création est symbolisée par le couple Soleil-père et Terre-mère. Le rite de la *salva* – l'offrande de la première chasse – était pratiqué par les barbares chichimèques et par leurs héritiers Mexicas et Purepecha, comme il continua de l'être jusqu'aux temps modernes par les Indiens guerriers de la frontière, Apaches, Comanches, Lipanes. Pour

1. *Pop Wuj*, trad. Adrian Chavez, Paris, Gallimard, 1990.

le chroniqueur Ixtlilxóchitl, ce rituel est la caractéristique même des barbares : « La première proie
qu'ils capturaient à la chasse, ils lui coupaient la
tête, la montraient au soleil comme en sacrifice, et
ils labouraient la terre où s'était répandu le sang. »
Il ajoute : « Ils n'avaient point d'idoles, mais ils
appelaient le soleil leur père et la terre leur
mère [1]. »

Chez les Comanches Na-ü-ni du Texas, les
offrandes de sang et de fumée de tabac étaient faites
au soleil et à la terre [2], tandis que chez les anciens
Purepecha, les rites élaborés des fêtes de la guerre
étaient dirigés vers les quatre parties du monde et à
la déesse Cuerauaperi. Durant les préparatifs de ces
fêtes guerrières (Hiquingaro, Equata Consquaro,
Unisperansquaro) le défi lancé aux ennemis avait
une forme rituelle que rapporte la *Relation de
Michoacan* : « Apportez des offrandes de bois pour
les dieux afin qu'ils nous soient contraires, et que le
prêtre jette les boules de parfum dans le feu, ainsi
que le sacrificateur, et qu'ils prient les dieux afin
qu'ils nous soient contraires. Et nous aussi, nous
apporterons du bois et le prêtre et le sacrificateur
jetteront les boules de parfum, et au troisième jour,
nous nous réunirons tous, et nous nous mesurerons
sur le dos de la terre, et nous verrons comment
nous jugent du plus haut les dieux du ciel et le soleil
et les dieux des quatre parties du monde [3]. »

Ce rôle à la fois bénéfique et maléfique de la
terre-mère, créatrice des hommes et maîtresse de la
mort apparaît clairement dans le mythe puré : la
déesse prélève sa part de sang et possède ses vic-

1. Fernando de Alva Ixtlilxóchitl, *Obras Históricas*, Mexico,
1977, I, p. 176.
2. Rupert Narval Richardson, *The Comanche barrier to South
plains settlement*, Glendale, 1933, p. 30.
3. *Relation de Michoacan*, Paris, 1984, p. 47-48.

times dans une sorte de transe qui les conduit d'elles-mêmes au couteau du sacrificateur.

Chez les Aztèques, elle apparaît sous les traits de la « Mère des dieux, cœur de la terre, notre aïeule [1] ». Elle est la *Temazcalteci*, l'aïeule du bain de vapeur, la *Yoalticitl*, « notre mère le four du bain ». Les accouchements avaient lieu dans cette figuration de l'utérus qu'étaient les bains de vapeur amérindiens, sans doute liés aussi aux plus anciens mythes de l'émergence. La déesse-terre était aussi la Coatlicue, Celle à la jupe de serpents, portant le masque de la mort, dont la statue colossale, plusieurs fois déterrée et recouverte après la Conquête, marqua si profondément l'imaginaire des artistes mexicains au début du siècle [2].

Le symbole d'une terre-mère à la fois nourricière et mortelle est au centre de la philosophie amérindienne. C'est lui qui explique l'attitude d'amour et de respect que les cultures préhispaniques avaient pour la nature. Le monde qui les entourait était beaucoup plus qu'un décor, il était l'expression même de la divinité. Si la propriété de la terre était une notion aussi difficile à concevoir pour la plupart des civilisations amérindiennes, c'est parce que la terre était sans limites, à la manière du ciel, de la mer et des eaux des fleuves.

Paradoxalement, ce sont les civilisations nomades du nord et du nord-ouest du Mexique, considérées comme les plus déprédatrices, qui exprimèrent le mieux ce sentiment de respect vis-à-vis de la nature. Le paradoxe n'était qu'apparent : pour les peuples de chasseurs-collecteurs, l'agriculture était une infraction aux lois de la nature, en particulier

1. Sahagun, *op. cit.*, p. 33.
2. Justino Fernandez (*Coatlicue, estetica del arte indigena antiguo*, Mexico, 1954) définit la déesse comme « la forme dynamique et cosmique qui donne la vie et se maintient par la mort ».

lorsqu'elle était pratiquée comme un moyen d'enrichissement et qu'elle dressait des barrières entravant la libre circulation des hommes et du gibier. Il n'y a aucun doute que l'idée de la propriété foncière était ce qui différenciait le plus les Amérindiens et les Européens. Tecumseh, le chef de la nation shawnee au moment des guerres indiennes contre les colons nord-américains, affirmait pour tous les Indiens, quelles que fussent leurs origines, « un droit égal sur cette terre, comme par le passé, ainsi qu'il devrait en être aujourd'hui. Car jamais cette terre ne fut divisée par le passé, et elle appartient à tous pour l'usage de chacun [1] ».

Le respect des peuples indiens pour la terre était beaucoup plus qu'une idée, c'était un lien charnel. Par les rites agraires ou funéraires, par les cérémonies guerrières ou par les danses, cet attachement charnel prenait un sens cosmique. Fendre le sol pour cultiver, creuser des galeries pour extraire les minerais, et même prélever de la terre pour fabriquer des poteries étaient des actes graves, qui pouvaient avoir des conséquences.

Cette relation charnelle avec la terre s'exprimait plus particulièrement dans les danses, comme aujourd'hui encore chez les Pueblos du Nouveau-Mexique, qui frappent le sol de leurs pieds nus selon des rythmes qui sont un langage. C'est elle qui apparaît dans toute son éblouissante beauté, à travers les rites et les sacrifices relatés par les premiers chroniqueurs à leur arrivée sur le continent américain. Pour les Aztèques, chaque instant de la vie, depuis la naissance jusqu'à la mort, se faisait au contact de cette terre, sur la natte étendue qui était le symbole même de la vie humaine. Le serment solennel que prêtaient les Aztèques, au moment de

1. T. C. Mac Luhan, *Pieds nus sur la terre sacrée*, Paris, 1974

la confession publique devant le prêtre de Yoalli-Ehecatl, était symbolique : « Selon la façon qu'ils avaient de jurer, en posant leur main sur la terre [1]. » C'est par cette marque de respect – *Ontlaqualque*, « ils ont mangé la terre », la main touchant la terre et la portant aux lèvres – que les délégués de Moctezuma accueillirent les Conquérants espagnols descendus de leur navire [2].

Toci, Notre mère, ou la déesse Cuerauaperi, étaient en tout point semblables à la divinité qui inspirait la lutte armée des Indiens Winnebagos contre les envahisseurs européens, celle qu'ils appelaient « Notre Sainte Mère la Terre ». Les dernières nations à résister à la destruction apportée par le monde occidental ont exprimé cette indignation devant l'accaparement et la spoliation de la terre. On entend la voix de Standing Bear, chef des Sioux Lakotas : « Le Lakota était empli de compassion et d'amour pour la nature. Il aimait la terre et toutes les choses de la terre, et son attachement grandissait avec l'âge. Les vieillards étaient littéralement épris du sol et ne s'asseyaient ni ne se reposaient à même la terre sans le sentiment de s'approcher des forces maternelles [3]. »

Malgré les exagérations, les philosophes du XVIIIe et du XIXe siècle ne se trompaient pas en peignant les « sauvages » du Nouveau Monde comme les plus grands défenseurs de la nature. Pour les peuples amérindiens, l'équilibre était l'expression même de la création divine. Toutes les activités étaient en vue de préserver cet équilibre. L'agriculture, la chasse, ou la guerre devaient faire partie de cet équilibre. Selon ce que relate Diego de Landa *(Historia de las*

1. Sahagun, *op. cit.*, p. 37.
2. Sahagun, *op. cit.*, p. 760.
3. Cité par Philippe Jacquin, *La Terre des Peaux-Rouges*, Paris, 1987, p. 146.

cosas de Yucatan) les Mayas avaient horreur de toute effusion de sang causée par un acte autre que les sacrifices : « Car ils considéraient comme abominable toute effusion de sang en dehors de leurs sacrifices, et pour cela, chaque fois qu'ils allaient à la chasse, ils invoquaient le démon et lui offraient de l'encens, et s'ils pouvaient, oignaient leur visage avec le sang du gibier qu'ils avaient tué. »

Pour les Aztèques, même couper un arbre était un acte grave, et, rapporte Pedro Ponce, pour faire cela ils avaient des personnes qui « au moment de couper des arbres pour fabriquer des poutres vont dans la montagne ou dans la forêt, et avant d'entrer font une prière à Quetzalcoatl pour lui demander la permission afin qu'il ne prenne pas pour de l'irrespect le fait qu'ils veulent prendre du bois dans sa forêt et qu'il leur permette d'enlever ce bois de son flanc [1]... ».

LA PENSÉE INTERROMPUE DE L'AMÉRIQUE INDIENNE

La grande question que nous posent les cultures indigènes du Mexique – et d'une façon générale, tout le continent amérindien – est bien celle-ci : comment auraient évolué ces civilisations, ces religions ? Quelle philosophie aurait pu grandir dans le Nouveau Monde, s'il n'y avait eu la destruction de la Conquête ? En détruisant ces cultures, en abolissant aussi complètement l'identité de ces peuples, de quelle richesse les Conquérants européens nous ont-ils privés ? Car c'est bien d'une privation, d'un exil qu'il faut parler. Les vainqueurs espagnols, portugais, puis français et anglo-saxons qui ont assujetti

1. *El Alma encantada*, INI et FCE, Mexico, 1986, p. 10.

l'immensité du continent amérindien ne sont pas seulement responsables de la destruction des croyances, de l'art et des vertus morales des peuples qu'ils ont capturés. Par une sorte de contre-coup qu'ils ne pouvaient imaginer eux-mêmes, ils ont été à l'origine d'un profond changement dans notre propre culture, les premiers aventuriers de cette civilisation matérialiste et opportuniste qui s'est étendue sur le monde tout entier, et qui peu à peu s'est substituée à toutes les autres philosophies.

On a longuement épilogué sur l'inégalité des cultures, quand s'affrontaient tout à coup sur le sol du Nouveau Monde des peuples à l'âge du néoli-thique et les soldats cuirassés et armés de canons de la Renaissance. S'il est vrai que le choc des cultures était surtout un choc de techniques, il faut cependant rappeler tous les domaines dans lesquels les civilisa-tions amérindiennes, et particulièrement celles du Mexique, étaient en avance sur l'Europe : médecine, astronomie, irrigation, drainage et urbanisme. Mais il faut surtout rappeler ce chapitre, alors ignoré de l'Europe, et qui a pris pour nous, aujourd'hui, une valeur vitale : cette harmonie entre l'homme et le monde, cet équilibre entre le corps et l'esprit, cette union de l'individuel et du collectif qui étaient la base de la plupart des sociétés amérindiennes – de la société fortement hiérarchisée de l'Anahuac ou du Michoacan, aux sociétés semi-nomades de l'Amé-rique aride du Nord et du Nord-Ouest : Séris, Yaquis, Tarahumaras, Pimas, Apaches.

Précisément, l'inégalité des forces armées a réussi à cacher toutes les autres valeurs. Parce que les peuples indiens étaient persuadés de la commu-nauté de la terre et de l'impossibilité de diviser le corps de la déesse-mère, ils abandonnèrent leurs droits à habiter sur leur propre continent, et se retrouvèrent exclus du progrès. Les *macehuales*, les *purepecha*, ces hommes du commun, serviteurs des dieux, devinrent, par le glissement de sens de la colonie, et par l'abus des *encomenderos*, la masse des travailleurs forcés, dépossédés de la terre. Parce que, d'une certaine manière, au-delà de la Conquête, ils continuèrent à respecter l'équilibre des forces naturelles, les Indiens ne purent entrer dans le système de l'exploitation des biens, et se condamnèrent à l'exil des régions les plus pauvres et les plus inaccessibles du continent : montagnes âpres, déserts, ou forêts étouffantes. Dans ces refuges de l'indianité, la nature elle-même imposait ses limites, et ce qui était valeur spirituelle et réflexion devint une fatalité. L'Indien était par la force des choses condamné à la pauvreté et à l'improductivité.

De même, les valeurs traditionnelles des cultures indigènes, après la Conquête, se transformèrent parfois en un poids insurmontable. L'unité entre le mythique et le réel, cette sorte d'harmonie entre le rêve et le corps qui avait fait la grande force des anciens Mexicas, Purepecha, Mayas, Toltèques, était alors brisée. Les valeurs de la tradition servaient de refuge, de bouclier. D'un côté étaient les vainqueurs, représentant toutes les valeurs de la civilisation, le droit, la morale, la vérité religieuse. De l'autre, la « barbarie », l'ignorance, le vice, la superstition. L'isolement des Indiens, leur marginalisation n'étaient pas accidentels. C'était en réalité l'ultime étape de la colonisation, selon un plan dont on pourrait dire qu'il aura été la seule force cohérente de l'empire colonial en Amérique. Écartés du pouvoir temporel, exclus du progrès, privés de voix dans l'exercice de la justice, et soumis à un clergé d'une autre race, les Indiens devenaient des étrangers sur leur propre terre.

Les derniers représentants du règne aztèque l'expriment une dernière fois, avant de mourir : « Car nous pensons que lesdits Espagnols agissent ainsi afin que nous tous finissions et nous flétrissions, et qu'il n'y ait plus aucun souvenir de nous sur terre [1]. »

Aujourd'hui, après tant de destruction et d'injustice, l'on peut rêver à ce qu'auraient été les grandes civilisations amérindiennes, Mexicas, Mayas, Purepecha, Mixtèques, Zapotèques, Coras, Seris, Yaquis, Otomis, et tous ces peuples maintenant effacés. Chacun avait son importance dans le concert des cultures amérindiennes, chacun aurait pu jouer son rôle dans l'élaboration d'un classicisme mésoaméricain, qui aurait été sans doute l'ensemble le plus complexe et le plus cohérent du Nouveau Monde.

A l'arrivée des aventuriers espagnols au Mexique, les grands empires de l'Anahuac, du Michoacan, du Nayar sont encore récents. La plupart des grandes découvertes d'irrigation, d'agriculture, d'architecture n'ont que quelques siècles.

A Tzintzuntzan, à Mexico-Tenochtitlan, l'unité vient à peine de se faire. Au Yucatan, le renouveau des Tutul Xiu à Mani est ébauché. La paix armée qui vient de se faire entre les deux plus grands groupes ethniques, Mexicas et Purepecha, permet enfin l'échange culturel, le passage des idées, des croyances, des techniques. L'art de l'écriture, la science des astres est en plein développement. Dans la région de Zacapu, les métallurgistes inventent ce mélange d'étain et de cuivre qui permet la fabrication du bronze.

La diffusion du culte de Quetzalcoatl, héros civili-

1. Carta de los Señores y Principales de las Provincias y Ciudades de la Nueva España, *Codice Mendieta*, Guadalajara, 1971 (fac-similé de Mexico, 1892) I, p. 130.

sateur, est sans doute le signe de cette recherche d'une unité, comme l'est la tendance au monothéisme, affirmée par Nezahualcoyotl, et par le culte au Hunab Ku, le Dieu Unique des Mayas. Les grands seigneurs de l'Anahuac et le cazonci du Michoacan ne sont pas seulement des chefs de guerre. Ils sont aussi des philosophes et des poètes, des urbanistes. Ils règnent, comme le monarque du Michoacan, au centre d'un système de représentation des corporations encore inconnu en Europe au XVIᵉ siècle. Dans la plupart de ces règnes, l'harmonie morale et le respect des lois feront l'admiration des premiers voyageurs. C'est tout cela qui sombre au moment de la Conquête, laissant place à la destruction et au silence.

C'est peut-être dans l'art et dans la religion que les civilisations amérindiennes apportaient les plus grandes innovations. Les Mexicains étaient à la veille de développer un système philosophique qui aurait pu résoudre les contradictions de l'ancien monde. Par la transe, par la révélation, c'était l'harmonie entre le réel et le surnaturel qui était apportée. La conception d'un temps cyclique, l'idée d'une création fondée sur la catastrophe pouvaient être les points de départ d'une nouvelle pensée scientifique et humaniste. Enfin, le respect des forces naturelles, la recherche de l'équilibre entre l'homme et le monde auraient pu être le frein nécessaire au progrès technique du monde occidental. L'on mesure seulement aujourd'hui ce que cet équilibre aurait pu apporter à la médecine et à la psychologie. L'héritage indien du chamanisme, s'il n'avait pas été combattu par les extirpateurs de sorcellerie, aurait pu intégrer le rêve et l'extase au quotidien, et permettre d'atteindre cet équilibre.

Aussi n'est-ce pas un hasard si notre civilisation

occidentale retrouve aujourd'hui les thèmes philosophiques et religieux des Indiens d'Amérique. Parce qu'il s'est placé dans une position de déséquilibre, parce qu'il s'est laissé entraîner par sa propre violence, l'homme d'Occident doit réinventer tout ce qui faisait la beauté et l'harmonie des civilisations qu'il a détruites.

Derniers survivants du plus grand désastre de l'humanité, les peuples indiens réfugiés dans les montagnes, dans les déserts, ou cachés dans la profondeur des forêts, continuent à nous donner l'image d'une fidélité absolue aux principes de liberté, de solidarité et de rêve des anciennes civilisations préhispaniques. Ils continuent d'être les gardiens de « Notre mère la terre », les observateurs des lois de la nature et du cycle du temps.

Il est impossible que nous ne percevions pas aujourd'hui leur vie, leur regard, comme au fond de nous-mêmes, comme si tout pouvait, maintenant, recommencer. Dans le *Codex Florentinus*, l'admirable somme laissée en testament par le peuple mexicain, n'est-ce pas cet impossible espoir qui parvient jusqu'à nous?

« Une autre fois il en sera ainsi, une autre fois les choses seront ainsi, en un autre temps, en un autre lieu. Ce qui se faisait il y a longtemps et qui maintenant ne se fait plus, une autre fois se fera, une autre fois sera ainsi, comme cela fut en des temps très lointains. Ceux qui vivent aujourd'hui, une autre fois vivront, une autre fois seront [1]. »

1. *Codex Florentinus*, édition fac simil AGN, Mexico, 1969, livre VI, p. 196 (traduction Alfredo Lopez Austin).

DU MÊME AUTEUR

Aux Éditions Gallimard

LE PROCÈS-VERBAL (Folio nº 353). Illustré par Baudoin (Futuropolis/Gallimard)

LA FIÈVRE (L'Imaginaire nº 253)

LE DÉLUGE (L'Imaginaire nº 309)

L'EXTASE MATÉRIELLE (Folio Essais nº 212)

TERRA AMATA (L'Imaginaire nº 391)

LE LIVRE DES FUITES (L'Imaginaire nº 225)

LA GUERRE (L'Imaginaire nº 271)

LES GÉANTS (L'Imaginaire nº 362)

VOYAGES DE L'AUTRE CÔTÉ (L'Imaginaire nº 326)

LES PROPHÉTIES DU CHILAM BALAM

MONDO ET AUTRES HISTOIRES (Folio nº 1365 et Folio Plus nº 18)

L'INCONNU SUR LA TERRE (L'Imaginaire nº 394)

DÉSERT (Folio nº 1670)

TROIS VILLES SAINTES

LA RONDE ET AUTRES FAITS DIVERS (Folio nº 2148)

RELATION DE MICHOACAN

LE CHERCHEUR D'OR (Folio nº 2000)

VOYAGE À RODRIGUES, *journal* (Folio nº 2949)

LE RÊVE MEXICAIN OU LA PENSÉE INTERROMPUE (Folio Essais nº 178)

PRINTEMPS ET AUTRES SAISONS (Folio nº 2264)

ONITSHA (Folio nº 2472)

ÉTOILE ERRANTE (Folio n° 2592)

PAWANA (Bibliothèque Gallimard n° 112)

LA QUARANTAINE (Folio n° 2974)

LE POISSON D'OR (Folio n° 3192)

LA FÊTE CHANTÉE

HASARD *suivi de* ANGOLI MALA (Folio n° 3460)

CŒUR BRÛLE ET AUTRES ROMANCES (Folio n° 3667)

PEUPLE DU CIEL *suivi de* LES BERGERS, *nouvelles extraites de* MONDO ET AUTRES HISTOIRES (Folio n° 3792)

RÉVOLUTIONS (Folio n° 4095)

OURANIA (Folio n° 4567)

BALLACINER

RITOURNELLE DE LA FAIM

Dans la collection « Écoutez-lire »

LA RONDE ET AUTRES FAITS DIVERS (1 CD)

Aux Éditions Gallimard Jeunesse

LULLABY. *Illustrations de Georges Lemoine* (Folio junior n° 140)

CELUI QUI N'AVAIT JAMAIS VU LA MER *suivi de* LA MONTAGNE OU LE DIEU VIVANT. *Illustrations de Georges Lemoine* (Folio junior n° 232)

VILLA AURORE *suivi de* ORLAMONDE. *Illustrations de Georges Lemoine* (Folio junior n° 302)

LA GRANDE VIE *suivi de* PEUPLE DU CIEL. *Illustrations de Georges Lemoine* (Folio junior n° 554)

PAWANA. *Illustrations de Georges Lemoine* (Folio junior n° 1001)

VOYAGE AU PAYS DES ARBRES. *Illustrations d'Henri Galeron* (Enfantimages et Folio Cadet n° 187)

BALAABILOU. *Illustrations de Georges Lemoine (Albums)*
PEUPLE DU CIEL. *Illustrations de Georges Lemoine (Albums)*

Aux Éditions Mercure de France

LE JOUR OÙ BEAUMONT FIT CONNAISSANCE AVEC
  SA DOULEUR
L'AFRICAIN (Folio nº 4250)

Aux Éditions Stock

DIEGO ET FRIDA (Folio nº 2746)
GENS DES NUAGES, en collaboration avec Jemia Le Clézio.
  Photographies de Bruno Barbey (Folio nº 3284)

Aux Éditions Skira

HAÏ

Aux Éditions Arléa

AILLEURS. Entretiens avec Jean-Louis Ezine sur France-Culture

Aux Éditions Seuil

RAGA, APPROCHE DU CONTINENT INVISIBLE

DANS LA COLLECTION FOLIO / ESSAIS

370 Collectif : *Genre et politique (Débats et perspectives).*
371 Denys Riout : *Qu'est-ce que l'art moderne ?*
372 Walter Benjamin : *Œuvres I.*
373 Walter Benjamin : *Œuvres II.*
374 Walter Benjamin : *Œuvres III.*
375 Thomas Hobbes : *Léviathan (ou Matière, forme et puissance de l'État chrétien et civil).*
376 Martin Luther : *Du serf arbitre.*
377 Régis Debray : *Cours de médiologie générale.*
378 Collectif : *L'enfant.*
379 Schmuel Trigano : *Le récit de la disparue (Essai sur l'identité juive).*
380 Collectif : *Quelle philosophie pour le XXIe siècle ?*
381 Maurice Merleau-Ponty : *Signes.*
382 Collectif : *L'amour de la haine.*
383 Collectif : *L'espace du rêve.*
384 Ludwig Wittgenstein : *Grammaire philosophique.*
385 George Steiner : *Passions impunies.*
386 Sous la direction de Roland-Manuel : *Histoire de la musique I, vol. 1. Des origines à Jean-Sébastien Bach.*
387 Sous la direction de Roland-Manuel : *Histoire de la musique I, vol. 2. Des origines à Jean-Sébastien Bach.*
388 Sous la direction de Roland-Manuel : *Histoire de la musique II, vol. 1. Du XVIIIe siècle à nos jours.*
389 Sous la direction de Roland-Manuel : *Histoire de la musique II, vol. 2. Du XVIIIe siècle à nos jours.*
390 Geneviève Fraisse : *Les deux gouvernements : la famille et la Cité.*
392 J.-B. Pontalis : *Ce temps qui ne passe pas* suivi de *Le compartiment de chemin de fer.*
393 Françoise Dolto : *Solitude.*
394 Marcel Gauchet : *La religion dans la démocratie. Parcours de la laïcité.*
395 Theodor W. Adorno : *Sur Walter Benjamin.*

Impression CPI Bussière
à Saint-Amand (Cher),
le 15 octobre 2008.
Dépôt légal : octobre 2008.
1ᵉʳ dépôt légal dans la collection : janvier 1992.
Numéro d'imprimeur : 083246/1.
ISBN 978-2-07-032680-8./Imprimé en France.